공급망관리의 모범적 실행 방법론
(Supply Chain Management Best Practices)

David Blanchard

공급망관리의 모범적 실행 방법론
(Supply Chain Management Best Practices)

동북아물류혁신클러스터총서 03

사례를 통해 배우는

공급망관리의 모범적 실행 방법론

David Blanchard 저
동북아물류혁신클러스터 역

Supply Chain Management Best Practices

도서출판 범한

공급망관리의 모범적 실행 방법론

초판 1쇄 발행 2007년 8월 30일

지은이 Steven M. Bragg | **역저** 동북아물류혁신클러스터

펴낸이 송순희 | **펴낸곳** 도서출판 범한

디자인 한은희 · 김미옥 | **마케팅** 이호철 | **교열** 이낙용

표지디자인 시선

출판등록 1995년 10월 12일(제 2-2056)

주소 100-230 서울시 중구 수표동 56-10 백상빌딩 305호

전화 02-2278-6195 | **팩스** 02-2268-9167

이메일 bumhanp@bumhanp.com | **홈페이지** http://www.bumhanp.com

값 15,000원   **ISBN** 978-89-87098-78-4

•잘못된 책은 구입하신 서점에서 바꾸어 드립니다.

목차

목차

이 책자의 내용이 무엇인지는 '공급망 관리의 모범적 실행 방법론'이라는 제목만 보더라도 쉽게 미루어 짐작할 수 있다. 이 책자에는 16개 장에 걸쳐 세계 최고의 공급망이 소개되어 있으며, "업계 최고"의 공급망을 가지고 있다는 것이 무엇을 의미하는지 상세히 설명되어 있고 동시에 세계적 수준의 공급망을 구축하는 방법이 모범적 방법론 형식으로 제시되어 있다.

이 책자는 주로 공급망 관련 실무진과 전문가들 사이에서 회자되고 있다. 본 책자에 인용된 회사와 인물은 실제 회사와 인물이며, 그 성과(때로는 실패) 또한 사실을 바탕으로 기술되어 있다. 이 책자는 필자가 해당 주제에 대해 학자 또는 컨설턴트가 아닌 저널리스트와 같은 접근 방법을 취하고 있다는 점에서 여타의 공급망 관련 서적과 다르다고 할 수 있다. 업계에서 선두를 달리고 있는 공급망 관련 출판사인 Logistics Today (www.logisticstoday.com)의 수석 편집장인 필자는 다양한 업종의 크고 작은 회사의 공급망 전문가와 접촉할 기회를 가질 수 있었다. 이러한 연유로 필자는 공급망에 대해 가장 잘 알고 있는 사람들이 공급망 관리를 어떠한 시각에서 바라 보고 있는지를 본 책자를 통해 소개하고자 한다.

미국의 경우만 보더라도, 기업이 운송, 창고, 유통 및 그에 관련된 재고관리를 위해 지출하는 비용이 1조 달러를 넘어서고 있다. 그리고 두말할 것 없이 이러한 지출을 관리할 책임은 고스란히 공급망 관련 전문가의 몫으로 남겨져 있다. 이들의 역할은 회사마다 다를 수는 있으나, 그 목표는 일반적으로 동일하다. 그 목표란 다름아니라 회사가 오늘날의 글로벌 시장 환경에서 경쟁력을 유지하고 타사보다 앞설 수 있는 수준의 공급망을 개발하고 정착시키는 것이다. 그러나 이러한 전문가들이 몸담고 있는 회사 중 대다수는 아직도 공급망 관리 및 그 수많은 부수 업무(예: 계획, 구매, 물류, 교역관리)란 필요악이자 비용 센터에 불과하다는 생각을 가지고 있다. 그러나 부정할 수 없는 사실은 오늘날 가장 규모가 크고 가장 성공적으로 운영되는 회사들 중 대부분이 최상의 모범적 방법론에 기초하여 세계적 수준의 공급망을 관리함으로써 지금의 자리에 오를 수 있었다는 점이다.

본 책자는 어떻게 해야 독자 여러분이 몸담고 있는 회사 역시 "모범적 방법론"의 대열에 동참할 수 있는지를 제시하기 위한 의도로 편찬되었다. 본 책자에는 공급망을 구성하는 특정한 프로세스에 초점을 맞춤으로써 성공을 이끌어 낸 회사와 관련된 수많은 사례가 제시되어 있으며, 이를 통해 필자는 오늘날 사람들이 공급망 관리에 대해 그렇게 높은 관심을 보이고 있는 이유를 설명하고자 한다. 또한 본 책자는 공급망의 발전과 관련하여 주된 역할을 수행한 사람들과 회사들에 대한 일화, 면담, 사례 연구, 조사 및 분석을 통해 공급망 관리의 발달 과정을 예시하고 있다.

본 책자는 3개 파트로 구성되어 있다. 파트 I에서는 공급망에 대한 간략한 소개(제 1장)와 함께 여러 업종에 걸쳐 업계 최고의 공급망과 관련된 몇 가지 사례(제 2장) 검토할 것이며, 이어 공급망의 성과를 측정하는 방법에 대한 논의(제 3장)가 전개될 것이다.(공급망에 관한 전반적인 기초 지식을 필요로 하는 독자에게는 역시 John Wiley & Sons에서 발행된 Michael Hugo의 Essential of Supply Cahin Management(제 2판)을 추천하는 바이다.)

파트 II에는 전통적인 공급망 관리의 핵심 프로세스가 설명되어 있다. 제 4장에서 11장까지의 내용은 소위 "계획, 조달, 제조, 배송 및 반품"의 진행 단계 및 그에 부수되어 제기되는 중요 요점에 따라 전개되고 있으며, 업계의 추세를 선도해 온 구체적인 기업의 모범적 방법론이 세부적으로 논의되어 있다.

파트 III에서는 20세기 말엽부터 공급망 관리와 관련하여 그 중요성이 점차 커지고 있는 아웃소싱(제 12장), 협업(제 13장), 보안(제 14장), RFID(제 15장) 등의 전략적 영역에 관한 모범적 방법론을 살펴 보기로 한다. 끝으로 제 16장에서는 업계 최고의 공급망 관련 인력고용 및 육성이라는 궁극의 모범적 방법론에 대해 집중 설명하고자 한다.

$$[\ \text{감사의 글} \ ]$$

　본 책자를 저술하게 된 가장 큰 동기는 필자가 사용 중인 사무실을 좀 정리해야겠다는 생각에서 비롯되었다. 필자는 "공급망"이라는 말을 사용하는 사람이 아무도 없었던 오랜 과거 시절부터 공급망과 관련된 글을 써 왔다. 이것저것 모아 대는 습성이 있는 필자는 수 개의 서류 캐비닛에 가득 찰 정도로 많은 공책, 면담 기록, 연구 결과, 설문, 보도자료, 기사 스크랩을 보관하고 있으며, 그 외에도 각종 참고 서적을 여러 개의 선반 위에 가득 쌓아 두고 있다. 어느 날 이렇게 엄청난 양의 공급망 관련 수집물을 바라보던 필자의 머리 속에 이러한 생각이 스치고 지나갔다. "이 모든 자료를 한 권의 책으로 정리하는 것이 필요할 것 같다." 그리고 그 생각은 결국 현실이 되었다.

　필자는 모든 서적이 성스러운 영감을 받은 저자에 의해 완전한 형태를 갖추고 출판될 것이라는 세간의 오해를 일축하기 위해 이 말을 하고 있는 것이다. 사실 이보다 더 큰 오해도 또 없을 것이다. 본 책자는 필자가 20년이 넘도록 저술 및 편집 활동을 하는 동안 모인 자료를 토대로 시간이 날 때마다 손을 보아 만들어 낸 산물이며, 특히 필자가 최근 수 년간 발간에 참여했던 두 가지 공급망 관련 잡지 자료에 기초를 두고 있다. 그 잡지는 다름아니라 필자가 고용되어 있는 Penton Media Inc.(오하이오 주 클리블랜드)에서 발행한 Supply Chain Technology News (1999-2003)와 Logistics Today(2003-2006)이다.

　또한 본 책자에는 필자와 함께 일해 온 수많은 유능한 저널리스트들의 보고서가 참조되어 있으며 이로부터 도출된 많은 내용이 실려 있다. 필자는 Dan Jacobs, Jonathan Katz, Jennifer Kuhel, Roger Morton, Helen Richardson, Sarah Sphar, 그리고 Perry Trunick(알파벳 순서에 따라 나열)의 기여와 노고에 대해 공식적으로 감사를 표하는 바이다.

그리고 상사에게 감사를 표하는 것은 항상 잊지 말아야 할 일이므로, 본 책자의 출판을 위해 애써 주신 Newt Barrett, Dave Madonia, 그리고 현재의 상사인 Teri Mollison에게 감사를 드리는 바이다. 또한 Bon Rosenbaum에게도 감사의 뜻을 전하고자 한다. 이 분은 필자를 고용할 만큼 센스가 뛰어날 뿐만 아니라, 완전히 미쳐버리지 않고도 저녁과 주말 시간을 이용해 공급망 관련 책자를 저술하는 것이 가능하다는 것을 필자에게 일깨워 주었다.

또한 필자는 Nick Lester, Dick Green, Craig Shutt, Andy Horn, Steve Kane, 그리고 Paul Beard에게도 어느 누구라 할 것 없이 감사하는 마음을 가지고 있다.

특히 필자는 자신의 경험과 식견을 아낌없이 전수해 준 모든 공급망 전문가들에게 큰 빚을 졌다고 생각한다. 아울러 본 책자는 Tim Burgard를 포함한 John Wiley & Sons의 유능한 직원들이 없었다면 선을 보일 수 없었을 것이다.

끝으로 저술 기간 동안 더없이 큰 도움을 제공하고 끝없는 격려를 보내 준 친구와 가족에게도 고마움을 표하고자 한다. 또한 평생 도움이 되어 주신 부모님(Jack Blanchard와 Dottie Blanchard)께도 특별한 감사의 말씀을 빼놓을 수 없을 것이다. 아버지로서 더 이상 바랄 나위가 없는 우리 딸 Julia와 Grace에게도 고맙다는 말을 해야 할 것이다. 이 아이들은 주말에도 하루종일 등을 돌리고 앉아 있었던 아빠에게 불평 한번 한 적이 없었고, 한 챕터를 마칠 때마다 아낌없는 축하를 보내 주었다. 그리고 무엇보다도 필자의 아내이자 영원한 동반자인 Nancy에게도 고마움을 표하는 바이다.

PART I

공급망관리 소개

공급망 관리가 답이라면, 과연 질문은 무엇일까?

이 일을 선택할 때 위험한 일인 줄 알았는지

만일 관심이 있다면, 공급망 관리 전문가의 전형적인 하루를 상상해 보기로 하자. 여러분의 상사가 인상을 잔뜩 찌푸리고 사무실로 걸어 들어오는 것이 보인다. 그는 당신의 눈을 똑바로 노려보면서 제품을 고객에게 배송하기 위한 비용이 왜 그렇게 많이 드는지를 묻는다. 분위기를 보아하니 연료비 인상, 운전기사 구인난, 산업통합 따위의 이야기는 씨도 먹히지 않을 것임을 직감할 수 있다. 그러한 일을 고민해야 할 사람은 당신이지 상사가 아니다. 그리고 비록 금년도의 예산 추정치에 의하면 운송비를 전년 대비 5% 이상 더 지출해야 함에도 불구하고 여러분의 상사는 비용 증가율을 2% 이내로 줄일 것을 확실한 어조로 요구하고 있다. 물론 더 줄일 수 있다면 더욱 좋을 것이다.

다른 시간, 음료수대 옆에서 마주친 영업이사는 양처럼 순한 미소가 번진 얼굴로 주말까지 어느 중요 고객사에 제품 1천 개를 추가로 준비하여 배송할 수 있는지를 묻는다. 사실 이것은 질문이 아니다. 왜냐하면 영업이사가 이미 고객에게 그리 하겠다고 약속을 했기 때문이다. 이 제품을 만들기 위해 필요한 부품을 해외 공급자로부터 조달하고 물품이 급배송 되도록 하려면 최소 두 배의 비용이 소요될 것이라는 점을 영업이사가 알고 있는지, 그리고 고객에게 정상 운송료의 두 배를 청구해야 한다는 점을 알고 있는지 미처 물어 볼 새도 없이 영업이사는 자리를 뜬다. 무엇보다 그렇게 많은 제품을 정해진 시간 안에 만들어 내려면 생산 부서에서도 추가 작업 일정 계획을 세워야 할 것이다.

제품의 생산에 필요한 부품의 대부분을 공급할 국내 조달원을 오전 시간이 거의 끝날 무렵에 겨우 찾아 낸 당신이 잠시 스스로를 대견스럽게 생각하고 있는 순간, 상사가 회사의 RFID(무선인식) 지원을 위한 프로젝트를 지시한다. 또 다른 대형 고객인 국방부에서 회사가 납품하는 모든 제품의 파렛트와 케이스에 RFID 태그를 부착할 것을 요구하고 있다. 이러한 조치는 국방부가 재고를 보다 원활히 추적하기 위해 시행하고 있는 사업의 일부이다. 이 사업은 국방부의 입장에서는 좋은 일이겠으나, 상사의 입장에서는 RFID가 회사에 무슨 도움이 될 것인지가 중요한 관심사일 것이다. 더욱이 업계의 추산에 의하면 초기 비용만도 1백만 달러가 넘게 소요되는 것으로 알려져 있다. 비록 여러분의 머리 속에는 즉각 몇 가지 질문이 떠오르지만, 상사에게 물어 보아야 소용이 없을 것이다. 그러한 질문은 여러분이 자신에게 물어야 할 것이며, 상사가 원하는 바는 진척 상황을 정기적으로 보고하고 1년 이내에 상당한 투자수익을 올릴 수 있는 실행 계획을 수립하는 것이다.

비록 여러 가지 실수를 저지르기는 하지만 여러분의 상사는 꽤 공정한 사람이며, 여러분에게 추가적인 부담을 지우고 있다는 점을 인정한다. 그러한 차원에서 상사는 여러분에게 점심 식사를 제안한다. 그러나 샐러드가 미처 나오기도 전에 상사는 벌써 아웃소싱에 관한 설교를 늘어놓기 시작한다. 여러분의 상사는 경쟁사가 유통기능에 대해 제3의 물류 서비스 제공자(3PL)와 계약함으로써 훨씬 빠른 속도로 시장에 제품을 출시하고 있으며 비용도 더 적게 지출하고 있다고 확신한다. 따라서 상사는 당신에게 사무실에 돌아가는 즉시 어느 3PL이 더 빠르고 값싸고 나은 서비스를 제공할 수 있는지를 조사할 것을 지시한다. 말할 것도 없이 회사의 대고객 서비스 수준은 무언가 상당한 개선이 있어야만 달라질 수 있을 것이다.

식사가 끝나고 자리에서 일어서는 순간 상사는 한 가지를 덧붙인다. 이번 지시사항은 중국 출장 계획이다(당신은 지난 3년간 벌써 6번이나 출장을 갔었다). 상사의 말에 의하면 지금이야말로 국제화를 심각하게 고려해야 할 시점이며, 제품의 부품을 공급할 저가 공급자의 명단을 추가 조사하는 것으로부터 작업을 시작하는 것이 좋을 것이라 한다.

이어 여러분은 오후 시간의 대부분을 정보기술(IT) 시스템의 결함을 손보는 일로 보낸다. 여러분의 담당 최고임원은 공급망 계획 시스템이 왜 아직도 재고관리 시스템과 완전히 통합되지 못하고 있는지, 그리고 영업 부서에서 18인치 버전을 요구함에도 왜 제조 부서에서는 12인치 제품을 계속 만들고 있는 것인지에 대해 누군가 이유를 밝혀 낼 때까지 아무도 집에 갈 생각을 하지 말라고 분명한 어조로 지시한 바 있다.

어쨌든 모든 일과가 끝났고, 마지막으로 컴퓨터를 끈 당신이 퇴근을 하려는 순간 인사부장이 갑자기 문 앞에 나타난다. 인사부장은 국제무역 전문가를 백방으로 찾고 있는 중인데, 마땅한 사람이 없는 관계로 당분간 여러분에게 부탁을 좀 해야겠다고 한다. 인사부장과 나눈 대화의 끝자락을 얻어 듣게 된 상사는 주차장으로 함께 걸어 나오면서 당신이 비상대책 계획을 아직 제출하지 않았다는 점을 상기시킨다. 그 계획이란 서해안의 주요 항구에서 작업이 늦어질 경우에 대비한 대응 계획을 말한다. 게다가 남중국해에서도 큰 폭풍이 형성되고 있는 중이며, 주요 공급사의 공장 중 하나가 폭풍의 경로 위에 있다. 다행히 여러분은 현대 문명의 이기와 회사로부터 지급된 개인 생산성 향상용 기기의 도움으로 집에 돌아가서도 저녁 내내 상황을 모니터링할 수 있을 것이다.

하루가 다 지나가고 아내에게 굿나잇 키스를 마친 여러분은 베개에 머리를 묻은 채 어느덧 잠에 빠져든다. 물론 여러분은 호출기 신호 한 번만으로 자신과 공급망, 그리고 다음 작업이 즉각 연결될 수 있을 것임을 잘 알고 있다.

큰 그림

물론 전술한 예는 다소 극단적이고 시간적으로도 압축된 시나리오이다. 그러나, 공급망 관리자의 하루는 방금 예시한 바와 같은 수많은 상황을 처리하기 위한 과제로 채워지게 마련이며, 그러한 과제의 수행을 통해 이루고자 하는 바는 다름아닌 비용이 최소화, 작업 중단의 회피, 수익성의 개선 등이다. 부담스러울 것이 무엇이겠는가?

너무 앞서 나가는 느낌이 있으므로 처음부터 다시 시작하기로 한다. 공급망이란 정확히 말해 무엇인가? 이 용어에 대한 정의는 수도 없이 많으며, 본 책자를 통해서도 그 중 몇 가지를 살펴보게 될 것이다. 그러나 이 질문이 이다지도 여러 번 제기된 이유는 그에 대한 대답이 답변자에 따라 달라지기 때문이다. 이는 마치 장님이 코끼리의 이곳저곳을 만져 보고 그 모습을 각자 설명한다는 옛날이야기와도 같다. 코끼리의 다리를 만져 본 사람은 이 동물이 나무와 같다고 생각하고, 코끼리의 꼬리를 만져 본 사람은 이 동물이 밧줄과 같다고 하며, 어금니를 만져 본 세 번째 사람은 이 동물이 창과 같다고 말한다. 이러한 대답은 모두 부분적으로 맞는 말이나, 코끼리를 실제로 본 사람이라면 누구든 웃음을 금할 수 없을 것이다. 그 이유는 이 사람들이 큰 그림을 놓치고 있기 때문이다.

그보다 우스운 것은 공급망과 관련하여 이러한 종류의 잘못된 가정이 항상 사용되고 있다는 점이다. 예를 들어 컴퓨터 제조업체인 Dell이 주문 생산모델에 기초한 공급망을 운영하고 있다는 이유만으로 Dell의 직판 모델은 모든 하이테크 기업을 위한 최상의 모델이자 심지어는 업종과 관계 없이 모든 회사를 위한 최상의 모델이라는 가정이 공공연히 받아들여져 왔다. 그러나 경쟁사인 Hewlett-Packard를 살펴보면, 비록 조달 프로세스는 Dell의 프로세스와 유사하게 보이지만 유통 측면에서는 Campbell Soup와 같은 소비자용 식품 제조업체와 많은 점에서 유사하다. 이렇게 말할 수 있는 이유는 이 두 회사가 모두 Wal-Mart와 같은 소매 체인을 통해 물건을 판매하고 있기 때문이다. 반면, Dell의 경우에는 소매 채널을 전적으로 회피하고 있다. 따라서 "한 가지 공급망 전략이 모든 경우에 들어맞는다"라는 생각은 코끼리가 나무와 같다는 생각만큼이나 잘못된 것이다.

결국 기본적 요소의 차원에서 생각할 때, 공급망은 제품을 한 곳에서 다른 곳으로 옮기기 위한 사건과 프로세스의 순차적 진행이라 할 수 있으며, 때로는 글자 그대로 단순히 물건을 옮기는 일일 수도 있다. 상거래가 시작된 이래로, 공급망은 사람들이 관여하는 일련의 활동으로 구성되어 있다. 일례로 General Mills가 콘 플레이크 상품을 관리하기 위해 사용하는 공급망에 대해 생각해 보자. 농부가 특정한 수의 옥수수 씨를 심고, 이렇게 재배된 옥수수를 수확하여 가공시설에 판매한다. 가공시설에서는 옥수수를 콘플레이크로 구워 낸 후 포장하여 유통업자의 창고에 보관한다. 그 후 상품은 소매점으로 운송되어 소비자에게 판매되고 궁극적으로 소비된다. 만일 콘 플레이크가 포장 상자에 표시된 유통기한까지 판매되지 않을 경우 그 상품은 폐기된다.

달리 말해, 공급망은 궁극의 공급자 또는 조달원(농부와 씨앗)에서부터 궁극의 소비자(콘 플레이크를 먹는 소비자)까지를 연결하고 있다. 따라서 여러분이 모래로부터 만들어지는 Intel 반도체에 관해 이야기하든 아니면 폐차장에서 생을 마감하고 사용 가능한 부분들(타이어, 안전벨트, 범퍼 등)은 부품으로 팔려 나가게 될 Ford Explorer에 대해 이야기하든 전술한 "한 곳에서 다른 곳까지"의 마일스톤 사이에 존재하는 모든 요소는 공급망의 일부라 할 수 있다.

업종별 벤치마크와 측정 지표의 개발을 담당하고 있는 조직인 Supply Chain Council에서는 공급망 관리(SCM)의 개념을 단 5개 단어(계획, 조달, 제조, 배송, 반품)로 요약할 수 있는 빙법을 개발해 내었다. 이느 분야에서든 공감대를 형성한다는 것은 쉬운 일이 아니며 그것도 수없이 많은 이질적 학설이 상호 교차되고 있는 분야에서는 더더욱 그러할 것이나, 5개 단어를 이용한 위의 정의는 공급망의 모습이 어떠하며 그 핵심 기능은 무엇인지를 나타내는 기본적 토대로 인정을 받아 왔다. (일명 SCOR 모델이라고도 불리는 공급망 운영 참조 모델에 대해서는 제 3장에서 논의하기로 한다.)

이에 대해 좀 더 자세히 알고 싶은 사람이라면 또 다른 산업 그룹인 Council of Supply Chain Management Professionals(CSCMP)의 다소 서술적인 정의를 참조하는 것도 좋을 것이다. "공급망 관리는 소싱 및 조달, 변환 및 모든 물류 관리 활동과 관련된 모든 활동의 계획 및 관리가 포함된 개념이다." 이러한 정의에는 공급자, 중개인, 제삼자, 고객 등 제반 채널 파트너와의 조정 및 협력이 포함되어 있다. 간단히 말해 "공급망 관리에는 회사 내 및 회사간에 이루어지는 공급 및 수요의 관리 행위가 모두 포함되어 있다."

공급망 관리의 발전 배경

전술한 바와 같이, 공급자와 고객 사이에서 이루어지는 작업이라는 개념은 상거래 자체만큼이나 오랜 역사를 가지고 있으나, "공급망"에 관한 현대적인 개념이 정립된 것은 꽤나 최근의 일이다. 그 시발점은 아마도 Jay Forrester와 메사추세츠 공대(MIT)의 동료들이 선구적인 연구 결과를 발표한 1950년대 후반 이후로 보아야 할 것이다. 지금으로부터 거의 반세기 전에 Forrester는 공급망 및 공급자와 소비자 사이에서 일어나는 채널간 상호관계를 연구하기 시작하였으며, 나중에 채찍효과(bullwhip effect)라고 알려지게 될 현상을 발견하게 된다.

Forrester는 회사의 파이프라인(즉 공급망)에 들어 있는 재고의 변동 폭이 궁극의 최종 고객으로부터 멀리 떨어져 있을수록 변동의 폭이 크게 나타나는 경향이 있다는 사실을 발견하였다. 채찍효과의 개념은 1990년대까지 그 이유가 대부분 미스터리로 남아 있었다. 그러나 그 후 컴퓨터가 충분히 빨라지고 강력해지고 저렴해지면서 과학자들은 채찍효과에 대해 이해할 수 있게 되었을 뿐 아니라 이러한 효과를 피할 수 있는 소프트웨어 프로그램을 개발하기에 이르렀다. 원칙적으로 공급망 관리는 이러한 수요의 증폭을 이해하고 궁극적으로 통제하고자 했던 Forrester의 탐구 결과로부터 발전해 왔다고 할 수 있다. 비록 Forrester가 자신의 조사 결과를 "공급망"이라는 단어로써 표현하지는 않았지만, 오랜 기간 동안 Wisconsin대의 공급망 프로그램 디렉터를 역임한 Edward Marien은 "Forrester와 그의 연구 팀에게 공급망 발전에 대한 공로가 돌아가야 한다"고 주장하였다.

1980년대 초반경부터 운송, 유통 및 자재 관리의 개념은 하나의 통일적 용어인 공급망 관리로 일원화되기 시작하였다. 이 용어는 1982년 처음 인쇄물에 분명히 모습을 나타냈으며, Booz Allen의 컨설턴트였던 Keith Oliver가 사용하였다. 그 후 1985년 Harvard의 Michael Porter 교수는 자신의 영향력 있는 저서인 Competitive Advantage에서 회사의 공급망+ 체계를 구성하는 5대 기본 프로세스를 전략적으로 분석함으로써 더 높은 수익을 올릴 수 있는 방법을 예증하였다.

1. **대내 물류**. 제품에 투입되는 요소의 수령, 보관 및 배포와 관련된 활동을 말한다(자재 취급, 창고 보관, 재고 관리, 운송 일정 수립 및 공급자에 대한 반품).
2. **운영**. 이 용어는 투입 요소를 최종 제품으로 변환하는 과정에 수반되는 활동을 지칭한다(기계가공, 포장, 조립, 장비 정비, 검사, 인쇄 및 시설 운영).
3. **대외 물류**. 제품을 수집 및 보관하고 구매자에게 물리적으로 배포하는 과정에 수반되는 활동을 말한다(완제품의 창고 보관, 자재의 취급, 화물의 운반, 주문의 처리 및 일정 수립).
4. **판매 및 마케팅**. 공급망의 시각에서 이 프로세스는 구매자로 하여금 제품을 구매하도록 유도하고 구매할 수 있도록 여건을 조성하는 활동을 의미한다(광고, 판촉, 판매인력 운영, 견적, 채널 선택, 채널 관계 관리 및 가격 결정).
5. **서비스**. 이 프로세스는 제품의 가치를 향상 또는 유지하기 위한 서비스의 제공과 관련된 활동을 지칭한다(설치, 수리, 교육훈련, 부품 공급 및 제품의 조정).

Forrester와 마찬가지로 Porter는 회사가 비즈니스 단위 사이의 상호관계를 예의 주시함으로써 운영 성과를 크게 개선할 수 있다고 주장하였다. 그는 이러한 상호관계를 "가치 사슬 내의 실제 활동에 있어 비용을 절감하거나 차별화를 강화할 수 있는 명백한 기회이다. 더욱이 일부 경쟁자가 상호관계를 추구할 경우 다른 회사들은 같은 길을 따라야하거나 아니면 경쟁력을 잃을 수 밖에 없다"라고 썼다. 그 결과 회사의 입장에서는 독특하지만 상호 관련성이 있는 비즈니스 단위 사이의 목표와 정책이 상호 조화를 이루도록 하는 것, 즉 수평적 전략에 대한 집중이 극히 중요한 요소로 대두된다는 것이 Porter의 주장이다. 공급망에 대한 설명이 함축적으로 담겨 있는 이러한 수평적 전략은 기업 전략의 핵심을 나타내고 있다.

시간적으로 20년 이상 차이가 있음에도 Forrester와 Porter의 연구는 공히 수직적 전략(각 부서와 그룹을 구획화하여 서로 연결되지 않은 사일로처럼 만든다는 개념)이 회사의 장기적 성장과 건실성에 저해 요소가 된다는 점을 역설하고 있다. 흥미롭게도 Porter의 연구 결과가 발표된지 20년이 지난 2006년에 등장하여 유행을 타고 있는 전문용어인 Unsiloing(사일로 해체) 역시 전사적인 기본적 역량의 개선을 위해 부서 및 기능을 초월하여 협력을 도모하고 자원을 공유하고 제품을 교차 판매하는 관리자의 개념을 참조하고 있다.

이 용어는 앞으로 또 어떻게 바뀔지 모르나, 다음과 같은 공급망 관리의 기본적인 목적에는 변함이 없을 것이다.

- 회사의 공급망이 어떠한 모습이어야 하고 또 어떠한 요소를 포함하고 있어야 하는지를 정확히 설명한다.
- 정보, 제품 및 서비스의 이동을 지연시키는 특정한 병목을 찾아낸다.
- 정확한 제품이 정확한 장소로 정확한 시간에 도달하도록 하기 위한 올바른 프로세스를 정립한다.
- 위의 모든 목적을 모두 달성할 수 있도록 적절한 사람에게 권한을 부여한다.

공급망의 경로를 가로막는 장애물

공급망 관리의 개념은 20년도 더 지난 과거부터 일반에 알려져 있었으나, 오늘날까지도 그 개념을 완전히 수용한 회사는 극소수에 그치고 있다. 전세계적으로 잘 알려진 제조 및 소매 기업체 중 다수가 자사의 브랜드만큼이나 자사의 공급망을 중시하고 있기는 하나, 비교적 적은 수의 회사들만이 완전한 규모의 공급망 프로젝트를 시도하고 있으며, 그 중에서도 많은 수는 자사가 쏟아 붓는 모든 노력이 과연 그럴만한 가치가 있는 것인지 대한 의문을 불러일으킬 정도로 커다란 장애물에 부닥쳐 있다.

컨설팅 회사인 Accenture는 Stanford대 및 글로벌 비즈니스 스쿨 INSEAD와 공동으로 팀을 구성하고 왜 이러한 일이 일어날 수밖에 없는지를 밝혀내기 위한 작업을 시작했다. 그 결과, 연구 대상 기업 중 절반이 넘는 수가 공급망을 변환하는 과정에서 예상치 못한 문제와 맞닥뜨리게 되었다는 사실이 밝혀졌다. 더욱 나쁜 것은 이러한 문제들이 쉽게 해결될 수 없는 것들이라는 점이다.

- 예상대로 기술이 구현되지 않았다. 인터넷 거품이 터졌을 때 공급망 관련 운동은 위기의 순간을 맞이하였으며, 많은 수의 공급망 기술 관련 공급업체(그리고 더 많은 수의 베이퍼웨어 회사) 또한 같은 운명을 맞이하였다. 기업들은 웹 사이트를 구축하는 것이 즉각적 부를 향한 길이라고 잘못 생각하고 성급하게 인터넷이라는 "골드 러시"에 동참하였다. 산출물의 회수기간이 정해져 있지 않은 "전사적" 프로젝트에 수백만 달러를 지출하였으며, 그러한 과정에서 큰 피해를 입었다. 오늘날까지도 많은 회사들은 공급망 솔루션에 대한 투자라면 그 종류를 막론하고 극도로 조심러운 모습을 보이고 있다.

- 프로젝트 비용이 너무 높았으며 서비스 목표가 충족되지 못하였다. 이 문제는 공급망보다 더 오래된 문제이다. 완료되지 못했거나 충분히 실행되지 못한 전사적 자원관리(ERP) 프로젝트를 목록으로 작성한다면 아마도 끝이 없을 것이며, 불행히도 그러한 식으로 통제의 범위를 벗어난 공급망 프로젝트 역시 무수히 많은 실

정이다. 이러한 전사적 이니셔티브 중 대부분은 밑빠진 독과 같아서 비용의 끝을 알 수도 없고 이익에 대한 예측도 할 수 없다.

- 공급망 프로젝트와 회사의 현재 비즈니스 전략 사이에 일관성이 없다. 불행하게도 많은 회사들이 제대로 정의된 비즈니스 전략을 가지고 있지 못한 것이 현실이다. 불확실하고 계속 변하는 회사의 계획과 공급망 이니셔티브를 일원화하려 애쓰다 보면 아무리 인내심 높은 프로젝트 관리자라도 지치지 않을 수 없을 것이다.

- 내외부적으로 변화를 관리하기가 너무 어려웠다. 공급망 프로젝트가 성공하려면 제품 및 거래 데이터를 부서간에 공유함으로써 좋은 결과를 얻을 수 있다는 사실에 대한 확신이 먼저 종업원들 사이에 정착되어 있어야 한다. 회사의 내부 인력이 서로 협력하지 못함으로 인해 주요 공급망 파트너와의 협력에 실패하는 경우는 일일이 열거할 수 없을만큼 많다. 다른 회사와의 협력을 기대하려면 먼저 자사의 인력을 신뢰할 수 있어야 한다.

Accenture는 위의 연구를 수행하던 도중 공급망 이니셔티브를 성공적으로 출범시킬 방법을 궁극적으로 찾아 낸 회사들의 사례를 부수적으로 발견하였다. 프로젝트의 진행에 있어 그처럼 운이 따르지 못한 회사의 경우, 공급망 프로젝트 리더가 사무실 쪽으로 걸어오는 것을 보는 순간 많은 관리자들이 문을 닫아 잠그는 장면을 충분히 상상할 수 있을 것이다.

최상의 공급망과 좋은 공급망이 다른 점

공급망 관리는 매우 어려운 과제이며, 이는 어쩔 수 없는 일이다. 어느 회사도 모든 해답을 알고 있지 못하는 가운데 대부분의 회사들이 실질적으로 동일한 질문을 던지고 있다. 왜 일부 회사들은 공급망을 성공적으로 개선한 반면, 왜 다른 회사들은 수렁에 빠져 있는 것일까? 업계 최고의 공급망과 다른 모든 공급망 사이를 구별해 주는 차이점은 무엇인가?

본 책자에서도 예를 들어 설명할 것이지만, 최고의 성과를 올리고 있는 모든 회사들은 어느 업종에서 경쟁을 벌이고 있든 재고 문제를 적극적으로 공격하였고, 고객 서비스 수준의 개선을 위해 자원을 투입하였으며, 주요 공급자들과 파트너 관계를 통해 공급망을 통제하였다. 이에 대해서는 단 하나의 예외도 없었다.

사실 최상의 공급망은 일이 처리되는 방식에 있어 여타의 공급망과 약간의 차이가 있다. AMR Research Inc.의 분석가인 Debra Hoffman에 의하면 업계 최고의 회사들은 다음과 같은 3가지 특성을 공통적으로 가지고 있다.

1. 균형을 목표로 한다. 이러한 회사들은 모든 카테고리에서 최고가 되지는 못하고 있으나, 모든 영역에서 일관성 있게 양호한 수준을 유지하며, 이러한 것들이 종합되어 업계 최고의 성과가 달성된다.
2. 수요의 가시성을 높인다. 높은 수준의 예측 가시성을 확보하는 것은 완전한 주문의 처리를 이루기 위한 열쇠이자 고객 서비스를 향한 왕도이다.
3. 고비용 요소를 격리한다. 최고의 회사들은 자사의 비용이 어디에 묶여 있는지 그리고 왜 그러해야 하는지 알고 있으며, 따라서 자사의 모범적 방법론과 기술 투자를 어느 분야에 집중해야 할지를 알고 있다.

IBM Institute for Business Value의 글로벌 공급망 관리 리더인 Karen Butner는 이 모든 것을 하나의 공통 인자로 묶어 이렇게 설명한다. "최고의 공급망은 하나같이 혁신적 제품과 서비스를 통해 수요의 변동에 신속히 대응할 수 있는 능력을 가지고 있다."

모범적 방법론과 관련하여 공급망을 성공으로 이끌려면 최고 임원의 참여가 반드시 필요하다. 세계 최대의 회사의 CEO(Wal-Mart의 Lee Scott)가 회사의 물류 부서를 관리해 왔다는 사실은 놀라운 일이 아닐 것이다. 이 소매 거대기업의 물류 부서는 회사의 전략적 첨단 기법이 시작되는 곳이기 때문이다. 공급망 관리라는 용어를 최초로 보편화시킨 컨설팅 회사 Booz Allen은 CEO 차원에서 공급망 프로젝트를 지원하고 있는 회사가 이루어 내고 있는 고객 서비스 비용 절감 성과가 지원 인력의 지위가 낮은 회사에 비해 연간 기준으로 거의 두 배에 이른다는 사실을 보고하고 있다. Booz Allen은 고위임원에 대한 설문 결과를 바탕으로 이렇게 결론짓고 있다. "회사의 CEO 및 리더십 팀으로부터의 전적인 지도와 감독이 이루어지지 않을 경우, 공급망에 대한 성과는 기대에 미치지 못하게 될 가능성이 크다."

모범적 방법론은 단순히 공급망 문제 해결을 위해 많은 돈을 투자한다고 해서 저절로 이루어질 수 있는 일이 아니다. 개선이 이루어지려면 전략적인 차원에서 주요 공급망 프로세스를 조기에 파악하고 수시로 추적해야 한다. 이를 위해서는 금전적인 투자뿐 아니라 시간, 재능, 에너지, 초점의 유지, 고위 경영진의 약속, 그리고 공급망의 변화를 이끌어 낼 수 있는 결단력이 수반되어야 한다. 바로 이러한 것들이 세계 최고의 상태로 운영되는 회사들로부터 찾아 볼 수 있는 특성이며, 그들이 정상을 달리고 있는 이유이다. 다음 장에서 우리는 일부 유명 회사들이 어떻게 업계 최고의 공급망을 관리하고 있는지를 여러 업종의 구체적인 사례를 통해 살펴볼 것이다.

공급망 해부하기

공급망은 서로간의 유사성에 기초하여 정의될 수 있을 뿐 아니라 서로 간의 차이점에 의해서도 정의될 수 있다. 예를 들어 수십억 달러 규모의 거대 소매업체와 단일 점포로 운영되는 개인상점 사이에 무슨 공통점이 있겠냐 싶겠지만 사실상 이 두 종류의 회사는 동일한 원칙 하에서 운영되고 있다. 그 원칙이란 다름아니라 상품이 떨어지면 사업도 끝이라는 것이다. 재고 고갈 비율이 10%만 되더라도(일부 제품군의 경우 그보다 상당히 높을 수도 있다), 진열대에 상품을 비치하는 일이야말로 소매업의 전부이자 끝이라 할 수 있을 것이다. 따라서 그 형태와 규모를 막론하고 모든 소매점(Wal-Mart와 같은 작은 국가 크기의 대형 디스카운트 매점에서부터 지점이 3개뿐인 만화가게에 이르기까지)은 자연적으로 매출을 극대화(예 : 신속한 보충)하면서 비용을 최소화(예 : 수요 예측)할 수 있는 모범적 방법론을 지향하는 경향이 있다.

최상의 상태로 운영되고 있는 조직은 하나같이 고객의 고객에서부터 공급자의 공급자까지, 그리고 그 사이에 존재하는 모든 요소를 하나로 이어 주는 세계적 수준의 공급망을 개발하여 운영하고 있다. 본 장에도 예시되어 있듯이, 어느 업종의 모범적 방법론 중 많은 수는 다소간의 조정을 거친 후 다른 업종에도 적용될 수 있다.

그러나 모범적 방법론은 전체 이야기의 일부일 뿐이다. 모든 성공적인 공급망 조직의 뒤에는 영향력 있는 변화 주도자로 구성된 전담 팀이라는 비밀이 숨어 있다. 보다 간단히 말하면 공급망은 관리하는 사람들의 자질에 따라 성패가 결정된다. 이제 이러한 점을 염두에 두고 업계 최고로 평가되고 있는 공급망 및 자사의 모범적 방법론 구축 활동을 이끌어 온 사람들을 몇몇 업종을 중심으로 살펴보기로 하자.

자동차 : 장기적으로 고객의 충성도를 구축

자동차 소비자라면 한국의 현대자동차가 10년 무상보증 서비스를 제공하기로 했다는 소식을 기쁨으로 받아들였을 것이다. 그러나 이 정책은 Los Angeles에 위치한 현대자동차 지역 부품 유통센터의 부품 운송 책임자 Tim Hess에게 다소 복잡한 문제를 제기하였다. 이러한 유통센터(현대는 미국에서 3개의 유통센터를 운영하고 있음)는 600개소가 넘는 현대자동차 딜러를 관리하고 있다. 이제 각 딜러가 보유하고 있는 부품은 새로운 제품보증 정책에 따라 10년간 보증되어야 한다.

대부분의 자동차 제조업체들은 주로 딜러를 통해 부품을 유통하고 있으나, 딜러와 기타 수리업체는 부속 수리용품 시장을 통해 보다 싼 가격으로 부품을 구할 수도 있을 것이다. 그러나 현대자동차는 미국 시장에 비교적 늦게 진출하였기 때문에 부속 수리용품 시장을 부품 시장이 거의 형성되어 있지 않다. 이러한 이유로 모든 부품은 현대자동차의 딜러망을 통해 공급된다.

Hess의 말에 따르면 자동차 수리 비즈니스는 두 가지 범주로 구분된다. 그 중 하나는 OEM(주문자상표 부착방식) 장비 제조업체가 보증 조건에 따라 부담해야 하는 수리와 관련된 사업이고, 또 하나는 고객이 비용을 지불해야 하는 수리와 관련된 사업이다. 비록 새로운 보증 프로그램을 시작할 당시에는 다소 위험할 것이라는 시각이 있었으나, 보증기간을 10년으로 연장한 조치를 통해 현대는 이익을 얻을 수 있었다. 그 이유는 Hess의 설명대로 이 정책이 더욱 높은 고객 충성도를 이끌어 냈고, 그로 인해 고객이 비용을 지불하는 비즈니스의 비중이 높아졌기 때문이었다.

이러한 충성도를 구축하기 위한 핵심 요소는 고객의 기대가 충족될 수 있도록 딜러가 부품을 계속 공급할 수 있어야 한다는 것이었다. 이렇게 하려면 고객이 만족할 만큼 부품을 가능한 신속히 운송할 수 있고 또한 딜러가 만족할 수 있을 만큼 효율적으로 운송할 수 있는 유통망이 마련되어야 한다. 이러한 목표를 달성하기 위해 Hess는 부품이 발송되는 출발점의 위치에 따라 다양한 전략을 동원하였다. 부품이 California 내부에서 운송되거나 Las Vegas 및 Pheonix로 발송되는 경우, 그는 4개의 다른 자동차 OEM 업체와 배송품을 혼적하는 방식을 사용하여 전용 트럭운송업체에 운송을 의뢰하였다. 전통적인 혼적의 경우 물량을 기준으로 요금이 책정되고 하역 지점이 여러 곳일 경우 추가 요금이 발생하는 반면, 전용 운송업체의 서비스에 대해서는 배송 건당 운송비 방식으로 요금이 결정된다. "야간 운송 중 하역을 해야 할 지점을 최소 몇 개로 할 것인지에 대해서만 합의를 하면 된다."라고 Hess는 설명한다.

또한 Hess는 주요 간선도로망을 따라 산재해 있는 미국 나머지 지역의 딜러에게 부품을 배송하기 위해 가능한 많은 야간 배송(상당수의 무인 방식 포함) 예약을 하였다. 부품은 보안구역으로 배송되며, 이렇게 함으로써 운송업체는 번잡하지 않은 시간을 이용해 딜러에게 물품을 운송할 수 있다.

그러나 부품 유통센터가 이와 같은 조치를 시행하려면 먼저 부품을 가지고 있어야 한다. 이는 또 하나의 골치거리인데, 그 이유는 모든 부품이 수입품이기 때문이다. "공급망의 가시성은 우리에게 엄청나게 중요한 문제이다"라고 현대 아메리카의 공급망 및 물류 담당 이사인 George Kurth는 말한다. 이 자동차 업체는 부품을 한국에서 수입하고 있으며 제삼자 물류제공자(3PL)를 사용하여 모든 대내 배송을 추적한다. 그는 이렇게 말한다. "우리는 한국에서부터 미국의 부품 유통 센터에 이르는 모든 주요 지점에 대한 가시성을 확보하고 있다. 우리는 물품의 항구 도착 시간, 선박 운항 일수, 선박 도착 일자, 통관 시작, 통관 완료, 출발지의 레일 통과, 도착지의 레일 통과, 부품 유통센터에 도착하는 시점, 그리고 보관 시점 등 모든 마일스톤을 추적 관리한다." 현대는 자사의 항공운송에 대해서도 이와 유사한 가시성을 확보하고 있다.

만일 배송이 지연되거나 마일스톤이 누락될 경우, 현대측 재고 관리자에게 메시지가 전달되고 수정된 예상 도착시간(ETA)이 통지된다. 또한 새로운 ETA는 현대의 재고관리 시스템에 자동적으로 업로드된다. "더 적은 재고를 가지고 운영을 할 수 있을 뿐 아니라, 신뢰할 수 있는 ETA를 이용해 딜러 고객에 대한 서비스를 높일 수 있다."라고 Kurth는 말한다. 이렇게 함으로써 현대는 재고를 2주일 분량으로 축소할 수 있었다. "ETA를 신뢰할 수 있을 때 린(Lean) 운영이 가능하다."

화학 : 올바른 공급망 공식의 발견

화학산업은 오래 전부터 대량의 재고가 비축되어 있고 파이프 라인을 통해서도 많은 양의 재고가 흐르고 있는 상황에 익숙해져 있었다. 그러나 실리콘 베이스 제품의 제조업체인 Dow Corning Corp.는 그러한 업계의 통설을 거부하였다. 자사의 제품 라인의 95%에 달하는 60,000 SKU의 상품이 재고보유성 제품이었던 Dow Corning은 재고 수준을 극적으로 줄이려면 새로운 생산 모델이 필요하다는 사실을 깨달았다. 동시에 이 회사는 대고객 배송 시간을 단축해야 한다는 과제를 안고 있었다.

Dow Corning의 현장 공급 관리자인 Lori Schock의 말에 의하면 회사는 재고 수준, 자재, 유통 채널, 고객의 주문 패턴 등 유통 프로세스의 모든 요소를 분석하기 시작하였다. "우리는 스스로에게 자문하였다. '만일 고객이 우리에게 충분한 리드타임을 허용한다면 주문제조 또는 주문조립 방식을 채택하는 것이 가능할까?" 그 대답은 분명히 "예"였다. 우리는 재고보유 방식에서 벗어날 수 있다면 재고를 줄이는 동시에 대고객 배송 성과를 개선할 수 있다고 보았다"라고 Schock는 설명한다.

이러한 목표를 달성하기 위해 Dow Corning은 고객이 제품을 인터넷 상에서 직접 주문할 수 있는 현행 방식으로 시스템을 개선하였다. 오늘날 회사의 비즈니스 중 약 1/3은 이러한 셀프서비스 모델로부터 창출되고 있으며, 이를 계기로 Dow Corning은 더 많은 제품을 웹 기반의 시스템 상에 올릴 수 있었다.

셀프서비스 모델을 이용하는 공급망 파트너는 배송의 리드타임을 보장받을 수 있다. 만일 고객이 지정된 납기보다 이른 시점에 배송을 원할 경우, 급배송 서비스 비용이 표시됨과 함께 변경된 시나리오가 시스템 상에 제시된다. Schock는 고객이 주문에 수반되는 비용을 즉시 알 수 있으며 경쟁사와 비교할 수 있다는 점을 지적한다. 이 셀프서비스 모델에는 경쟁가격이 포함되어 있으며 하루에 수 차례 갱신된다. "우리의 고객이 시장에서 더욱 강한 입지를 구축할수록 우리 또한 강해질 것이다."라는 것이 그녀의 생각이다.

이 회사는 또한 선박을 통해 상시적으로 운송되는 재고의 양을 줄이기 위한 노력을 전개하고 있다. "당사의 재고 중 25% 내지 35%는 항상 운송 중에 있기 때문에 공급망 관리는 재고 처리와 관련된 기타 모든 요소를 최적화하고 간소화하기 위한 노력의 일환으로서 그 중요성이 더욱 높아지고 있다."라고 Schock는 말한다. "수요가 어디에서 창출되는지를 알 수 있는 가시성의 확보는 매우 중요한 문제이다. 우리의 비즈니스 프로세스 및 보유하고 있는 재고의 양에 비추어 볼 때, 우리는 상당한 재고의 감축을 달성할 수 있는 엄청난 근본적 변화를 이끌어 내야 한다." 이러한 맥락에서 Dow Corning은 자사의 제조 용량을 증설해야 할지 해외로 이전해야 할지를 평가하고 있으며, 그와 동시에 조달 전략을 재고해야 할 것인지를 고려하고 있는 중이다. 비용을 통제하고 재고 수준을 더욱 축소하기 위해 회사는 수요의 가시성과 생산 활동을 연결하는 방법을 찾아낸다는 상위 차원의 목표를 추구하고 있으며, 이러한 목표의 달성을 통해 회사는 더 많은 생산 과정을 주문생산 방식으로 전환할 수 있을 것이다.

소비자용 포장상품 : 진실의 순간

소매점 안으로 들어오는 모든 고객마다 진실의 순간이란 것이 있는데, 그것은 고객이 특정한 제품의 구매를 선택하는 결정의 순간을 말한다. 소매상이나 소비자용 포장상품(CPG) 공급자가 그 무엇보다 두려워하는 것이라면 아마도 공포의 빈 진열대일 것이다. 소매점의 재고고갈 비율이 약 10%에 달한다는 점을 생각할 때, 소비자는 물건이 없어서 그리고 판매점은 매출을 놓쳐서 애태우는 경우가 상당하다고 보아야 할 것이다.

Procter & Gamble Co.는 소비자중심 공급 네트워크(Consumer-Driven Supply Network)를 구축하는 것과 동시에 공급망의 변화를 이루어 내기 위한 활동의 일환으로서 재고를 50% 감축하고 재고고갈 비율을 50% 절감하며 물류비용을 20% 줄인다는 도전적인 목표를 설정하였다. 그러나 이러한 목표를 달성하기 위해서는 제품의 상시 비치, 진열된 상품의 품질, 정시 배송 등과 같은 주요 문제를 해결해야 했다.

P&G의 소비자중심 공급 네트워크 실행 담당 부사장인 Patrick

Arlequeeuw는 이렇게 지적한다. "시간은 돈이다. 공급망이 길고 느릴수록 비용은 더 높아질 수밖에 없다. 공급망에 끼어 있는 시간과 비용의 군살을 덜어 내야만 유연성과 대응력이 높아질 수 있다. 우리는 공급망, 즉 원자재 단계에서부터 진열대에 제품을 올리는 순간까지의 과정이 길고 느려지지 않도록 모든 파트너 사이에 실시간 정보가 교환될 수 있는 공급자, 생산업자 및 소매업자의 네트워크를 만들고 있다. 이 모든 과정은 진열대 위에서 무슨 일이 일어나고 있는지 에서부터 시작된다."

이 말은 P&G가 전통적인 CPG 모델, 즉 예측에 기초한 생산에서 탈피하여 수요에 연동된 생산 방식으로 전환하였다는 것을 의미하며, 그 목표는 상품의 구매가 일어난 후 가능한 빨리 제품을 보충하는 것이다. 이 전략의 성패는 부분적으로 소매점의 POS 데이터를 수신하여 보충 주문으로 변환할 수 있는 기술에 달려 있다. 예를 들어 P&G는 주요 소매 고객과 품목 데이터를 동기화하였으며, 이를 통해 불필요한 복제 작업을 없애고 재고고갈을 방지함으로써 연간 최소 2천 5백만 달러의 비용을 절감하고 있다.

이 전략을 실행함에 있어 역시 중요한 또 하나의 요소는 소비자들이 매점에 들어서기 전부터 원하는 상품을 비치하고 있어야 한다는 점이다. 이를 위해 P&G는 최종 고객을 대상으로 정기적으로 설문을 실시하고 있으며, 서비스 수준의 개선을 위해 소매 고객과 직접 협력하고 있다.

Arlequeeuw는 이렇게 설명한다. 소비자중심 공급 네트워크는 "소비자의 구매를 출발점으로 하여 공급망 내에 실시간 정보가 움직이도록 한다는 비전에 기초하고 있다. 이는 공급망 네크워크를 설계하는 방법이 근본적으로 달라졌다는 말이다. 즉, 진열대 쪽에서 거꾸로 공급 시스템을 바라보고 고객의 만족을 위해 무엇이 필요한지 결정한다는 의미이다.”

Arlequeeuw는 컴퓨터 거대기업인 Dell이 처음 시작한 대소비자 직판 모델(제 6장 참조)은 CPG 제조업체의 입장에서도 항상 염두에 두어야 할 방식이라고 생각하고 있다. “마치 Dell이 PC 비즈니스 분야에서 했던 것처럼 우리도 우리가 속한 업종에서 수요에 맞추어진 생산 시스템을 만들어 낸다면 소매점 고객과 소비자에게 모두 상당한 가치를 제공할 수 있을 것이다.”

P&G는 자사의 직판 모델이 제대로 작동하도록 하기 위해 점내 판촉 및 행사에 있어 소매점 파트너와 밀접히 협력하고 있다. 또한 이러한 협력 관계를 모든 공급원에게까지 확대하고 있으며, 창고에 제품이 얼마나 쌓여 있는지를 보다 손쉽게 파악할 수 있는 장치를 마련하기 위해 상당한 노력을 기울이고 있다. P&G는 무선인식(RFID) 기술(제 15장 참조)의 개발과 실행에 있어 CPG 업계의 선두 주자 역할을 하고 있다. P&G의 경우 RFID의 활용과 관련된 가치로서 노무비와 재고 비용을 절감하는 것만큼이나 소매점의 진열대에 자사의 제품을 더 많이 올려 놓는 것을 중요하게 생각하고 있다.

이러한 전략은 효과를 발휘하고 있다. “소비자중심 공급 네트워크를 처음 시작했을 당시만 해도 당사의 제품 중 20%도 넘는 품목이 높은[10%가 넘는] 재고고갈 비율이라는 문제를 안고 있었으나, 이제 그 수치는 5%를 하회하고 있다”라고 Arlequeeuw는 말한다. 이러한 공급망 전략에 초점을 맞춤으로써 P&G는 자사의 공급망이 고객의 요구와 더욱 깊은 연관성을 갖도록 하였을 뿐 아니라 대응력과 유연성을 한층 높일 수 있었다.

음식료 : 중간상의 배제

업계의 연구 조사에 의하면 미국의 제조업 중 80%가 자사의 물류 운영을 3PL에 아웃소싱하고 있다. 그러나 낙농제품회사인 Land O'Lakes Inc.는 이러한 3PL 중심적 사고에서 탈피함으로써 상당한 운송비를 절감할 수 있다는 사실을 발견하였다. 미국 내에서 제일가는 버터 제조업체인 이 회사는 물류 운영을 다시 내부 기능으로 전환하는 동시에 협력적 운송 네트워크에 참여함으로써 연간 운송비를 최대 20%까지 절감할 수 있었다(이 회사의 총 운송비 지출액은 3천 5백만 달러로 추정된다).

"무엇보다 우리는 3PL에 지불하던 트럭 당 15 내지 20달러의 관리 수수료를 없앨 수 있었다. 연중 운행되는 트럭의 수가25,000 내지 30,000에 달하기 때문에 이 부분만 따져 보더라도 상당한 액수가 된다"라고 Land O'Lakes의 물류 관리자 Pat Johnson은 설명한다. "둘째, 우리는 이제 운송 경로상의 자동차 운송업체와 직접 접촉할 수 있기 때문에 3PL에게 수수료를 떼어 주지 않고도 운임을 협상할 수 있다. 중간상이 배제되면서 물류는 회사의 핵심 역량 중 하나로 부각되고 있다."

셋째, Land O'Lakes는 웹 기반의 협력적 네트워크를 사용함으로써 자사와 다른 참여자들(제조업체, 소매점 및 운송업체)이 차급화물운송(Truckload) 및 혼적화물운송(LTL)을 이용한 대내 및 대외 운송을 계획, 실행 및 결제할 수 있도록 하고 있다. "우리가 물류로부터 얻고자 하는 바는 크게 3가지로 요약된다. 첫째, 수송용량, 즉 필요할 때 트럭을 사용할 수 있어야 한다. 둘째, 고객 서비스, 즉 운전기사들이 도크에 정시 도착해야 하며 도크에 도착해서는 고객과 협력하는 일에 집중할 수 있어야 한다. 셋째는 물론 비용이다"라고 Johnson은 말한다.

협력적 네트워크는 모든 회원의 내부 물류 일정관리 시스템으로부터 경로, 적하량 및 일정에 관한 정보를 수집하여 통합하고 업데이트한다. 협력적 네트워크를 사용함으로써 얻을 수 있는 한 가지 장점은 운송 일정을 수립할 수 있는 능력, 즉 트럭의 용량을 다른 네트워크 회원과 공유할 수 있는 능력이라고 Johnson은 말한다. 예를 들어, Land O'Lakes가 매주 트럭 몇 대 분량의 냉동화물을 Wisconsin에서 Philadelphia로 운송하고 있는 상황에서 General Mills 등 또 다른 네트워크 커뮤니티 회원이 화물을 비슷한 회수만큼 Philadelphia에서 Chicago로 운송한다고 가정할 때, 이 두 회사는 여유 용량을 공유함으로써 화물칸이 빈 채로 차량이 움직이는 소위 "공차 운행"를 없애고 이득을 얻을 수 있다. 실제로 General Mills는 이 네트워크를 활용하여 자사의 물류비를 7% 절감하였다고 보고하였다.

"이러한 운송 기회를 한 건 찾을 때마다 10,000달러 정도의 가치가 창출된다"고 Johnson은 설명한다. "적재용량도 더 많아지고 운임 또한 더 낮은 수준에서 협상할 수 있기 때문에 이는 운전기사나 화주에게 모두 누이 좋고 매부 좋은 일이다." 이러한 협력 네트워크 내부에서는 익명성이 유지되기 때문에 Land O'Lakes는 다른 어느 회사가 네트워크를 이용하고 있는지를 알지 못하며, 다른 회사들의 경우에도 이는 마찬가지이다. "우리는 운송되는 화물의 현황을 훤히 알 수 있으며, 당사의 고객 서비스 요원들 또한 트럭이 현재 어디에 있는지 분명히 알 수 있다"라고 Johnson은 말한다. "우리는 운송업체에게 모든 상황 변화를 보고할 것을 요구한다. 운송업체는 도크에 도착하거나 도크를 떠날 때마다 배차 담당자에게 연락하여 상황을 보고하며, 문제가 발생하는 즉시 이메일을 통해 우리에게 업데이트된 정보를 전달한다. 이러한 방식을 통해 우리는 고객 서비스 요원들에게 문제가 있음을 경고하고 고객이 말하기 전에 먼저 고객에게 알리도록 하고 있다."

포장식품 업계에서 트럭이 공차로 운행되는 시간은 전체 운행시간의 최대 25%에 달한다는 것이 Johnson의 설명이다. 공차로 운행되는 구간을 줄임으로써(경로를 서로 공유하는 협력 네트워크를 사용하여) Land O'Lakes는 첫 해에만 2백만 달러의 운송 비용을 절감할 수 있었다. "트럭의 적재 용량을 모두 합산하면 45,000파운드의 제품을 고객에게 운송할 수 있어야 할 것이나, 실제로는 그 중 34,000 또는 35,000파운드 정도만이 활용되고 있다. 만일 다른 회사의 짐을 실어 빈 공간을 채울 수 있다면 그만큼 더 수입을 올릴 수 있을 것이다."

하이테크/전자 : 제로 레이턴시(Zero Latency)

2000년 원격통신 시장이 흔들리기 시작하면서 가장 큰 타격을 입은 회사 중 하나로 Lucent Technologies를 꼽을 수 있다. 이 회사는 자사가 너무나 많은 무선전화를 생산했다는 사실을 뒤늦게 알아 차렸다. 실질적으로 신형 전화기 제품의 판매 가능 기간은 우유제품보다도 별로 길지 않았기 때문에 이는 뼈아픈 문제였다. 한마디로 Lucent는 공급망 위기를 맞고 있었다. 10개월이 넘는 기간 동안 이 회사는 가치로 따져 10억 달러에 달하는 어마어마한 양의 재고를 상각하였다.

그러나 똑 같이 컵에 물이 절반만 들어 있더라도 생각하기에 따라 기분이 달라질 수 있듯이, 그러한 대규모의 손실은 회사가 일대 전환을 기할 수 있는 계기가 되었다. Lucent는 2001년에 Supply Chain Networks 부서를 설립한 데 이어, 2002년까지 70억 달러가 넘는 보유 재고를 20억 달러 수준으로 감축하였으며, 2003년에 이르자 재고는 불과 10억 달러 수준으로 줄어들었다. Lucent는 현금 지출에 대한 통제를 강화함으로써 분기 당 22억 달러에 달하던 지출 규모를 1억 3천만 달러로 축소하였다. 또한 이 회사는 제품의 생산을 해외 공급자에게 위탁하는 가상제조 모델을 도입함으로써 400개의 생산시설을 폐쇄하였다. 또한 같은 기간 중 Lucent는 공급자의 총 수를 종전의3,000개사에서 그 절반 수준인 1,500개사로 축소하였다.

"우리는 어떻게 해야 자원을 최적 활용하고, 자본을 올바른 영역에 투자하고, 시장의 변동성에 맞추어 운영 비용을 관리하고, 변화하는 고객 요구에 보다 현명하고 효율적인 방식으로 대응할 수 있을 것인지를 결정해야 했다"라고 Lucent의 공급자 관리 담당 부사장인 Joe Carson은 말한다. "우리는 최종 조립과 검사 과정만을 남기고 거의 모든 제조 활동을 포기하였다." Lucent의 맞춤형 제조 기능 중 대부분은 이제 중국으로 이전되었으며, 일부 작업은 멕시코와 동유럽에서 수행된다. 또한 이 회사는 자사의 공급망 기능 중 많은 부분을 3PL에 아웃소싱하였다.

Lucent는 고객의 요구에 대응하기 위한 수단으로서 "제로 레이턴시(Zero latency)" 정책을 채택하였다. "우리는 팀을 구성하여 고객과 우리 회사와 공급자와 그리고 공급자의 공급자를 연결하고 있다"라고 Carson은 설명한다. 이 회사는 부가가치의 창출이 없는 시간을 제거하는데 관심을 집중하고 있으며, 따라서 고객이 견적을 요구할 경우 교차기능 팀을 신속히 구성하여 대응하는 방식을 채택하고 있다. 이를 실현하기 위해 Lucent는 고객과 분리되어 있는 채널을 없애버렸으며, 이렇게 함으로써 고객의 요구를 보다 정확히 파악할 수 있게 되었고 고객 또한 Lucent의 역량을 보다 잘 알 수 있게 되었다.

Carson이 지적하는 핵심 요점은 공급자에게 권한을 이양함으로써 공급자들이 마치 Lucent의 이사회인 것처럼 움직이도록 하고 Lucent 또한 그렇게 한다는 것이다. "그들의 성공이 곧 우리의 성공이고, 우리의 성공이 즉 그들의 성공이다. 이것이 가능하려면 공급자를 관리하는 방법에 있어 여러 가지 기술의 조합이 갖추어져 있어야 한다."

제로 레이턴시 공급망 모델이 실행된 이래로 Lucent는 북미 지역의 창고 수를 200개에서 15개로 줄일 수 있었다. 이 회사의 견적-현금 주기는 거의 50%나 단축되었으며, 전체적인 물류비용도 20% 절감되었다.

의약 : RFID를 이용한 위조와의 전쟁

의약산업이 안고 있는 가장 큰 위험요소 중 하나는 전세계적으로 위조약 사건이 증가하고 있다는 것이다. 비록 이 업계가 미국 식약청(FDA)에 의해 엄격히 규제되고 있기는 하나, FDA는 희석되었거나 허위 라벨이 부착되었거나 완전히 가짜인 제품이 미국에 반입될 수 있다는 점을 우려하여 공급망과 관련된 예방적 조치를 취하기에 이르렀다. 예를 들어, 의약품의 유통경로를 보다 안전하게 지킬 수 있는 방법으로서 제안된 무선인식(RFID) 태그가 그 중 하나이다. 그 하나하나마다 전자적으로 인식이 가능한 고유 제품 코드를 담고 있는 이러한 태그를 사용하면 모든 포장 의약품 제품을 추적하고 식별하는 것이 가능할 것이다.

아직까지 대부분의 제약회사는 자발적으로 RFID 태그를 사용하지는 않고 있으며, 이와 관련된 모든 작업을 의약품 유통업체의 몫으로 남겨두고 있다. 그러나 Lipitor 및 Zoloft와 같은 처방약의 제조업체로 유명한 Pfizer Inc.는 2006년 1월 이래로 Viagra 제품의 모든 패키지, 케이스 및 파렛트에 RFID 태그를 부착하여 배송을 하고 있다. Pfizer의 US Trade Group 회장인 Tom McPhillips는 이 회사가 RFID를 사용하게 된 주된 이유가 환자의 안전을 보호하기 위함이었다고 설명한다. "우리는 우리 회사의 제품을 위조하고자 하는 범죄자들이 쉽게 넘기 힘든 장벽을 한겹 더 설치하고 있는 중이다."

RFID 이니셔티브는 공급망 관리가 회사와 고객을 연결해 주는 고리라는 사실을 Pfizer가 인식하고 있음을 보여 주는 하나의 예이다. 이 회사의 공급망 활동은 3개 기능 영역에 의해 유지되고 있다. 이 회사의 유통/물류 팀은 전세계에 산재한 회사의 각 현장 사이에서 일어나는 제품의 이동을 조정한다. Pfizer의 공급망 계획 팀은 판매 및 마케팅 부문과 밀접히 협력하고 있다. 물류 계획 담당 이사인 Tan Miller의 말에 의하면 이 회사는 장거리 이동이 필요한 계획을 수립할 때 수학적 최적화 기술을 사용하여 자사의 유통 네트워크를 평가하고 최적의 출발점과 목적지 경로를 찾아낸다고 한다.

이 회사의 조달 팀은 원자재와 의약용 물질의 구매에서부터 소모성 자재(MRO)의 확보, 그리고 전세계에 산재한 Pfizer의 제조 및 물류 현장을 위한 화물의 운송과 기타 서비스의 외주에 이르는 모든 사항을 집중 관리한다. 이 회사의 주문 입력 및 자재소요계획(MRP) 시스템은 주문처리 시스템과 상호 연결되어 50개소가 넘는 전세계의 제조현장 및 유통센터에서 일어나는 재고의 흐름과 출하 준비(Staging) 과정을 지원한다. 이러한 제반 활동의 목표는 서비스 수준과 재고 회전율을 개선하는 동시에 공급망의 가시성을 높일 수 있는 공급망 보충 모델을 구축함으로써 주문에 기초한 공급(Supply-to-order)에 대한 Pfizer의 의존도를 낮추는 것이다.

소매 : 재고의 최적화

1990년대 후반, 소비자 가전업계의 거대기업인 Best Buy Co. Inc.는 매우 우울한 크리스마스를 맞이하고 있었다. Best Buy의 운송 담당 이사인 Eric Morley는 연말연시 기간 중 판매될 1천 5백만 달러 상당의 컴퓨터가 각 점포로 운송되고 있는 상황에서 Intel사가 새로운 펜티엄 프로세서를 출시할 것이라는 불의의 발표를 했던 사실을 생생히 기억하고 있다. 원래 그 칩은 새해 들어서야 출시될 것으로 알려져 있었다.

"우리는 진퇴양난에 빠졌다"라고 Morley는 말한다. 모두가 더 빠른 칩을 탑재한 모델이 나올 때까지 새 컴퓨터 구매를 미루기로 결정

했기 때문에 그 해 크리스마스의 PC 비즈니스는 망친 것이나 다름없었다. "그때 비로소 우리는 예비용 재고를 비축해서는 안 된다는 것을 깨달았다. 필요한 바로 그 순간에 사야 한다. 그렇게 해서 탄생한 것이 Supply Chain 101이었다."

Best Buy는 재고의 최적화에 초점을 맞추기 시작하였다. 예를 들어 수요 측을 담당하고 있는 소매점은 각종 분석 도구를 사용하여 가격 책정의 최적화를 기하고 있으며, 가장 적당한 할인 폭을 결정하는 등의 용도로 활용하고 있다. 또한 Best Buy는 광고 캠페인의 효과가 얼마나 큰지, 그리고 판촉이 공급 측면에 어떠한 영향을 미치는지 등을 측정한다. 이러한 노력에 힘입어 이 회사는 연간 4.6회였던 재고 회전율을 6.6회로 거의 50% 가량 개선할 수 있었다.

Morley에 의하면 Best Buy는 공급망 관리의 지침으로서 다음과 같은 4가지 원칙을 수립하였다.

- 가장 큰 지출이 수반되는 곳 또는 가장 많은 네트워크의 중단이 발생하는 곳에 관심을 집중한다.
- 사람들이야말로 가장 중요한 자산이므로, 올바른 사람에게 올바른 과제를 부여한다.
- "측정이 가능해야 성과로 인정"한다는 원칙에 따라 성과 측정을 정확히 실시한다.
- 전체적인 회사의 목표와 개별 기능 및 활동 사이에 균형을 유지한다.

이와 같이 공급망 프로그램을 실행한 결과에 힘입어 Best Buy는 오늘날 엄선된 벤더들과 높은 수준의 협력 관계를 유지하고 있다. 이 회사는 각 소매 부문(예: 컴퓨터, 가전, 음악)마다 1개씩의 핵심 벤더를 선정하여 도약적 결과를 가져다주도록 설계된 협력 이니셔티브를 함께 수행하도록 하고 있다. 예를 들어 어느 컴퓨터 벤더는 이 프로그램 덕분에 자사의 제품 가용성 비율을 60%나 높일 수 있었다.

Best Buy는 가능한 한 공급자의 운송 활동까지 통제하려 한다. 이와 같이 깊이 관여하다 보니 책임 부담이 가중되고 관리를 위한 활동이 늘어난 반면, 5년간 이 전략을 시행한 결과 평균 운송 시간이 70% 단축되고 재고 회전율이 거의 두 배로 높아지는 등 배송의 신뢰성이 크게 향상되었다.

03 공급망 측정지표 : 높은 기준에 대비한 측정

　단지 우연일지는 모르나 공급망에 대한 인식의 확산은 Sabermetrics (컴퓨터에 의한 야구 데이터의 통계적 연구)의 등장과 때를 같이하고 있다. 이 용어의 정의는 아마도 경제신문이 아닌 다른 곳에서 찾아 보아야 할 것이다. Sabermetrics는 통계적 분석 및 조사 기법을 사용하여 야구 경기를 분석하는 것을 의미한다. 1980년대 들어 퍼스널 컴퓨터가 보편화 되기 시작하면서 데이터베이스와 스프레드시트가 등장하여 여러 날이 걸리던 수개월치의 제품 예측 자료와 수십년간의 경기 결과에 대한 분석을 불과 수 분 내에 처리할 수 있게 되었으며, 공급망 분석가들과 Sabermetrics 분석가들을 하나같이 이러한 도구를 애용하게 되었다. 오늘날 "스코어카 드를 유지"하는 일은 스포츠 분야에서뿐 아니라 공급망 언어에서도 중요 한 부분이 되었다.

　Total Baseball의 공동 편집장인 John Thorn이 말한 바와 같이 통 계는 단순히 손익 보고서를 분석하여 회사의 성과를 평가할 때나 사 용되는 차가운 도구가 아니다. 그보다 통계는 공급망의 중요한 일부 이다. 공급망은 통계 없이도 평가될 수는 있을 것이나, 통계가 없이는 이해될 수 없다.

이제 2001년 봄으로 되돌아가 스포츠에 대한 비유를 계속해 보기로 하자. 당시 스포츠용 신발의 강자이자 "Just Do It"의 아이콘인 Nike는 수많은 이벤트를 진행하였으나 아마도 무엇보다 타사와 차별화되었던 이벤트라면 부실한 계획을 꼽아야 할 것이다. Nike의 CEO Philip Knight는 이 회사의 신발 판매가 왜 예상보다 24%나 미달했는지 그리고 그로 인해 수익에 약 1억 달러의 차이가 발생한 이유가 무엇인지를 설명해야만 했다. 책임을 추궁당한 야구 감독이 주전 선수의 후반전 번트 실패를 패인으로 지적하듯이, Knight는 편리한 희생양을 내세웠다. 그는 공급망에 모든 책임을 돌렸다.

구체적으로 Knight는 Nike가 새로운 공급망 시스템을 실행하면서 일어났던 문제들을 하나하나 지적하였다. 그러한 실행상의 문제야말로 예측할 수 없는 제품의 과부족이 발생하게 된 원인이었다고 그는 설명하였다. 소프트웨어의 설치는 시간에 쫓겨 급하게 실시되었고(선수가 미처 준비를 갖추기도 전에 큰 경기에 내몰린 건 아니냐는 질문에 대해 야구 감독이 얼버무리곤 하듯이, Knight는 그 결정과 자신과는 관계가 없다고 주장하였다) 그로 인해 Nike의 기존 주문관리 시스템과 새로운 수요공급 계획 소프트웨어 사이에 충돌이 발생하였다. 그 결과 회사는 한 가지 스타일의 신발만 너무 많이 생산하게 되었고 아무도 원하지 않는 신발의 재고는 쌓이면서, 가장 인기 있는 브랜드는 부족하게 되는 상황이 전개되었다.

간단히 말해 Nike는 올바른 주문과 올바른 고객이 서로 일치하지 않는다는 문제를 안고 있었고 이러한 문제점이 발표되자마자 월 스트리트는 즉시 반응을 보였으며, Nike의 주가는 19%나 하락하였다.

공급망의 심장마비를 어떻게 예방할 것인가

Sabermetrics 스타일의 공급망 분석 기법을 사용하면 Nike가 겪었던 문제를 의류산업의 범위를 초월한 하나의 추세로 일반화할 수 있다. 지금부터 그것이 어떻게 가능한지를 사례를 통해 제시하고자 한다. Georgia Institute of Technology의 Vinod Singhal과 University of Western Ontario의 Kevin Hendricks라는 2명의 연구원은 과거 8년간(1992-1999) 상장기업에 의해 발표된 800건이 넘는 공급망 문제를 대상으로 조사를 실시하였다. 이러한 문제 중에는 재고의 상각, 부품의 부족, 배송의 지연 등이 포함되어 있었다. 이들 연구원은 각 회사가 문제를 발표한 시점을 기준으로 1년 전과 2년 후의 주가를 추적 조사하였다.

어떠한 결과가 나왔을까? 모든 숫자를 분석한 결과 분명한 추세가 드러났다. 연구 대상 기간 중 공급망 문제를 겪었던 회사들은 평균 영업이익이 107%, 판매 수익이 114%, 그리고 자산수익률이 93% 하락하는 사태를 경험하였다. 문제는 거기서 그치지 않았다. 전술한 바에 더하여 매출 성장률은 평균 7% 떨어졌고 비용은 11% 상승하였으며 재고 증가율은 14%나 더 높아졌다. 설상가상으로 이러한 암울한 상황을 극복하고 원상을 회복하기까지는 오랜 시간이 지나야 했다.

"공급망의 붕괴는 회사의 운영 성과를 저해하며, 그 후 수년동안 저조한 성과가 계속되게 한다"라고 Singhal은 설명한다. 그는 공급망의 붕괴를 심장마비에 비유할 수 있다고 한다. 그 이유는 회사로 흘러들어가는 정보와 공급의 흐름이 차단되고 회사의 건강에 장기적인(때로는 치명적인) 손상이 발생하기 때문이다.

회사가 어느 업종에 속해 있는지는 중요한 문제가 아니다. 이는 공급망 문제를 보고한 모든 회사에서 공히 주주가치의 폭락이 나타났다는 사실로 미루어 짐작할 수 있다. 주주가치의 하락은 가공산업(예: 화학, 식음료, 섬유) 분야에서 가장 크게 나타나는 것으로 보인다(51% 하락). 소매업의 평균 하락폭은 42%이었고, 하이테크 제조업체의 경우에는 27%로 나타났다. 그리고 회사의 규모와 무관하게 엄청난 폭으로 수익이 감소하기는 하였으나, 회사의 규모가 작을수록 타격이 더 큰 것으로 나타났다(소기업의 경우 150%, 대기업의 경우 86%).

"공급망 관리에 관한 한 사람들은 그 중요성에는 동의하는 것 같으면서도 솔루션에 대한 투자는 하지 않고 있다"라고 Singhal은 지적한다. 그러나 솔루션에 투자를 한다 하더라도 모든 회사가 반드시 현명하게 비용을 지출한다고 보기는 어려운 것 같다. "공급망 문제가 발생하는 이유 중 하나는 시스템 내에 충분한 완충 공간이 없기 때문이다"라고 Singhal은 지적한다. "회사가 자사의 공급망을 보다 효율적으로 만들기 위해 비용이 많이 드는 여유 공간을 없애기 때문이다."

그러나 실상 정답은 공급망 문제에 많은 돈을 투자하는 것이 아니다. 올바른 해결책이란 다름아니라 문제의 발생 가능성을 조기에 알려 줄 핵심 측정 지표를 보다 현명하게 찾아 내고 추적하는 것이다. 이는 더 나은 예측 및 계획 방법을 개발하고, 공급자 및 고객과의 협력을 강화하고, 실시간 가시성을 확보하고, 공급망의 유연성을 높이고, 모범적 방법론을 활용하는 것을 의미한다.

공급망 리더가 되기 위한 조건은?

좋은 소식이 하나 있다. Singhal/Hendricks의 연구가 부실하게 관리된 공급망의 취약점만을 밝혀 준 반면, Accenture에서 수행한 또 다른 연구(INSEAD 및 Stanford대와의 공동 연구)는 공급망 리더로 알려진 회사들의 시가총액이 업계 평균에 비해 최대 26% 더 높다는 사실을 말해 주고 있다. 여기서 한 가지 질문이 제기된다. 공급망 리더가 되기 위한 조건은 무엇인가?

바로 이 장면에서 통계적 접근 방법이 필요하게 된다. 만일 공급망의 성과를 측정할 수 있다면 업계 최고의 수준에 가까이 갈 수 있는 방법을 찾아낼 수 있을 것이다. 그러나 공급망 관리에 있어 정확히 누가 최고인지를 어떻게 알 수 있단 말인가? Fortune지는 특정 업계에서 최고의 성과를 기록한 회사들을 찾아 낼 때 연 매출액이라는 두 말이 필요 없는 기준을 사용한다. 그러나 최고의 공급망을 찾아내는 문제는 단순히 돈을 세어 보는 것만으로 해결되지 않는다. 한마디로 말해, 진정으로 업계 최고라 할 수 있는 공급망은 계획 및 예측, 조달, 운송 및 물류, 창고 및 유통, 고객 서비스, 그리고 전체적인 공급망 공식에 포함되는 그 밖의 주요 요소 등 손익계산서에 반드시 나타나지 않을 수도 있는 수많은 운영 및 프로세스를 중요 요소로 포함하고 있다.

전체적인 공급망의 성과를 측정하는 문제에 관한 한 Supply Chain Council의 SCOR 모델과 같은 벤치마킹 지표를 주로 사용하는 것이 보통이다. 이 모델에 대해서는 본 장에서 보다 자세히 설명할 것이다. 배송 성과, 주문 처리 비율, 완전한 주문의 처리, 현금회전 사이클타임, 재고 회전율 등과 같은 요소는 특정 공급망이 업계 최고의 수준인지, 보통 정도인지, 아니면 최악의 상태인지를 판정하는 기준의 일부이다. 그러면 지금부터 최고의 회사들이 어떻게 자사의 공급망을 추적하고 있는지를 몇 가지 사례를 통해 살펴 보기로 한다.

만족도의 측정

제 2장에서 우리는 현대자동차가 자사의 부품 유통 구조를 어떻게 활용하여 고객의 충성도를 높이고 있는지에 대해 살펴 보았다. 이 회사

의 목표는 높은 수준의 고객 서비스를 제공하는 동시에 비용을 가능한 낮추는 것이다. 이 사례에서, 고객은 현대의 딜러들이며, 주문의 처리율이 만족도의 가장 중요한 원천이라는 것을 회사가 알게 된 것도 딜러 만족도 설문을 통해서였다. "만일 필요한 부품이 제대로 공급된다면 딜러들은 만족해 할 것이다"라고 Hyundai Motor America의 공급망 및 물류 담당 이사인 George Kurth는 설명한다.

따라서 현대는 비용을 낮게 유지하면서도 딜러의 만족도를 계속 유지하기 하기 위해 주문의 처리율, 즉 딜러에게 물품을 공급하도록 지정된 창고에서 주문이 처리된 비율을 측정하고 있다. "주문 처리율을 아주 아주 높게 유지할 수 있다면 딜러의 만족도가 높아질 뿐 아니라 운송비도 절감될 것이다"라고 Kurth는 지적한다. "지정된 창고로부터 전용 배송 경로를 통해 운송을 할 경우 비용을 낮출 수 있다. 우리는 트럭에 얼마만큼의 짐이 채워져 있든 트럭 단위로 비용을 지불한다. 만일 지정된 창고에 부품이 없다면 다른 창고로부터 급배송 방식으로 운송을 해야 할 것이다. 이렇게 하면 딜러에게 만족을 제공하고 부품을 제 시간에 공급할 수는 있을 것이나 비용은 치솟을 것이다."

현대의 주문 처리율은 약 96%로 자동차 업계에서는 양호한 수준으로 평가된다. 또한 이 자동차 업체는 자사의 전체 창고망을 대상으로 처리율을 측정한다. 그 비율은 98%로 역시 자동차 업계에서는 높은 수준이다. 그러나 Kurth는 "아직도 2%의 경우에 비싼 운송 수단을 사용해야 한다"라는 점에서 이러한 점수에 만족하지 않고 있다.

그러나 운송비는 총 공급망 비용의 일부일 뿐이며, 전체적인 모습을 파악하려면 재고 및 생산 비용을 함께 포함시켜야 한다. 현대는 상시보유 재고의 가액을 모니터링한다. 이렇게 하는 이유는 비록 자동차 업계에서는 최고라 하지만 하이테크 업계의 목표에 비하면 한참 부족하다는 것을 알고 있기 때문이다. "우리는 많은 부품 재고를 보유하는 경향이 있는데, 그 이유는 자동차라는 물건이 수년간 사용되기 때문이다"라고 Kurth는 말한다. "반면 Dell이 거의 재고 없이 운영을 할 수 있는 이유는 컴퓨터라는 제품이 6개월이면 구식이 되어 버리기 때문이다."

자동차 업계에서 추세 선도자의 지위를 유지하기 위해 현대는 독립적인 자동차 및 중장비 그룹의 일원으로 소속되어 있으며, 회원사들로부터 성과 및 비용 측정 지표를 수집하고 벤치마킹 서비스를 제공하는 활동을 수행하고 있다.

모두가 벤치마킹에 대해 이야기하지만…

현대는 많은 회사들이 불행하게도 공급망의 성과를 평가할 때 얼버무리고 마는 두 가지 결정적인 사실을 직시하였다. 그것은 (1) 자사가 과연 얼마나 잘 하고 있는지(또는 못하고 있는지)를 현실적인 차원에서 평가하려면 유사한 기업과 대조하여 공급망을 벤치마킹하는 것이 중요하다는 사실과 (2) 벤치마크의 한계를 인식하는 것이 마찬가지로 중요하다는 사실이다.

벤치마킹이 안고 있는 최대의 위험은 한 건의 연구로부터 너무 많은 것을 가정하는 실수를 범할 수 있다는 점이다. 많은 벤치마킹 연구가 모든 형태와 크기의 회사 및 조직을 포함하고 있다. 대부분의 경우, 만일 자사의 벤치마킹 결과가 평균보다 높게 나타나면 그 회사는 승리를 선언하고 전진을 외친다. 그러나 만일 평균보다 못한 결과가 나타날 경우, 통상적으로 타 업종에 대해 벤치마킹을 하였기 때문에 비교가 적절치 못하다는 변명을 하기 마련이다. 한마디로 측정 지표가 부적절한 것으로 치부되고 버려진다. 이러한 일은 여러분이 생각하는 것보다 자주 일어나는데, 그 이유는 벤치마킹이라는 개념에 대해 너도나도 많은 관심을 갖고 있기는 하지만 실제로 많은 회사들이 벤치마킹을 하고 있다는 증거는 충분치 않기 때문이다.

미국에서 가장 잘 알려진 공급망 프로그램 중 하나인 Penn State의 Center for Supply Chain Research에서 1,200명이 넘는 공급망 담당 임원을 대상으로 자사의 공급망 벤치마크 활동에 대해 얼마나 만족(또는 불만족)하는지의 질문이 담긴 설문지를 발송했을 때, 회수된 답변은 10%에도 채 미치지 못했다. 동 센터의 전무이사인 William "Skip" Grenoble은 이에 대해 "아무도 벤치마킹 연구에 더 이상 시간을 쓸 여유가 없다"라고 설명한다. 공급망 표준의 적용을 촉진한다는 바로 그 이유 때문에 존재하는 집단인 Supply Chain Council의 SCOR 임원들조차 처음에는 그 설문을 무시하였다고 Grenoble은 지적한다. "그들은 우리가 그저 또 하나의 벤치마킹 설문을 요구하고 있다고 생각했던 것이다."

결국 Grenoble과 그의 동료이자 Penn State의 연구원인 Robert Novack은 10%의 응답률을 얻어 냈으며, 이를 통해 기업이 공급망 벤치마킹을 수행하지 않는 이유를 정확히 알 수 있었다. 가장 큰 이유는 놀랍게도 시간이 많이 걸리기 때문이 아니라(시간은 4번째로 중요한 이유였다) 자원이 부족하기 때문이었다. 충분한 수의 인력(그것도 올바른 인력)이 벤치마킹 활동에 참여하지 않을 경우, 그리고 충분한 예산이 배정되지 않을 경우, 자사의 공급망을 벤치마킹하려는 회사의 노력은 프로젝트가 시작되기도 전에 실패를 예고하는 것이나 다를 바 없다.

두 번째로 큰 이유는 내부적인 측정과 프로세스를 정의하기가 어렵다는 것이다. 무엇을 측정하고자 하는지도 모르는 상황에서 자신이 하고 있는 일이 업계의 표준을 충족하는지를 도대체 어떻게 알 수 있단 말인가? 또한 말할 것도 없이 측정할 수 없다면 관리할 수도 없을 것이다. 세 번째로 흔한 벤치마킹의 장애 요소는 적절한 벤치마킹 파트너를 찾아 내기가 쉽지 않다는 것이다.

모두 합해, 설문에 응한 회사 중 40%가 벤치마크를 실시하지조차 않았다. 이 수치가 더더욱 놀라운 것은Penn State의 연구 대상에 포함된 모든 회사들이 1억 달러가 넘는 매출을 올리는 회사들이라는 점이며, 사실상 응답자의 72%가 연간 매출액이 10억 달러가 넘는 회사에서 근무하고 있다는 점이었다. 결국 벤치마킹은 성과의 개선을 위한 입증된 고속도로로 인정되고 있음에도 불구하고, 공급망에 대해 가장 잘 알고 있는 사람들조차 아직까지 쉽사리 행동으로 옮기지는 못하고 있는 실정이다.

올바른 일을 한다는 것

암울한 이야기는 이 정도로도 충분할 것 같다. Penn State의 연구를 다시 살펴 보면 벤치마킹을 실시한 회사들 중 90% 이상이 그 결과를 활용하여 공급망의 성과를 개선하고 있다는 것을 알 수 있다. 운영 비용의 절감, 개선된 고객 서비스, 그리고 향상된 생산성은 벤치마킹과 연계된 성과의 목록에서 상위를 지키고 있는 항목들이다.

"벤치마킹은 지식과 모범적 방법론을 식별하고 공유하고 사용하는 프로세스이다"라는 것이 Supply Chain Research Institute의 원장인 Joe Walden의 생각이다. "이는 누군가 다른 사람이 자기 자신보다 더 잘하고 있으며, 그들로부터 무언가를 배울 수 있다는 사실을 인정해야 한다는 뜻이다." Walden에 의하면 벤치마킹의 핵심은 무엇을 측정하고 있는지, 그리고 왜 그것을 측정하고 있는지를 이해하는 것이다. "만일 고객의 시각에서 측정을 하지 않을 경우, 올바로 측정을 하지 못하고 있는 것이다"라고 그는 말한다.

그 올바른 측정 중에는 고객의 주문 사이클타임, 도크에서 매점까지의 운송 시간, 처리율, 인력 회전율, 교육 프로그램, 역물류 등이 포함된다고 Walden은 설명한다. "벤치마킹은 산업 관광이 아니다"라고 그는 말한다. 이 말은 만일 경쟁사가 이루어 낸 것을 단순히 배우기 위한 목적으로 벤치마킹을 실시하는 것이라면 완전히 요점을 놓치고 있다는 뜻이다. 벤치마킹은 자사가 속한 업계에서 최고를 어떻게 정의하는지를 파악하기 위한 목적으로, 그리고 그 다음으로는 갭 분석을 수행하기 위한 목적으로 사용되어야 한다. 일단 자사와 업계 최고의 회사 사이의 차이(즉, 갭)이 판정되면 성과의 개선을 위해 필요한 단계를 밟아 나갈 수 있다.

공급망에 대한 점검

하지만 모든 것을 둘째치고 자사가 도움을 필요로 하고 있는지를 어떻게 알 수 있을까? 벤치마크 연구 및 프로세스 맵은 모두 비용이 많이 들고 시간도 오래 걸리는 일이며, 수익 규모가 Fortune 1000 근처에도 가지 못하는 많은 회사들은 자사의 공급망이 이상적인 모습과 거리가 멀다는 것을 알고 있으면서도 어떻게 손을 써야 할지 몰라 계속 주저만 하고 있는 실정이다.

R. Michael Donovan & Company의 컨설턴트인 Mike Donovan은 회사의 공급망이 얼마나 건강한지에 대한 기본적 평가를 위해 사용될 수 있는 비교적 짧지만 도전적인 체크리스트를 제시한다. 만일 다음 질문 중 어느 항목에 대해서든 '아니오'란 답을 할 수밖에 없거나 심지어 몇 가지 질문을 이해조차 할 수 없다면 자사의 공급망을 즉시 손볼 것을 심각하게 고려해야 할 시점이라 할 수 있다.

1. 주문 처리율이 관리자가 지정한 수준 내지는 측정 가능한 고객 서비스 전략에 부합하는가?
2. 자사의 배송 리드타임은 경쟁력이 있고 예측 가능한가?
3. 어느 제품이 재고보유상품이고 어느 제품이 주문생산상품인지에 대해

자사의 공급망 관련 부서가 모두 의견을 같이 하고 있는가?

4. 판매 및 제조 부서가 재고와 관련된 제품 구성비율의 결정 및 투자에 있어 동등하게 참여하고 있는가?

5. 바람직한 제품 구성비율과 레벨을 정할 때 "대충 원칙" 대신 적절한 계산법이 사용되고 있는가?

6. 경영진의 재고 투자 계획 및 고객 서비스 목표를 실제 달성된 결과와 대조 평가하고 있는가?

7. 단기 예측의 편차가 모니터링 및 조정되고 있으며, 장기 예측의 정확성이 계속 개선되고 있는가?

8. 자사의 재고 정확성이 일정하게 98%을 상회하는가?

9. 과다한 안전재고 버퍼를 유지할 필요가 없도록 할 방법이 있는가?

10. 과다하고 오래된 재고가 측정되고 있는가, 그리고 그러한 재고가 총 재고의 1% 미만인가?

전환의 시점

자동차 제조업체인 Nissan Motors는 자사가 어려움에 처해 있음을 깨닫고 전략적 벤치마킹을 활용하여 완전한 회사의 변혁을 시작한 좋은 예이다. 컨설팅 회사인 D.W. Morgan Company의 대표이사 겸 CEO인 David Morgan은 Nissan이 1990년대의 호황기를 제대로 활용하지 못하고 오히려 십여 년간 실패한 제품과 재무성과의 악화라는 길을 걸어 온 비교적 소수의 회사 중 하나였음을 지적한다. 2000년 들어 Nissan은 더 이상은 안 된다는 결단을 내리고 판매되는 모든 차량으로부터 8%의 수익을 달성하기 위한 계획에 착수하였다.

"공급자 벤치마킹 프로그램을 이용해 데이터를 철저히 수집 집계한 결과 Nissan은 자사의 공급자가 낮은 품질의 제품을 평균보다 높은 가격으로 계속 생산하고 있었다는 사실을 발견하였다. 사실상 Nissan

은 차 한 대를 팔 때마다 2,000달러를 손해보고 있었다. 더욱이 Nissan의 유통 비용은 자동차 업체 중 가장 높은 수준이었다"라고 Morgan은 설명한다.

일단 이러한 문제가 파악되자 Nissan은 공급 기반을 개선함으로써 이에 신속히 대응하였다. "오늘날 Nissan은 자사와 비즈니스를 함께 하는 모든 파트너를 대상으로 정교한 벤치마킹를 실시하고 있다. 정해진 기준에 미달하는 파트너에게는 시정 조치 요구를 전달하여 즉시 시행하도록 하고 있다"라고 그는 말한다.

물론 이러한 변화가 단지 벤치마킹만으로 이루어진 것은 아니었다. 우선 Nissan은 가까운 지역을 중심으로 구성되어 있던 자사의 공급 기반을 전세계적 부품 공급자가 포함되도록 확대하였다. 또한 같은 일본 자동차 제조업체인 Toyota가 개발해 낸 린 제조 및 품질 철학으로부터 많은 부분을 받아들였다(제 6장 참조). 이러한 모든 계획을 실행한 결과, Nissan은 자동차 업계에서 벤치마크 대상이 될 정도로 새롭게 탈바꿈하였다. Morgan이 지적하듯이 2000년 이후 이 회사의 주가는 거의 두 배로 치솟았으며, 2005년에는 자동차의 판매고가 10% 이상 확대되었다. 20세기 말까지만 해도 혼수상태에 빠져 세간의 관심에서 벗어나 있던 회사로서는 그리 나쁘지 않은 성과였다.

SCOR에 대한 이해

Supply Chain Operations Reference(SCOR) 모델은 가장 널리 알려져 있고 가장 상세한 성과 측정 지표를 포함하고 있다. 이 모델은 1995년에개발되었고 그 후로 계속해서 정비되어 왔다. SCOR 모델은 5대 통합 공급망 프로세스(계획, 조달, 제조, 배송, 반품)의 전체적인 성과 개선을 위한 분석, 설계 및 변화의 실행을 위한 업계 표준적인 접근 방법을 제공하며, 그 범위는 공급자의 공급자로부터 고객의 고객까지 그리고 그 사이의 모든 요소를 포괄하고 있다. SCOR 모델은 회사의 운영 전략, 자재, 작업 흐름 및 정보 흐름과 일원화되어 있다.

Peter Bolstorff와 Robert Rosenbaum이 SCOR 모델의 사용에 관한 핸드북인 Supply Chain Excellence를 통해 설명한 바와 같이, 전술한 5대 SCOR 프로세스에는 다음과 같은 측정 가능한 활동이 포함되어 있다.

- **계 획** : 공급망 자원을 평가하고, 수요 요구사항의 통합 및 우선순위를 설정하고, 유통, 제조 및 자재 요구사항과 관련된 재고 계획을 수립하고, 모든 제품과 모든 채널에 대한 대략적 규모를 계획한다.

- **조 달** : 자재를 획득, 수령, 검사, 보관, 불출하고, 원자재 및 구매된 완제품에 대한 대금지불을 승인한다.

- **제 조** : 자재를 요청 및 수령하고, 제품을 제조 및 검사하고, 제품을 포장, 보관 또는 출하한다.

- **배 송** : 주문관리 프로세스를 실행하고, 견적을 생성하고, 제품을 구성하고, 고객 데이터베이스를 생성 및 유지하고, 외상매출금, 신용, 수금 및 청구를 관리하고, 수거, 포장 및 구성과 같은 창고 프로세스를 실행하고, 고객별 포장/라벨링 작업을 수행하고, 주문을 통합하고, 제품을 배송하고, 운송 프로세스 및 수입/수출을 관리하고, 성과를 검증한다.

- **반 품** : 불량품, 사후보증 제품 및 과다재고의 반품을 처리한다. 여기에는 승인, 일정 계획, 검사, 이전, 사후보증 관리, 불량품의 수령 및 검사, 처분 및 교체 등이 포함되어 있다.

　SCOR 모델은 회사가 전사적으로 공급망 성과 목표를 수립하고 관리할 때 사용할 수 있는 공급망 스코어카드(또는 SCORcard)를 제공한다. 공급망이 회사의 재무적 성과에 미치는 영향에 대해 월 스트리트가 관심과 조사의 강도를 점점 더 높이고 있다는 점을 감안할 때, 각 프로세스가 얼마나 원활히 실행되고 있는지를 정확히 측정할 수 있는 능력은 업계 최고의 공급망을 개발함에 있어 필수적인 중요 단계 중 하나라 할 수 있다. 따라서 SCOR 모델의 주된 역할 중 하나는 회사가 장기적으로 자사의 성과를 측정할 수 있고 경쟁사와 성과를 비교할 때 사용할 수 있는 일관성 있는 측정 지표를 제공하는 것이라 할 수 있다.

　Strategic Supply Chain Management의 저자인 Shoshanah Cohen과 Joseph Roussel의 주장에 따르면 공급망 측정 지표는 다음과 같은 3가지 주요 목표를 지향한다.

1. 공급망 측정 지표는 재무적 목표를 운영 성과에 대한 효과적인 측정치로 변환해 줄 수 있어야 한다.
2. 공급망 측정 지표는 운영 성과를 미래의 수익 또는 판매에 대한 보다 정확한 예측치로 변환해 줄 수 있어야 한다.
3. 공급망 측정 지표를 통해 공급망 조직의 행동이 전체적인 비즈니스 전략을 지원하는 방향으로 유도되어야 한다.

누구나 알 수 있는 SCM

　SCOR는 레벨 1(운영 전략)에서 레벨 4(단계별 실행)까지 단계적으로 진행되는 다계층 프로세스 참조 모델이다. SCOR 모델은 비즈니스 프로세스 리엔지니어링과 벤치마킹, 모범적 방법론, 그리고 프로세스 측정 활동을 공급망 프로젝트의 실행을 위한 하나의 원스톱 쇼핑 체계로 통합한 것이다. SCE Limited의 원장이자 SCOR 모델의 원 개발자 중 하나인 컨설턴트 Peter Bolstorff의 말에 의하면, SCOR는 견실한 프로젝트 관리 실태가 기술적 전문성과 결합되어 다음과 같은 6단계 실행 과정이 이루어질 때 가장 큰 성공을 거둘 수 있다고 한다.

1. **지원을 위한 교육.** 사내에서 프로젝트 챔피온(Bolstorff는 이 사람을 일컬어 "기술 전도사"라 한다)을 찾아 낸다. 이 사람은 공급망 프로젝트를 이끌어 갈 열정을 지닌 사람이다. 동시에 프로젝트를 적극적으로 후원할 핵심 임원을 선정한다. 이 두 사람은 SCOR를 처음부터 끝까지 배우고 숙지하겠다는 의지와 자신의 지식을 전체 조직에 전파하고자 하는 열정을 가지고 있어야 한다.

2. **기회의 발견.** 공급망 프로젝트에 대한 투자를 정당화할 비즈니스 케이스를 수립한다. 이 단계의 주요 산출물로는 프로젝트 헌장이 있으며, Bolstorff에 의하면 프로젝트 헌장은 공급망 프로젝트를 접근 방법, 예산, 조직, 커뮤니케이션 계획 차원에서 체계화하고 성공을 위한 측정 지표를 명확히 수립하는 역할을 한다.

3. **분석.** 이 단계에서는 프로젝트의 가치 제안을 현금회전 사이클 타임, 재고 보유 일수, 주문 처리 및 기타 성과 요소를 기준으로 자세히 설명하는 과정이 진행된다. 그 목적은 회사의 손익계산서에 기초하여 공급망과 관련된 기회를 정의하는 것이라고 Bolstorff는 말한다.

4. **설계.** 이 단계의 2대 구성요소는 자재의 흐름과 작업/정보의 흐름이다. Bolstorff에 의하면 이 단계에서 다음과 같은 몇 가지 질문이 제기된다고 한다. "우리 회사가 안고 있는 자재 흐름의 문제는 무엇이며, 그것을 해결함으로써 얻을 수 있는 가치는 무

엇인가?" "작업 및 정보의 흐름이 어떻게 자재의 흐름에 영향을 미치는가?" 먼저 작업을 정의하고, 이어 자재가 움직이도록 만드는 정보를 정의하는 것이 순서이다.

5. **개발.** 이 단계에서 설계 팀은 특정한 과제를 할당받은 실행 팀으로 성격이 바뀐다. Bolstorff의 설명에 의하면 그 목표는 공급망을 현재의 상태("as is")에서 최적의 상태("to be")로 변환하기 위한 프로젝트의 마스터 일정을 수립하는 것이다.

6. **실행.** 각각의 변화 항목별 마스터 일정에 기초하여 공급망의 변환 과정을 시작하고 이에 맞추어 회사가 변화를 준비 내지 실행하도록 한다.

로드맵 따라가기

회사가 SCOR 프로젝트를 수행하기로 결정했다고 가정할 때, 다음으로 해야 할 일은 무엇인가? 데이터 스토리지 기술 기업인 Imation의 경우, SCOR 모델을 채택한 후 처음으로 한 일은 사내의 모든 사람들(사장에서부터 판매 직원까지, 그리고 그 사이의 모든 사람들)에게 공급망 이니셔티브가 비즈니스에 어떠한 영향을 불러 올 것인지를 알리는 것이었다. 그 다음으로는 각종 활동을 조정하는 동시에 비용을 목표에 맞추어 관리할 수 있도록 공급망 프로그램 추진 사무실을 구성하였다.

SCOR

Supply Chain Council에 의해 개발된 공급망 운영 참조(SCOR) 모델은 측정이 가능한 5대 프로세스(계획, 조달, 제조, 배송, 반품)를 중심으로 공급망 프로젝트를 관리하기 위한 표준화된 방법론을 제공한다.

결국 Imation은 공급망 프로젝트 로드맵을 연간 비즈니스 전략 및 계획 프로세스와 통합함으로써 목표를 달성할 수 있을 것이라고 판단하였다. 이는 고객의 행동, 제품의 흐름, 시스템의 활용 및 협력이라는 4대 주요 영역에서 전략적 변환을 요구하는 일이었다. 일례로 고객 행동 영역과 관련하여 Imation은 SCOR 모델을 사용하여 전형적인 고객의 구매 행동을 대변하는 각종 청구서와 고객의 행동을 유발하는 정책을 생성하였다. Bolstorff가 설명했듯이 Imation의 입장에서는 할인, 기간, 프로그램 및 신용 등과 같이 판매 총액 대 순액의 계산을 위해 필요한 청구서의 각 요소를 회사가 이해하는 동시에 창고 및 운송 비용, 주문 처리, 구매 및 계획 수립의 영향을 이해할 수 있어야 한다는 것이 결정적으로 중요한 요소였다.

Bolstorff는 Imation의 공급망 팀이 청구서 실습을 시작점 삼아 회사의 경쟁력 요구사항을 지원하는 동시에 고객의 요구를 수용할 수 있는 자재 흐름 전략을 모델링하였다는 사실을 지적한다. 또한 이러한 종류의 실습 결과는 (1) 핵심 모범적 방법론으로서 지연(제품의 최종 맞춤 제작을 가능한 한 늦은 시점까지 지연시키는 것)에 초점이 맞추어진 제품의 흐름, (2) 시스템 활용 방법(Imation의 과다하게 복잡한 가격 책정 방법을 총 정비하는 것을 포함), (3) Imation의 소매 고객과 보다 밀접히 협력하여 재고를 효과적으로 관리함으로써 투자수익을 개선하기 위한 협력적 계획, 예측 및 보충(CPFR) 이니셔티브를 모델링하기 위한 목적으로 사용되었다.

"SCOR 프로젝트 로드맵은 결함의 제거, 연속적인 개선 프로세스의 수립, 경쟁 우위를 뒷받침하기 위한 전략적 공급망 투자의 정의 등 복수의 성과 레벨에서 효과적으로 사용될 수 있다"라고 Bolstorff는 설명한다.

이 모든 것이 의미를 가지려면

자사의 공급망을 추적하기 위해 SCOR 모델을 사용하든 아니면 다소 덜 구조화된 접근 방법을 선택하든 언젠가는 그간 수집한 모든 데이터를 하나로 정리해야만 할 때가 올 것이며, 그 작업은 초기의 측정 지표 설정 작업에 비해 훨씬 어렵다는 것을 알게 될 것이다. "측정과 관련하여 가장 어려운 부분은 올바른 방식으로 측정치에 의미를 부여하는 것이다."라고 Supply Chain Visions의 컨설턴트인 Mike Ledyard와 Kate Vitasek은 말한다. 비록 자사의 공급망에 포함된 모든 집단을 측정할 수 있는 정교한 스코어카드 시스템을 가지고 있다 하더라도 만일 성과 측정치를 회사의 특정한 목표와 연계된 실행 가능한 계획으로 연결시키지 못한다면 모든 것이 빈 깡통처럼 소리만 요란한 채 끝날 것이다. Ledyard와 Vitasek은 이렇게 지적한다. "측정이 전략과 일원화되어야 한다는 점도 중요하지만, 측정이 물류의 실행과 연결되어야 한다는 것 또한 중요하다. 이러한 중요한 연결 관계 및 충분한 커뮤니케이션이 결여되어 있을 경우, 조직 내에서 물류와 관련된 과제를 수행하는 사람들은 자신이 하는 일과 상위 차원의 회사 내지 조직의 전략이 어떻게 연결되고 그 가치가 무엇인지를 알 수 없을 것이다."

Ledyard와 Vitasek에 의하면 모든 공급망 전문가는 측정과 측정 지표에 너무 깊이 관여하기 전에 다음과 같은 두 가지 핵심 질문사항에 답을 해야 한다.

1. 이러한 측정 결과를 바탕으로 자신의 행동을 바꿀 것인가, 아니면 다른 사람들에게 행동을 바꾸도록 요구할 것인가?

2. 정보를 통해 얻을 수 있는 잠재적 이득이 정보의 수집에 필요한 비용을 초과하는가?

고인이 된 경영학의 대부 Peter Drucker의 조언을 인용하면서 Vitasek은 이렇게 의견을 개진한다. "전혀 해서는 안 될 일을 높은 효율로 수행하는 것만큼 무가치한 일도 또 없을 것이다." 위와 같은 일은 측정의 함정, 즉 어떻게 회사의 전체적인 목적과 목표를 충족할 것인지에 대한 명확한 계획 없이 단지 수집하기 위해 수집하는 일에 노력을 낭비하는 결과를 불러 온다.

하이테크 거대기업인 IBM의 Integrated Supply Chain(ISC) 그룹의 예는 우리가 따라야 할 모범적인 경로라 할 수 있다. IBM은 공급자의 성과를 평가하기 위해 상세한 스코어카드를 사용하고 있으며, 각 공급자가 어떠한 성과를 올리고 있고 빅 블루(IBM의 별명)의 요구사항에 들어 맞는 방식으로 배송을 하는지를 추적한다. "우리는 운송 서비스 제공자를 포함한 공급자의 스코어카드를 정기적으로 점검하고 있으며 관계의 개선을 위한 파트너로서 함께 일하고 있다"라고 ISC 그룹의 운영 담당 사장인 Tim Carroll은 말한다. "필요한 개선이 이루어지지 않을 경우, 스코어카드는 그 공급자와 더 이상 거래를 할 수 없다는 결정의 근거가 된다." IBM은 자사의 기대를 대내 및 대외적으로 명확히 언명하고 있다.

ISC의 운영 팀은 매 주 각종 측정 지표에 대비한 그룹의 성과를 분석하기 위해 회합을 갖는다. "우리는 목적의 달성을 위해 변화되어야 할 것들을 찾는다"라고 Carroll은 말한다. "우리는 목적의 달성을 가로막는 요소가 무엇인지를 찾아 내기 위해 노력한다." 일일 보고서에는 각 기능 팀이 목표 달성을 위해 정확히 무엇을 해야 하는지가 기재되어 있으며, ISC의 전체적인 상황이 두 달에 한 번 IBM의 CEO에게 보고된다. "모든 IBM 임원은 이러한 주요 측정 지표를 실시간으로 볼 수 있다"라고 Carroll은 말한다. 더욱이 CEO는 무언가 지적할 만한 사항이 있을 때마다 메모를 보내기 때문에 모두들 CEO가 측정 지표에 각별한 관심을 쏟고 있다는 것을 잘 알고 있다.

PART II

전통적인 공급망 관리의 핵심프로세스

04

계획과 예측 : 미래를 바라보는 눈

모든 공급망 프로그램은 잘 만들어졌든 못 만들어졌든 계획에서부터 시작된다. 계획이란 제품의 수요, 소비자의 구매 패턴, 그리고 경제 추세를 예측하고 분석하는 능력이며 또한 이로써 승자와 패자가 결정된다. 현실적으로 모든 종류의 예측은 미래에 대한 예견이라는 마술과 같은 요소를 내포하고 있으며, 예측 프로세스는 최상의 조건 하에서도 불가피하게 오류를 수반한다. 예측이 잘못되었을 경우 무슨 일이 발생할 것인지는 사실 문제가 아니다. 문제는 단지 얼마나 큰 폭으로 잘못될 것이냐는 것이다.

공급망 관리의 역사가 비교적 최근의 일이기는 하지만 그 동안에도 몇 가지 엄청나게 잘못된 계획이 역사적으로 기록되어 있다. 이러한 계획들은 목표에서 너무나 크게 벗어났기 때문에 "도대체 무슨 생각을 하고 있었던 거야?" 라고 생각할 정도로 전설적인 일화가 되어 버렸다. 회사의 규모가 클수록 공급망 관련 문제도 더욱 커진다. 그 이유는 물결 효과가 회사의 경계를 넘어 공급자와 고객에게까지 미치기 때문이다.

이러저러한 회사들이 예측과 씨름하는 주된 이유는 시장의 변덕 때문이다. 그간 무진 애를 써 왔고 수세기간 사업을 해 왔음에도 불구하고 제조업체와 소매업체들은 여전히 소비자가 무엇을 얼마만큼 구매할 것인지를 미리 알 수 있는 일관성 있는 방법을 찾아내지 못하고 있다. 정확한 제품 수요의 예측은 회사가 공급망 관리를 능숙하게 다룰 수 있는 능력을 갖추기 위해 달성해야 할 아마도 가장 중요하고 또한 어려운 측정 지표일 것이다. 예측의 정확성을 개선하는 일은 그간 관심의 초점이 되어 왔다. 그러나 기후학자들이 익히 알고 있듯이 대부분의 경우에 옳은 예측을 하더라도 단 한번의 착오만으로 많은 사람들을 화나게 할 수 있는 것이 사실이다.

연구조사 기업인 AMR Research Inc.가 수십여 제조업체를 대상으로 예측의 정확성을 조사한 결과는 놀랄 것도 없이 오류라는 것이 공급망에 있어 일상적으로 발생하는 일임을 알리고 있다. 일례로 벌크 화학제품 생산업체의 예측 오류 범위는 10-24% 정도이고, 오류 비율의 중간치는 11%이다. 그러나 이 정도는 사실 상당히 양호한 편에 속한다. 소비재 관련 회사의 경우에는 14-40%의 경우에 오류가 발생하고 있으며, 오류 비율도 평균 26%에 달한다. 잠시 이에 대해 생각해 보자. 이는 네 번에 한 번꼴로 예측이 잘못된다는 말이다. 하이테크 분야로 가면 상황은 더욱 나빠진다. 오류 비율이 45% 범위에 이르고 있다(중간치는 28%이다). 그렇다. 일부 하이테크 회사의 경우, 절반은 틀린다는 말이다.

이와 관련된 사례를 한 가지 살펴보기로 하자. 수 년전 Cisco Systems Inc.는 정확히 공급망 계획의 실패로 인해 크게 애를 먹은 적이 있었다. 네트워킹 라우터 및 스위치의 주요 제조업체인 Cisco는 1990년대 후반의 닷컴 붐을 주도한 가장 영향력 있는 회사 중 하나였다. 2001년 봄, Cisco는 연속 40분기간 이익을 기록하면서 하이테크 회사로서 전례가 없는 실적을 구가하고 있었다. 글자 그대로 성장밖에는 모르는 문화 속에서 Cisco의 계획 시스템(당시 최첨단으로 알려져 있던)은 자연스럽게 계속해서 같은 것을 더 많이 예측하고 있었다.

> **간단히 살펴보기**
>
> ## 공급망 계획
>
> 공급망 계획은 공급자로부터 고객에 이르는 제품, 서비스 및 정보의 운송을 최적화하여 수요와 공급의 균형을 맞추기 위해 자산을 조정하는 일이다. 공급망 계획 솔루션은 회사로 하여금 실시간 수요가 가중 평가된 '만일'시나리오를 생성하고 이를 바탕으로 예측을 할 수 있도록 해준다.

불행히도 닷컴의 불가피한 붕괴는 통신업계의 심각한 슬럼프를 불러 왔고, 이 두 가지 변화는 Cisco의 비즈니스에 직격타가 되었다. 십년간의 상승 추세는 결국 종말을 고했고 Cisco 제품에 대한 수요는 감소하기 시작하였다. 문제는 이 회사의 공급망이 "지난 달보다 적게 생산을 하라"는 신호를 타당한 계획으로 인지하지 않는다는 것이었다. 그 대신 계획 부문에서는 시스템이 보내오는 "더 많이 생산" 신호를 계속 따르고 있었다.

이러한 상황이 단지 Cisco의 시스템 재고뿐 아니라 공급자의 재고에까지 어떠한 종류의 대혼란을 일으킬 수 있는지 한번 생각해 보자. Cisco는 가상 제조라는 개념을 보편화시킨 주역이며, 이는 아웃소싱(또는 계약)된 공급자가 라우터와 스위치를 생산하여 Cisco의 고객에게 직접 배송을 한다는 의미이다. 이제 갑자기 Cisco의 고객은 더 이상 네트워킹 장비를 원하거나 필요로 하지 않게 되었으며, 사실상 고객은 이미 너무 많은 양을 가지고 있었다. 그러나 Cisco의 공급망 계획은 계속해서 "더 많이 생산"을 외치고 있었다. 공급망 계획에 있어 가장 중요한 테스트 항목은 정확성이며, Cisco의 시스템은 그 테스트에 불합격했을 것이 분명하였다.

좋은 계획에 대한 편견

Cicso의 공급망 계획은 많은 회사들을 괴롭히고 있는 공통적인 결함을 안고 있었다. 그것은 다름아니라 편견이다. 편견이란 여러 부서가 자기 부서의 개별적 우선순위만을 중시함으로 인해 자기 영역 지키기가 만연하게 되고 회사의 전체적인 건강이 무시되는 사내의 행동 패턴을 말한다. 예를 들어 종업원에게 재고 고갈 방지에 대해 인센티브가 부여되고 그 결과 안전재고를 쌓아 두는 관행이 만연한다면 아무리 훌륭한 공급망 계획이라도 매번 실패할 수밖에 없을 것이다. 종업원들은 과다 생산에 대해 벌칙을 받지 않으므로(일부 회사의 경우 유일하게 용서받지 못할 잘못은 재고가 떨어지는 일이다) 전체적인 공급망 계획의 중요성은 뒷전으로 밀리게 된다. 자신의 직장을 보호하고 유지하는 문제에 있어 종업원들은 오래 전부터 관리자가 듣기 좋은 말을 하는 부하를 거의 벌하는 일이 없다는 것을 학습해 왔다.

Cisco의 사례에서, 성장을 예측하는 것은 10년이 넘는 기간 동안 정답이었으며, 따라서 호황기가 끝난 것 같은 조짐이 나타나고 있는 상황에서도 계속 성장을 예측하는 것이야말로 세상에서 가장 자연스러운 일인 것처럼 보였다.

"예측에 관한 한 성장에 대한 편견이 내재되어 있다"라고 Solectron Corp.의 전직 이사인 Ajay Shah는 설명한다. Solectron은 Cisco의 주요 공급업체 중 하나로서 아무도 원치 않은 엄청난 양의 전자제품이 시장에 쏟아져 나오기 시작했을 때 그 역류에 휩쓸렸던 회사 중 하나이다. "사람들은 공급 부족을 느끼는 순간 본능적으로 더 높이 예측을 한다." 그러한 종류의 성장 편견은 수요 예측의 불문율인 "틀리더라도 더 많은 쪽으로 틀려야 한다."의 사고방식을 부른 주범이다.

칩 제조업체인 National Semiconductor Corp.의 중앙 계획 및 생

산관리 부사장인 Si Gutierrez는 예측이 상식적으로 합당해야 한다는 말을 덧붙인다. National의 예측 활동 중 대부분은 일반적 경제 상황에 대한 분석을 바탕으로 실시된다. 그는 무선전화 업계를 예로 든다. "만일 20% 더 많은 칩이 필요하다는 예측치가 제시되었을 경우, 우리는 '현재의 시장 조건에 비추어 이 수치가 타당한가'라는 질문을 던진다. 총 시장 성장률에 대한 합리적 기대치에 대해서는 모두가 의견을 같이 할 수 있다. 정작 어려운 문제는 업계의 주요 업체들과 예측치를 맞추는데 있다. 모두들 승리하기를 원하고 모두가 성공을 위한 계획을 세우기 때문에 30%쯤 더 올려붙이는 것은 보통이다. 그러나 모두가 이길 수는 없는 일이다. 업계의 모든 업체들이 내세운 수치를 모두 더하면 현실적인 예측치의 두 배 정도 수치가 늘어날 수 있다"라고 그는 설명한다.

결국 2001년의 경제 침체기를 맞아 Cisco는 도저히 팔 수 없을 정도로 많은 재고에 파묻히게 되었다. 얼마나 많았는지 궁금한가? 이 회사는 22억 달러에 달하는 판매와 사용이 불가능한 재고를 상각하였고, 26억 달러의 분기 손실을 보고하였다. 비록 Cisco가 신경제 시대의 공급망을 선도한 대표 주자라는 명성을 얻기는 하였으나, 이 회사는 전형적으로 구경제의 방식에 따라 공급망의 변화에 대응하였다. 이 회사는 8,500명의 종업원을 해고했다.

수프에서 S&OP까지

그렇다면 어떻게 해야 가장 잘 구상된 계획에조차 내재되어 있을 정도로 끈질기게 따라 붙는 편견을 극복할 수 있을 것인가? 2001년 Campbell Soup Co.의 일원으로 합류한 Mike Mastroianni는 Cisco의 예측 담당자를 곤경에 빠뜨렸던 것과 동일한 문화적 장벽이 바람직한 예측 활동을 가로막고 있다는 사실을 발견하였다. 세계에서 제일가는 수프 제조업체의 판매 및 운영 계획(S&OP) 혁신설계의 감독 책임을 맡은 그는 회사의 공급망 관리 실태가 자기 만족에 빠져 있고, 내부 비용의 관리에 너무 치중하고 있으며, 고객 서비스에 대한 배려가 충분하지 못하다는 사실을 발견하였다.

"Campbell의 경우, 다른 많은 회사들처럼 생산이 왕이었다"라고 북미 지역의 계획 및 운영 지원을 담당하고 있는 Mastroianni 부사장은 설명한다. 제조 부문은 예측 부문을 무시할 수 있는 입장에 있었는데, 그 주된 이유는 몇몇 사람들이 관련 부서에 30년간 근무하고 있었으며 시장 변동의 과거 역사를 꿰고 있었기 때문이었다. 그러나 Mastroianni는 새로운 제품의 출시를 위해 공급망을 재편하는 임무를 수행해야 했다. "우리는 자만에 빠져 있었다"라고 그는 말한다. 그리고 개선을 이루어 내려면 먼저 예측의 정확성이 개선되어야 했다.

소비자용 포장상품 업계의 평균 예측 오차 비율은 약 50%로 알려져 있으나, Campbell의 경우에는 그 수치가 그리 높지 않았다. 그러나 그 이유는 단지 이 회사가 현 상태를 유지하고 있었기 때문이었다. "우리는 예측의 정확성에 집중하기로 하였으며, 그것은 우리가 편견에 치우친 행동을 바꾸어야 한다는 의미였다."라고 Mastroianni는 설명한다. "사람들은 숫자가 틀리는데 대해 익숙해 있었고" 따라서 과다 예측을 하는 경향이 있었다. 그 결과 재고 수준이 상승하였고 진부화, 창고, 급배송 및 기타 과다하게 낙관적인 예측에 기인하는 모든 요소의 비용도 높아질 수밖에 없었다.

예측은 어떻게 실시되는가? 일부 변동이 관찰되는 것을 보면 예측은 아무 것도 없는 상태에서 불쑥 나오는 것은 아닌 모양이다. Campbell은 다른 많은 회사들과 마찬가지로 판매, 마케팅 및 수요 계획 부서가 3대 축을 이루는 전통적인 S&OP 합의 프로세스를 사용하고 있다. 이

3개 집단은 서로 협력하여 하나의 숫자를 합의해 낸다. 이렇게 예측된 수치는 결국 승인을 위해 총괄 담당 관리자에게 보고된다.

"앞서가는 회사들은 단일 수요 예측치를 목표로 하는 대신 가능성 있는 결과의 범위를 예측하는 쪽으로 방향을 바꾸었다"라고 MIT Center for Transportation & Logistics의 이사인 Yossi Sheffi는 설명한다. "이러한 회사들은 미래 수요의 범위를 추정하고, 하한과 상한을 계약 조건과 비상대응 계획의 지침으로 삼는다." 이와 같이 범위를 예측하는 이유는 회사가 계획의 지평을 넓힐 수 있기 때문이다.

컨센서스 계획 방식이 사용된 후에도 회사가 정확한 예측을 하지 못할 가능성은 여전히 상당폭 존재한다. 이러한 이유로 인해 개방된 시스템 및 계속적인 대화의 정착이 중요한 사항으로 대두된다.

실시간만한 시간은 없다

Campbell이 예측의 개선을 필요로 하게 된 한 가지 요소를 꼽는다면 이 회사가 주요 소매 고객과 공동으로 전개하고 있는 협력적 계획, 예측 및 보충(CPFR) 활동을 들 수 있다. "우리는 과거의 기록에 기초하여 예측치를 매우 높이 잡고 있었다"라고 Mastroianni는 말한다. 그러나 고객과의 사이에서 진정 협력적인 관계를 이루어 내려면 회사가 과거의 역사를 재해석할 수 있는 능력을 가지고 있어야 하며, 그 회수도 한 달에 한 번보다는 많아야 한다. CPFR은 제조업체와 소매업체가 POS 데이터를 인터넷 상에서 실시간으로 공유할 것을 요구하기 때문에 부정확한 예측은 나쁜 정보의 전달을 가속화할 뿐이다(협력에 관한 더 많은 내용은 제 13장을 참조한다).

"S&OP는 사실적 근거를 바탕으로 추진된다"라는 것이 그의 생각이다. 이 말은 Campbell이 사람들의 신뢰를 얻는 동시에 예측의 정확성이 얼마나 개선되었는지를 측정하기 위해 주요 성과 지표(KPI)를 정착시켜야 할 필요가 있었다는 것을 의미한다. Mastroianni가 이끄는 팀은 52주간의 실시간 데이터를 이용해 매일 단기 예측치를 생성할 수 있는 실시간 예측 도구를 선택하였다. 실시간 예측이 가능해지자 Campbell은 종전까지 탐지하지 못하고 지나쳤던 패턴들을 추적할 수 있게 되었다. 예를 들어 시스템에서 "예측과 관련하여 오늘 접수된 주문은 고려하지 말아야 한다. 그보다는 향후 7 내지 14일간에 대해 생각해야 한다. 그 이유는 현재의 패턴에 비추어 다음 달은 이와 같은 모습일 것이기 때문이다"라는 신호가 나올 수 있다고 그는 설명한다. "또는 '당신은 지금 실현될 수 없는 예측치에 매달리고 있다. 그 수치는 잊어버리고 그보다 낮은 이 수치에 맞추어 생산을 하라'는 신호가 나타날 수도 있다."

National Semiconductor의 제품 그룹은 수요 예측 그룹과 매 주 예측치의 검토를 위한 회의를 갖는다. "우리는 15,000개의 칩을 하나하나 살피기보다는 거시적 차원에서 예측의 효용성을 측정한다"라고 Si Gutierrez는 말한다. "또한 우리는 주문에 대한 일정이 어떻게 수립되고 있는지를 고객의 요구와 대조하여 살펴 본 후 어긋나는 부분을 고친다." Campbell의 경우와 마찬가지로 National Semiconductor는 KPI 수치를 살펴 본 후(예 : 회사의 생산량은 예측치에 얼마나 가까운가) 이어 예측과 성과 사이의 차이를 분석한다.

National의 공급망 계획은 연간 계획에서부터 시작되며 일단 계획이 수립되면 담당 직원들이 각 월별 예측치를 검토하여 6개월 후를 예측한다고 Gutierrez는 설명한다. "때로 우리는 깜짝 놀라곤 한다. 우리가 괜찮다고 생각했던 무언가가 갑자기 큰 문제로 대두될 수도 있다. 따라서 우리는 매 주 계획을 모니터링하고, 또 매 주 수정한다. 우리는 매일같이 전날 일어난 일을 기초로 공장의 일정을 계획한다. 이렇게 함으로써 우리는 고객 서비스 수준을 극대화하는 동시에 고객 서비스 수준을 유지하는 한도 내에서 재고를 최적화할 수 있다."

드러나는 진실

Campbell의 교훈에서도 보았듯이 계획 담당자가 아무리 능력이 있고 경험이 풍부하다 하더라도 계획의 질은 그 바탕이 되는 정보의 질을 넘어설 수 없다. Campbell의 경우 결정적인 "아하!"의 순간은 전사적으로 재무, 상업화, 라벨 디자인, 맞춤형 포장 계획, 운송 등과 같은 프로세스의 대다수가 얼마나 엉망이었는지에 대한 증거가 S&OP 프로세스를 통해 드러났을 때 도래하였다. 시간이 흐르면서 S&OP는 Mastroianni가 말했듯이 "진실이 그대로 드러날" 정도로 투명성을 높여 주었다. Campbell은 모든 사업계획을 하나의 통합된 계획 세트로 묶음으로써(이것이 바로 S&OP의 목표이다) 궁극적으로 십여 가지가 넘는 주요 프로세스를 손볼 수 있었다.

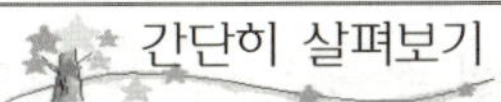

판매 및 운영 계획(S&OP)은 회사의 모든 사업계획(고객, 판매 및 마케팅, 연구개발, 생산, 조달, 금융 등)을 하나의 통합된 계획 세트로 일원화해 준다. 그 최종 목적은 수요와 공급을 보다 정확하게 예측할 수 있는 계획을 수립하는 것이다.

예를 들어, Campbell은 생산공장으로 전송되는 품목 차원의 신호의 정확성을 주 단위를 기준으로 최대 50%까지 개선하였으며, 이는 즉각적인 이득이 되어 되돌아왔다. 이 회사는 이제 유통센터에 제품을 보충하기 위해 얼마나 많은 트럭이 필요한지를 보다 정확히 계획할 수 있다. 이러한 예측 정확도의 향상은 또한 Campbell이 올바른 제품을 올바른 시간에 고객에게 전달하지 못함으로 인해 자주 의존해 왔던 급배송 건수를 줄여 줌으로써 또 다른 이득을 가져다 주었다.

여기에서 한 걸음 더 나아가 Campbell은 예측의 정확성을 활용하여 창고 및 생산공장의 가시성을 개선하였다. 이 회사는 장기 예측 능력을 이용하여 일부 운송업체로부터 운송 서비스를 사전에 구매해 왔다. 또한 이 회사는 이러한 예측력을 노무관리를 위해 사용해 왔으며, 특히 창고에 추가 인력을 언제 투입해야 하며 언제 줄여야 하는지를 결정할 때 유용하게 활용하고 있다.

Campbell이 자사의 공급망 계획을 위해 활용하고 있는 모범적 방법론을 통해 얻은 혜택은 또 한 가지가 더 있다. "현재의 공급망 덕분에 정말로 밤에 편히 잘 수 있다"라고 Mastroianni는 말한다. "실패한다는 것은 재미없는 일이다."

전체적인 통합

Campbell의 S&OP 프로그램이 성공할 수 있었던 열쇠는 상이한 모든 부서와 프로세스를 하나의 중심적 계획으로 통합할 수 있는 능력이었으며, 이러한 전략은 업종을 불문하고 모든 회사에 적용될 수 있다. 예를 들어 컴퓨터 거대기업인 IBM Corp.의 경우, 통합은 회사의 주된 모범적 방법론일 뿐 아니라 공급망 조직의 이름에까지 사용되고 있다. 그 조직의 이름은 Integrated Supply Chain(ISC), 즉 '통합된 공급망'이다.

2003년에 IBM은 모든 비즈니스 프로세스와 지원 시스템을 ISC에 연결하는 전체적인 통합 프로젝트를 완료하였다. ISC는 전세계적으로 50개가 넘는 국가에서 19,000명의 종업원을 고용하고 있는 조직이다. ISC는 제조, 조달, 물류, 유통, 고객 주문 및 계획 및 일정 관리 부문으로 구성되어 있어 공급망 프로세스의 모든 요소를 포함하고 있다.

"공급망 계획에는 많은 요소들이 포함되어 있다"라고 ISC의 운영 및 전략 담당 부사장 Rich Hume은 보고 있다. "IBM에서는 모든 제안된 아이디어나 변화가 특정한 기준을 충족해야 한다. 모든 계획은 고객 만족도의 개선, 공급망의 유연성 증진, 경제적 이익, 그리고 기능적 탁월함의 개선을 가져 올 수 있어야만 승인될 수 있다. 모든 제안은 실행이 가능해야 하며 측정 가능한 경제적 결과를 포함하고 있어야 한다."

IBM의 공급망 계획 중 대부분은 내부적으로 수행되며, 물류, 주문처리, 제조 및 제조 설계 등의 부문, 그리고 사내의 비즈니스 컨설팅 및 비즈니스 변화 그룹의 기능별 전문가가 참여한다.

"다른 회사의 경우 이러한 전문인력은 보통 조달 또는 물류와 같은 회사의 기능에 맞추어져 배치되어 있다"라고 Hume은 지적한다. "그들을 하나의 조직으로 묶음으로써 우리는 각 기능별로 그들이 가진 전문성을 활용할 수 있는 동시에 공급망 전체에 걸친 통합으로부터 이득을 얻고 있다."

먼저 들어온 것이 먼저 처리된다

놀라울 것도 없이, 기술은 IBM의 공급망 계획 프로세스에 포함된 모범적 방법론을 정의하는 일과 많은 측면에서 관계되어 있다. ISC 그룹의 공급망 계획 및 최적화 관리자인 Joe DiPrima의 말에 의하면, IBM은 수요 처리 능력을 전사적 자원관리(ERP) 시스템과 통합함으로써 수 백만 분의 1초 만에 공급망을 통해 흐르는 주문의 일정을 수립할 수 있다. "그것이 바로 모범적 방법론이다. 그 이유는 세계에서 가장 좋은 계획 도구를 가지고 있다 하더라도 사람들이 데이터를 신뢰할 수 있고 최신의 상태라는 것을 알 수 있을 정도로 무결성이 확보된 방식으로 데이터를 수집하여 계획 도구 내에 투입하지 못한다면 계획 도구를 사용할 수 없기 때문이다"는 것이 DiPrima의 생각이다. 계획 도구가 정확하다는 확신을 사람들에게 심어 주기까지는 어느 정도 시간이 필요했다는 점을 그는 인정한다. 그러나 엄청나게 빠른 예측의 속도는 그때까지도 스프레드시트에 의존하고 있던 골수 회의론자의 마음까지도 돌려놓기에 충분했다.

과거에 IBM은 수작업으로 주문 일정을 세웠으나, 예측하지 못했던 주문이 접수되었을 때 회사가 우왕좌왕하는 일이 발생하면서 이러한 점이 문제로 대두되었다. 일반적인 상황에서 새로운 비즈니스 기회가 생긴다는 것은 좋은 소식일 것이나, 공급 라인에 대한 IBM의 가시성은 그리 이상적인 상태가 못 되었다. 일각에서는 새로운 주문을 처리함으로 인해 아직 실제 주문은 접수되지 않았으나 그러할 가능성이 있는 최우선 고객이 소외될 수 있다는 두려움이 제기되고 있었다. "우리는 최우선 고객으로부터 언제 주문이 들어올지 모른다는 생각에 우선순위가 낮은 고객을 대상으로 계획을 세우려 하지 않았다"는 것을 DiPrima는 기억하고 있다.

간단히 살펴보기

전사적 자원관리

전사적 자원관리(ERP) 소프트웨어는 제조, 판매, 유통 및 재무 기능을 하나로 묶어 주며, 각 영역으로부터 데이터를 수집하여 회사의 자원 사용 계획(종업원에서 원자재에 이르는 모든 것)을 수립하는 역할을 한다.

이러한 태도를 극복하기 위해 IBM은 수작업 프로세스를 버리고 그 대신 주문의 접수에서 배송 시점까지를 간소화한다는 원칙에 기초한 새로운 프로세스와 새로운 도구를 도입하였다. 과거에는 주문의 입력 시점에서 배송 시점까지 15 내지 20일이 소요되었으나, 이제 그 프로

세스는 5 내지 10일 과정으로 단축되었다.

IBM은 어떻게 그러한 성공을 거둘 수 있었을까? DiPrima가 설명하는 바와 같이 이 회사는 선입선출법(FIFO)에 기초한 비즈니스 정책을 제도화하였다. "이제 주문 일정은 FIFO 원칙에 따라 수립된다. 물품을 공급받고자 하는 고객은 먼저 발주를 해야 한다. 매우 간단하지 않은가. 물론 가끔 사용하는 예외적 프로세스가 있기는 하다. 그러나 제품을 FIFO 방식으로 관리하는 것이 기본 원칙이므로(당사의 제품 중 95%는 FIFO 방식으로 관리된다) 선입선출 방식으로 일정이 계획되고 있다."

그 외에도 IBM은 세계화 과정에서 고객에 대한 직배송 방식을 사용해 왔다. "우리는 제조 부문을 중국, 동유럽 및 멕시코로 아웃소싱해 왔다"라고 DiPrima는 말한다. "그 결과 우리는 이러한 회사들로 하여금 IBM을 대행하여 직접 배송을 하도록 할 수 있었다. 우리가 창고로부터 고객에게 배송을 하든 아니면 제조업체가 배송을 하든 고객의 입장에서는 동일한 주문으로 인식될 뿐이다." 이러한 지연 전략에는 아웃소싱 기업이 IBM 로고가 찍힌 청구서를 발급하도록 하는 등 일부 치밀한 백오피스 프로세스가 포함되어 있다. 그 목적은 고객으로부터 주문이 접수될 때까지 제품의 생산 시점을 늦추는 것이라고 DiPrima는 말한다.

그는 이렇게 말을 잇는다. "수요 계획 측면에서 우리는 고객이 구매할 모든 최종 제품을 예측해야 했다." IBM이 취급하는 최종 제품의 종류는 수천 가지나 되었기 때문에 이는 간단한 일이 아니었다. "만일 고객이 표준형 ThinkPad를 구매하면서 자사의 로고가 시작 화면에 떠오르도록 해 줄 것을 요구할 경우, 새로운 모델 번호가 부여되었다. 따라서 핵심 모델의 수는 300 또는 400개에 불과할지라도 실제 만들어야 하는 모델의 수는 수십만 종으로 늘어날 수 있었다. 우리는 이러한 방식으로 수요를 예측해 왔으며, 이는 극히 어려운 일이었다. 이러한 방식으로는 도저히 정확성을 기할 수 없었다. 우리는 항상 예측과 실제 주문 사이에서 공급의 뒤를 쫓고 이리저리 다시 섞어 맞추느라 애를 쓰곤 했다."

IBM이 채택한 해법은 Attach Rate Planning이라는 이름의 모범적 방법론에 기초하여 판매를 구성하는 기본 단위 모델로 전환하는 것이었다. "우리는 수십만 종의 구성품과 수십만 종의 최종 제품을 가지고 있으나, 판매의 기본 구성 단위를 기준으로 살펴 보면 품목의 수가 수백 가지 내지 수천 가지 정도에 불과하다는 것을 알 수 있다. 따라서 우리는 다음과 같은 질문을 통해 제품 개발의 소구점을 찾아 낸다. 계획에 포함될 계획 항목의 수가 최소화되는 곳은 어디인가? 이렇게 하는 이유는 단지 쉽기 때문만이 아니라 그러한 차원에서 작업을 함으로써 위험의 통합이라는 측면에서 모든 이점을 얻을 수 있기 때문이다. 이러한 이유에서 우리는 Attach Rate 접근 방법을 예측하는 쪽으로 방향을 전환하였다"라고 DiPrima는 말한다.

전체판매 차원에서 IBM의 예측 정확도는 89-90%를 달리고 있으며, 이는 개별 제품 차원에서 예측을 하던 당시의 정확도 수준인 50- 60%를 크게 상회하는 수준이다. "전체적으로 얼마나 많은 수의 제품을 팔아야 할 것인지는 언제든 알 수 있었으나, 실수를 할 수 있는 부분은 어떤 제품이 얼마나 팔릴지를 도출할 때였다"라고 그는 말한다. "이제 우리는 각 제품의 판매 비율을 알고 있으며, 이로 인해 계획 프로세스가 훨씬 간단해졌다."

IBM이 채택한 또 하나의 모범적 방법론은 월간 주기의 계획 방식을 버리고 주간 단위의 S&OP 프로세스로 전환한 것이었다. "또한 우리는 주문을 포함한 모든 수요를 웹을 통해 공급자와 공유하기 위한 전용 프로세스를 일일 단위로 운영하고 있으며, 이를 통해 공급자는 매일 자사의 생산 용량을 우리에게 통지한다"라고 DiPrima는 설명한다. "종전에는 공급자와 1주일에 1회만 정보를 공유해 왔다. 이제 공급자들은 매일

정보를 받아 보며, 이는 주문 및 배송의 사이클타임을 10일 이내로 단축할 수 있는 결정적인 요소이다. 우리는 이제 공급자들과 훨씬 더 밀접히 협력하고 있다. 우리의 공급망은 제조 부문의 벽을 넘어섰으며, IBM 전사적으로 보더라도 그 범위가 회사 내부에 국한되어 있지 않다. 우리는 공급망을 공급자 그리고 공급자의 공급자에게로까지 확대하고 있으며, 아울러 이를 통해 2단계(Tier 2)의 가시성을 확보할 수 있다."

행복한 결말

공급망의 가시성을 개선한 것이야말로 Cisco Systems가 예측의 악몽으로부터 부활할 수 있었던 열쇠였다는 것이 입증되었으며, 이에 대해서는 본 장의 서두에서 언급한 바 있다. 이 회사의 반전은 공급 기반을 극적으로 재구성(1,300개사에서 600개사로)한 동시에 물류, 부품 제조 및 자재 관리를 아웃소싱한 조치로부터 시작되었다. 모든 공급자와 유통업자는 이제 eHub라는 이름의 동일한 공급망 네트워크를 통해 상황을 파악할 수 있으며, 그 결과 모두가 동일한 예측치를 바탕으로 동일한 수요의 가정 위에 작업을 수행하고 있다.

eHub는 종이 방식의 구매 주문 및 청구서를 없애 줌으로써 Cisco에 수백만 달러의 비용 절감 효과를 가져다 주었을 뿐 아니라 정시 배송 성과를 개선해 주었다. 또한 이 회사는 "분석의 엄격성"을 자사의 공급망 계획에 적용함으로써 주요 공급자가 약속을 이행하지 않을 경우 무엇을 해야 할지와 같은 결정을 프로세스를 통해 더 빠르게 그리고 더 정확하게 내릴 수 있게 되었다. Cisco의 제조 운영 부사장인 Jim Miller는 다음과 같이 설명한다. 공급망 계획을 최적화함으로써 "우리는 의사결정 과정에서 감정과 편견을 버릴 수 있는 방법을 찾을 수 있었다. 공급망은 이제 과학이 되었다."

05

조 달 : 조달 원천과의 직접 연결

Motorola는 현재 크게 인기를 얻고 있는 식스시그마를 일찍이 1980년대에 시작한 선구자라는 평을 받고 있는 기업이지만, 이 개인 통신 회사의 2001년도 재무성과는 품질이라는 용어와 너무나도 동떨어진 모습을 하고 있었다. 당시 Motorola는 판매가 20%나 격감한 상태였으며 2000년도 당시 고용하고 있던 150,000 종업원 중 1/4이 넘는 거의 43,000명을 2년여에 걸쳐 해고해야 했을 정도로 암울한 상황이었다. 사실상 Motorola와 같이 상승세를 구가하던 블루칩 회사에서 발생한 이러한 대규모 해고와 부실한 성과는 21세기 초엽의 경기 침체에도 한 몫을 하였다.

그러나 경기 침체가 지속되고 조금이라도 닷컴 광기를 연상시키는 것으로 들리는 모든 것이 조소의 대상이 되고 있던 상황에서도 Motorola는 자사의 연간 구매 비용을 극적으로 줄이기 위해 온라인 역경매 및 협력적 조달과 같은 인터넷 기반의 모범적 방법론을 조용히 탐색하고 있었다. 심지어 2001년 분위기가 가장 침체되어 있던 중에도 이 회사는 전자적 조달 방식을 활용함으로써 연간 총 지출액을 0.2% 줄일 수 있었다. 그 정도의 수치는 별로 대단해 보이지 않을지 모르나, Motorola가 당시

220억 달러를 지출하고 있었다는 사실을 감안할 때 그것은 이 회사가 전자 조달 방식에 힘입어 5천만 달러의 비용을 절감할 수 있었다는 뜻이 된다. Motorola와 같이 수익성에 압박을 받는 회사의 경우, 여기서 1천만 달러를 그리고 저기서 1천만 달러를 절약하는 식으로 조금씩 비용을 아낄 수 있다면 머지 않아 상당한 액수를 모을 수 있을 것이다.

결국 Motorola는 다시 사업이 융성할 수 있을 정도로 조직 개편을 추진하였으며, 그 과정에서 반도체 부문을 스핀오프하였고 종업원 기반을 68,000명 수준으로 축소하였다. 가장 어려운 시기에 차세대 조달 방법론을 기획하는 과단성을 발휘함으로써 이 회사는 신속히 침체에서 벗어날 수 있는 기반을 다질 수 있었다. 자사의 협력적 조달 프로그램에 대해 Motorola가 붙인 내부 코드명도 실제로 "The Next Level"(다음 차원)이었다.

조달의 중요성을 인식

반드시 상호 대체적으로 사용되지는 않으나, 조달, 구매 및 소싱은 모두 주요 공급망 프로세스 중 하나를 지칭하고 있다. The Sourcing Solution의 저자인 Larry Paquette의 설명에 의하면 소싱의 역할은 "필요한 제품을 다른 회사보다 나은 방식으로 공급할 외부의 회사를 찾아내는 일"이다. Essential of Supply Chain Management의 저자인 Michael Hugo가 전통적인 구매 관리자의 주된 활동을 일컬어 "여러 잠재적 공급자로부터 가격을 제시받은 다음 가장 낮은 가격을 부른 공급자로부터 제품을 구매하는 것"이라 말한 것도 바로 이 점을 이야기하고 있는 것이다. 또한 Patricia E. Moody의 저서 The Big Squeeze는 그 제목에서부터 구매 관리자의 역할에 관한 모든 미스터리를 즉각 일소해 주는 듯하다. 다소간 차이는 있겠으나, 구매부서가 회계

부서를 위해 궂은일을 떠맡아 하고 있다는 인식은 오늘날의 공급망 문헌에서 공공연히 제기되고 있는 견해이다.

그와 동시에 우리들의 머릿속 에는 오래 전부터 구매가 전형적으로 재무, 판매 및 마케팅과 같은 스타플레이어의 뒤에서 일어나는 이차적인(또는 삼차적인) 잡무에 불과하다는 인식이 뿌리 깊게 자리 잡고 있다. 그러나 자동차 부품 공급업체 Delphi Corp.의 공급망 담당 부사장인 Dave Nelson은 이렇게 경고한다. "구매 부문의 부진한 성과를 그대로 내버려둔다는 것은 회사의 수익 및 성장에 큰 기여를 할 수 있는 부문에 충분한 권한을 부여하지 않는다는 의미이며, 전세계적으로 공급망을 관리하고자 할 때 큰 대가를 치러야만 할 것이다. 불행히도 조달에 대한 기대가 낮은 것은(그리고 성과 또한 낮은 것은) 흔히 볼 수 있는 모습이다." 조달 방법의 개선이 회사의 기본적 역량에 미치는 긍정적 영향을 인식하지 못할 경우 공급망을 대폭 개선하고 개선된 바를 지속적으로 유지함에 있어 훨씬 더 큰 어려움을 겪어야 할 것이다.

다행스러운 것은, 전통적인 공급자 쥐어짜기 방식에 의존하거나 고객에 대해 "당신들이 무엇을 원하는지는 우리가 더 잘 안다" 식의 태도를 취하는 대신 주요 공급망 파트너와 협력 관계를 형성함으로써 구매부서가 단순한 필요악이 아닌 기업의 전략적 이점으로 작용할 수 있다는 인식이 확산되고 있는 중이라는 사실이다.

변화의 관리

Center for Advanced Purchasing Studies에서 실시한 구매 패턴 연구 결과에 의하면 구매 행위 중 많은 부분이 실제로 구매 부서 이외의 곳에서 일어난다고 한다. 제품의 조달을 책임지고 있는 사람은 구매 관리자이고 이 점에 대해서는 해당 제품이 제조에 필요한 구성품이든 소매점에서 판매되는 완제품이든 차이가 없지만, 운송 수단의 조달과 같은 그 외의 중요한 공급망 관련 구매 결정을 내리는 일은 물류 관리자의 영역이라 할 수 있다.

New England Cost Containment의 사장인 Tom Mulherin의 말에 의하면 이러한 방식이 반드시 모범적 방법론에 부합하는 것은 아니며, 특히 운송 수단의 구매가 운송에 대한 경험이 없는 누군가에 의해 처리될 경우 더더욱 그러하다고 한다. 비용 최적화 전문가로서 Mulherin은 회사가 운송 수단을 구매할 때 보통 자재의 구매에 적용하는 만큼의 엄격한 프로세스를 적용하지 않는다는 점을 지적한다. 운송에 관한 한 단지 비용만 따져 보고 운송업체를 바꾸는 일이 흔하다고 그는 말한다. "이 운송업체에서 5% 할인을 제공한다. 그러니 운송업체를 이 곳으로 바꾸자"는 식이다.

회사는 운송업체 또는 공급자를 바꾸는 일이 회사 조직에도 변화를 불러 온다는 것을 인식해야 한다고 그는 지적한다. 오늘날의 공급망은 운송업체를 비롯한 여타의 모든 공급자가 회사의 비용 구조 및 운영에 통합되어 있는 양상을 띠고 있으며, 따라서 그 종류가 무엇이든 무언가 큰 폭의 변화는 다른 영역에도 물결 효과를 일으킨다. 그 종류를 막론하고 조달과 관련하여 무언가를 변경하고자 하는 모든 공급망 전문가는 그러한 변화가 최소한 회사의 1개 중요 비용 영역에 긍정적 영향을 미칠 것이라는 점을 확신할 수 있어야 한다. 이를 위해서는 회사가 자체적으로 보다 높은 관리 능력을 갖추는 것이 필요하다. "변화 관리는 공급망과 관련된 비용의 축소를 가능하게 해 주는 중요 요소로 대두되고 있다"라고 Mulherin은 말한다.

변화 관리가 제대로 실행되려면 회사는 적절한 행동을 장려하는 동시에 단순하면서도 이해하기 쉬운 측정 지표를 고수해야 한다는 것이 그가 제안하는 바이다. 즉, 주요 성과 지표만을 측정하고 측정 지표를 보고함으로써 얻을 수 있는 이득이 해당 지표의 수집을 위한 비용보다 큰지를 확인해야 한다. 또한 사용자가 프로세스에 참여하도록 해야 한다. 이 말은 사용자가 프로세스의 일부로 포함되어야 하는 동시에 공급자의 자격요건을 평가하고 현장 방문을 실시하고 최종 결정에 대한 책임을 져야 한다는 뜻이다.

친구를 가까이 하라. 공급자는 더 가까이 하라

그러나 명심할 사항이 있다. 어느 회사를 비즈니스 상대로 할 것인지에 대해 단지 제조업자만 선택권을 가지고 있는 것은 아니며, 공급자 또한 어느 회사를 고객으로 할 것인지에 대해 보다 구체적인 요구사항을 내세울 수 있다. 구매 부문에서 수 년간 공급자 선별의 철학을 지향해 온 결과, 공급자 기반이 관리 가능한 주요 파트너를 중심으로 압축되면서 공급자의 총 수가 점차 줄어들고 있는 추세이다. Dave Nelson, Patricia E. Moody 그리고 Jonathan Stenger가 The Purchasing Machine이라는 저서를 통해 밝힌 바와 같이 "수천 개 회사로 구성되어 있던 공급 기반을 수백 개의 뛰어난 업체로 축소하는 식의 추세는 앞으로도 계속될 것이며, 회사간의 협력 증진을 위해 그 능력이 입증되고 역량이 뛰어난 업체가 각광을 받게 되면서 이러한 공급업체는 새로운 고객을 손쉽게 찾을 수 있는 반면 한계기업들은 고객을 찾아 헤매야 하는 실정이다." 저자는 "최고의 공급자가 고객 선별을 통해 가장 큰 수익을 제공하면서 기술적으로 가장 적합하고 가장 관리 가능한 일정을 제공하는 동시에 가장 적은 '서류 작업' 또는 서비스 비용을 필요로 하는 고객을 차지하게" 됨에 따라 이러한 양극화가 향후 수 년간 더욱 심해질 것이라고 본다.

공급자가 자사를 가치 있는 회사로 인지하도록 하는 가장 효과적인 방법이 무엇인지는 Wal-Mart 및 Dell과 같은 공급망 리더들이 수 년간 해온 바를 보면 알 수 있다. 그 대답은 다름아니라 거래 정보를 공유하는 것이다. 예를 들어 Ford Motors는 자사의 모든 공급망 정보와 기능을 하나의 단일화된 글로벌 자재 생산 시스템으로 일체화하였으며, 이를 통해 자사의 공급업체가 매일 업데이트되는 재고 및 배송 데이터를 실시간으로 조회할 수 있도록 하고 있다. 자재 계획 및 물류 담당 전무이사인 Joseph Hinrichs는 이렇게 설명한다. "우리는 고객과 공급자에게 당사의 전용 시스템에 대한 접근 권한을 부여한다. 이제 공급업체는 이러한 시스템을 통해 제공되는 정확한 실시간 정보에 기초하여 결정을 내릴 수 있다."

그 결과 Ford는 차량을 딜러의 매장에 운송하는데 소요되는 일수를 단축할 수 있었다. 또한 자재의 조달에 필요한 평균 리드타임을 단축할 수 있었고 공급자와 연락을 해야 할 사람의 수도 줄일 수 있었다. Hinrichs의 말에 의하면 그 외에도 Ford의 차량조립공장 및 공급 거점의 재고 수준이 과거에 비해 크게 축소되었다. Ford는 기술의 활용을 통해 더 정확하고 시기 적절한 정보를 제공함으로써 내외부의 비즈니스 프로세스를 식스시그마 수준의 능력으로 관리할 수 있게 되었다. 더욱이 이 회사는 특정한 차량의 소재에 관하여 더욱 정확한 정보를 딜러에게 제공할 수 있게 되었다. 이러한 조치 중에는 과다배송에 기인한 부품의 차이와 같은 대내 운송 관련 착오를 줄이고, 급배송(가장 값비싼 형태의 배송) 건수를 줄이기 위한 노력도 포함되어 있다. 이러한 노력만으로도 Ford는 1백만 달러가 넘는 비용을 절감할 수 있었다.

되돌아 봄으로써 미래를 본다

Hewlett-Packard Co.는 세계에서 가장 큰 부류에 속하는 정보기술

(IT) 공급망을 가지고 있으며 연간 약 510억 달러의 비용을 관리하고 있다. 이 하이테크 회사는 32개의 제조공장(비록 그 모두가 HP의 소유는 아니지만)을 책임지고 있다. HP의 직접조달 담당 부사장인 Greg Shoemaker에 의하면 이 회사는 직접적 자재(예 : HP 제품의 제조에 사용되는 핵심 용품 및 자재)와 관련하여 88개의 유통 허브, 약 700개사의 주요 공급자, 그리고 약 119개의 물류 파트너와 관계를 맺고 있다. 또한 이 회사는 전세계적으로 178개 국가에 약 10억 명의 고객을 두고 있다.

"이러한 정도의 비용이라면 상당한 지렛대 효과를 활용하는 것이 가능해진다"라는 점을 Shoemaker는 지적한다. "그러나 우리가 발견한 사실 중 하나는 규모만으로 최고의 결과를 얻을 수는 없다는 것이다. 분명 규모는 많은 수단과 더불어 매우 큰 비용 기반을 관리할 수 있는 능력을 제공하지만, 정작 중요한 문제는 어떻게 관리를 하느냐이다. 작은 회사라 하더라도 올바른 접근 방법과 올바른 기법을 사용한다면 장점을 활용할 수 있으며 첨단의 경쟁력을 유지할 수 있다."

Shoemaker는 어떠한 회사이든 큰 효과를 볼 수 있는 모범적 방법론의 예로서 조달 위험의 관리를 꼽는다. "우리 회사의 경우 가격, 공급, 수요와 같은 변수들의 과거 수치를 장기적으로 검토하고 있으며, 분석 도구를 사용하여 그러한 변동적 수치들이 향후 어떻게 변할 것인지를 상당히 신뢰성 있는 방식으로 예측하고 있다. 예를 들어 변동성이 매우 높은 가격 문제를 다루어야 할 경우, 우리는 예상되는 가격의 범위를 예측한다. 그리고 변동적인 수요 포트폴리오를 다룰 때에는 수요의 수치 환산값(최고점과 최저점)이 어느 정도일지를 예측한다." 이렇게 하는 이유는 HP의 조달 전문가에게 보다 양질의 교육을 실시하고 권한을 부여함으로써 HP와 공급 기반 사이에 위험이 분산되도록 할 수 있기 때문이다.

"과거에 IT 업계에서 볼 수 있었던 전형적인 모습은 '공급자 양반, 당신이 모든 위험을 부담한다면 물건을 사겠소'였다. 이러한 방식은 우리의 입장에서나 공급자의 입장에서나 장기적으로 반드시 이기는 전략이라 할 수 없다. 그 이유는 [하이테크 업계의] 너무 많은 영역에서 통합화 현상이 진행되고 있기 때문이다"라고 Shoemaker는 말한다. "공급자의 수가 점점 더 적어지고 있는 동시에 우리와 같은 회사의 수도 더 적어지고 있기 때문에 거래 측면에 치중하는 것은 최선의 방법이라 할 수 없다."

위험관리는 HP가 통계적 기초 위에서 회사의 위험을 관리하기 위해 사용하는 도구이다. 예를 들어 DRAM(PC에 사용되는 동적 메모리 칩)은 매우 변동성이 높은 상품으로서 그 가격이 매 주 크게 변한다. Shoemaker는 이렇게 말한다. 위험관리 기법을 사용함으로써 "우리는 공급자와의 거래를 구조화할 수 있으며, 이렇게 말할 수 있다. '우리가 일정 물량 수준을 보장할 것이니 그에 대한 대가로 가격의 상한선을 정합시다.' 또는 가격 하한선에 합의하는 것도 가능한 일이다. 공급자로서는 물량에 대해 무언가 보장을 받고, 우리로서는 가격 조건에 대해 무언가 보장을 받으면 되는 것이다."

단 한 푼에도 손길이 가야 한다는 것

전자조달은 HP가 많은 관심을 쏟고 있는 또 하나의 모범적 방법론이다. 전자조달이란 온라인 전자 시장을 통해 기초상품(간접재료)과 주요 생산자재(직접재료)를 모두 구매하는 것을 말한다. "우리는 회사의 전략적 조달 작업을 전부 웹 기반의 환경으로 이식하는 작업을 매우 빠른 속도로 진행하고 있다"라고 Shoemaker는 설명한다. "우리는 이 방법이 속도와 효율을 제공한다고 믿으며, 당사의 기초상품 관리자와 카테고리 전문가들이 보다 효율적이고 효과적으로 일할 수 있도록 해 줄 것으로 본다."

전자조달을 통해 얻을 수 있는 또 다른 이점은 HP의 데이터 관리의 보안성을 크게 높일 수 있다는 것이라고 그는 덧붙여 말한다. 모든 정보는 암호화되고 패스워드로 보호되기 때문에 이 회사는 견적 요청, 정보 요청 및 그와 유사한 조달 문제를 웹상에서 안심하고 처리할 수 있다. "기본적으로 우리가 지향하는 바는 전자메일과 스프레드시트로부터 벗어나는 것이다"라고 그는 말한다.

다른 그룹과 조달 정보를 공유하는 것은 HP의 공급망 관련 활동이 하나의 체계로서 작동하도록 해 주는 열쇠이다. Shoemaker는 HP의 직접 지출 중 약 40%를 관리하고 있으며 그와 더불어 매달 모임을 갖는 조달 위원회를 주재함으로써 나머지 60%의 지출에 대해서도 관여를 하고 있다. "우리는 모범적 방법론과 프로세스라는 핵심 항목에 집중하고 있다. 이 두 가지는 모두들 무엇을 하고 있는지, 어떠한 실적을 올리고 있는지, 비용을 어디에 지출하고 있는지, 어떻게 해야 더 잘 활용할 수 있는지, 그리고 어디에서 도움을 필요로 하는지 등과 관련되어 있다. 우리는 전문적 역량을 하나의 기능으로써 개발하는 일에 관심을 집중하고 있다. 지금 우리는 최고의 성과를 발휘할 인력을 어떻게 교육하고 발전을 도모하고 또 육성하고 있는가? 또한 우리는 IT 도구에도 관심을 집중하고 있다. 어떠한 제품을 사용해야만 이러한 방법론을 보다 응집력 있는 방식으로 실행하고 보다 높은 효과를 얻을 수 있을 것인가?"

HP는 모범적인 조달 방법론을 엄격히 지킨 덕분에 수 년간 많은 비용을 절감하였으나 그렇다고 해서 일이 쉬워진 것은 아니다. "우리가 가지고 있는 문제는 아무도 우리에게 불쑥 다가와서 '가격은 얼마입니다'고 말하지 않는다는 것이다. 단 한 푼의 돈이라도 누군가 관리를 해야만 한다"라고 Shoemaker는 말한다. 하이테크 제조업체의 경우 구매 프로세스 중 대부분은 시장 상황과 기술로부터 추진력을 얻는다. "예를 들어 반도체 조립업체가 다이 크기를 한 단계 줄임으로써 가격을 낮춘 경우 실질적으로 모두가 가격 인하의 혜택을 입게 된다. 그렇다면 어떻게 해야 상황을 다르게 처리하고 더 나은 결과를 얻을 수 있을 것인가?" 조달이란 바로 이러한 문제를 해결하는 것을 말한다. 최고의 가격을 얻어 내는 것으로 끝나는 것이 아니라 실현 가능한 최고의 결과를 만들어 내야 하는 것이다.

건강한 공급망의 보장

최악의 시나리오로써 이건 어떠한가? 여러분의 회사가 주요 의약품 도매업체라고 가정하자. 어느 날 여러분은 자사가 그동안 위조 약품을 구매하고 유통해 왔다는 사실을 알게 되었으며, 이로 인해 회사는 소송을 당할 위기에 처하게 되었다. 이는 지난 2000년 McKesson이 실제로 겪었던 상황이다. 이 회사는 자사가 구매해 온 AIDS 환자 치료약 Serostim이 가짜였다는 사실을 알게 되었다. 이러한 일은 2001년과 2002년에 AmeriSource Bergen에서도 일어났다. 당시 이 회사는 신부전증 환자용 빈혈 치료제 Epogen을 4백만 달러어치도 넘게 구매하였는데, 이 약품이 실상은 엄청나게 희석된 제품이었다. 그리고 이와 똑 같은 일이 2002년에 Cardinal Health에서도 일어났다. 이 회사는 또 다른 빈혈 치료제인 Procrit을 240만 달러어치나 구매하였는데, 제품이 오염되어 있었던 것이다.

McKesson의 수석 구매 담당 부사장인 Greg Yonko는 가짜 Serostim의 발견이 잠을 깨우는 역할을 했다고 설명한다. "당시 우리는 모든 구매 프로세스를 바짝 조이기 위한 매우 엄격한 조치를 취하였다"

라고 그는 말한다. 피임약과 HIV 치료약은 오래 전부터 위조범의 목표물이었으나, Yonko의 말에 의하면 Serostim 사건은 고가의 주사식 성장 호르몬이 위조 제품으로서 시장에 유입된 첫 번째 경우였다.

미국 식약청(FDA)이 식품 및 의약품의 유통망에 대해 강력한 규제와 모니터링을 실시하고 있지만 위조 범죄는 매년 심해지고 있는 실정이다. 그 결과 FDA는 2007년까지 모든 파렛트와 케이스를 추적할 수 있는 무선인식(RFID) 기술을 적용할 것과 특정 상황 하에서 이 기술을 모든 포장 제품에 적용할 것을 촉구하고 있다. (사실상 Pfizer는 2006년 초부터 모든 Viagra 포장지에 RFID 기술이 적용된 태그를 부착하기 시작하였다. 제 2장 참조.)

진짜 제품을 식별 및 추적하는 일은 기술을 사용하여 해결할 수 있겠으나, 의약품의 공급망을 위협하는 더 큰 문제는 소위 2차 시장이라는 것이다. 2차 시장이란 규제가 느슨한 소규모 도매상과 공급자의 집단을 말하며, 이들이 유통하는 제품은 때로는 재고 부족을 메우기 위해, 때로는 제품의 가격이 상당히 낮다는 이유로 간간히 대량유통 시장에 유입되곤 한다. FDA의 의약 담당 이사인 Thomas McGinnis 박사의 말에 의하면 대부분의 위조 약품은 이러한 소규모 유통업자를 통해 거래되며, 이러한 업체들은 보통 주 정부의 면허를 가지고 있기 때문에 의약품심의위원회의 검사 대상에 포함된다. 그러나 "그들 중 다수는 매우 소규모 업체이며, 암암리에 물건을 팔고자 하는 사람이 접촉하기 좋은 대상이 된다. 그러한 자들은 이들 회사와 비즈니스 관계를 맺고 있지 않다. 아마도 이전에 한번도 거래를 한 적이 없을 것이다. 그럼에도 회사들은 제조업체에게 전화를 하거나 FDA에 연락하여 큰 거래를 제안한 측이 적법한 대상인지 문의하지도 않고 그냥 제품을 구매한다."

2001년 이래로 McKesson은 반드시 제약업체로부터 직접 약품을 구매하고 있으며, 매일 이 시스템을 통해 처리되는 수억 개의 제품 중 2차

시장에서 구매되는 비중은 1%에도 미치지 못한다. Yonko에 의하면 McKesson은 언제든 동원 가능한 10개사의 벤더와 활발한 비즈니스 관계를 유지하고 있으며, 특정 벤더로부터 제품을 구매하기 전에 배경 조사, 보안 점검 및 현장 방문을 포함한 엄격한 기업실사를 실시하고 있다. 한편 대형 제약업체들은 사전적으로 위조 약품이 시장에 유입될 가능성을 줄이기 위해 자체적인 조치를 취해 왔다. Pfizer, Johnson & Johnson, Eli Lilly와 같은 많은 제약회사들은 현재 자사의 유통업체에게 자사로부터 직접 또는 공인된 상인을 통해서만 약품을 구매할 것을 요구하고 있다.

복잡성과의 전쟁

Motorola 이야기로 되돌아가 보자. 이 회사는 시스템을 총체적으로 정비함으로써 결국 14억 달러의 재고를 줄일 수 있었으며, 전체적으로는 공급망의 군살을 뺌으로써 26억 달러에 달하는 비용을 절감할 수 있었다. 이 회사의 수석 조달 책임자인 Theresa Metty는 Motorola가 추진해 온 활동이 효과가 있다는 증거로서 그러한 수치를 인용한다. 즉, Motorola가 "복잡성과의 전쟁"에서 이기고 있다는 것이다.

Metty가 설명하듯이 "우리는 서로 분리되어 있으나 실은 관련이 있는 39개의 프로젝트를 찾아내는 것에서부터 작업을 시작하였다. 우리는 이러한 프로젝트를 통해 놀라울 정도로 군살이 없고 효율적이고 유연하며 대응력이 높은 공급망을 구현하고자 하였을 뿐 아니라 가장 중요한 고객에게 제대로 된 공급망 서비스를 제공할 수 있는 역량을 기르고자 하였다. 우리가 지향한 그러한 비전은 올바른 것이었음이 밝혀지고 있다. 우리의 가장 중요한 고객들은 하드웨어 관리 일에 관여되는 것을 원치 않는다. 그들은 우리 쪽에서 공급망 서비스를 제공해 주기를 바란다.”

그러한 서비스 중 하나(제 13장에서 보다 자세히 다룰 예정이다)가 협력적 계획 수립, 예측 및 보충(CPFR)이다. “우리는 고객이 점포에서 무엇을 판촉할 것인지 그리고 제품을 얼마나 오랫동안 진열할 것인지를 두고 고객과 협력 작업을 전개한다”라고 Metty는 설명한다. “우리는 고객과 함께 수립한 협력적 계획에 기초하여 예측과 보충을 실시한다. 이러한 활동은 때로는 주 단위로, 때로는 그보다 자주 실시된다.”

Motorola가 복잡성과 벌이고 있는 전쟁을 설명하면서 Metty는 회사의 제품 라인을 간소화하는 것이 업계 최고의 공급망을 달성하는 열쇠라고 말한다. “복잡성과의 전쟁은 공급망 내부의 제품 흐름을 효율적이고 효과적인 방식으로 바꾸기 위해 활동을 촉진하는 것을 일컫는다. 해도 과언이 아니다.” 예를 들어 지연을 위한 설계(Design for postponement)는 Motorola가 업계 표준 구성품의 활용도를 최대한 높이기 사용하고 있는 프로세스이다. 이 프로세스는 보유 재고의 감축에 도움이 될 뿐 아니라 Motorola가 제품 주기가 끝날 무렵 표준화된 부품을 시장에 재판매할 수 있도록 해 줌으로써 과다하거나 진부화된 자재로 인한 비용을 덜어 주고 있다.

또한 이 회사는 가능한 한 구성품을 재사용하고 각종 무선전화 모델에 공통적으로 사용될 수 있는 부품을 설계함으로써 제품 출시 속도를 단축할 수 있었다고 Metty는 덧붙여 말한다. “진짜 마술은 보유 재고의 양을 크게 줄이는 것이다. 업계에서 공통적으로 사용되는 표준 부품이 제품에 많이 포함될수록 많은 재고를 보유할 필요가 없어진다.”

측정 지표에 대한 논의를 통해 이미 살펴 보았듯이(제 3장), 공급망 프로그램을 정착시켰다 하더라도 진척도를 정확히 측정할 수 없다면 많은 것을 이루어 내기는 불가능하다. 복잡성과의 전쟁에서 승리하기 위한 목표를 설정하는 과정에서 Motorola는 “모든 제품 하나하나를 경쟁사의 제품 및 이론적인 업계 최고 제품과 대비하여 측정할 수 있는"
복잡성 지수를 개발하였다고 Metty는 설명한다. 우리는 10개의 복잡성
요인을 찾아냈으며, 각 요인별로 우리의 제품과 경쟁사의 제품을 비교
측정한다. 예를 들어 1.0이라는 복잡성 지수는 그 제품이 업계 평균과
동등하다는 것을 의미한다. 업계 최고의 점수는 0.5이며, 이는 그 제품이
훨씬 덜 복잡하고 따라서 조달과 제조가 용이하다는 것을 의미한다. 반면
1.5라는 점수는 그 제품이 Motorola의 경쟁사 제품에 비해 크게 복잡하며
따라서 복잡성이 줄어들도록 재구성되어야 한다는 것을 의미한다.

Motorola의 경우 복잡성은 제품이 공급망 내부에서 얼마나 효율적으
로 움직일 것인지에 대한 주된 지표이다. 또한 복잡성 지표는 회사가 공
급 기반을 강화하기 위한 하나의 방법이 될 수 있다. 그 이유는 공급
자가 더 적고 더 저렴한 구성품을 생산할 수 있을 것이기 때문이다.

당시에는 좋은 아이디어인 것처럼 보였는데

닷컴 신화가 꽃피었던 1990년대 후반의 영광스런 나날들을 되새겨 보
면 공급망에 대한 거의 모든 논의가 전자상거래 시장의 중요성에 대한 평
가에서부터 시작되었다는 것을 알 수 있다. 이 영역은 유혹적이면서도 단
순하다. 조달 소프트웨어의 개발과 모든 온라인 거래를 안전하게 지켜 주
는 충분한 보안 프로토콜이 등장함으로 인해 제조업체는 부품, 용품 및
구성품을 인터넷을 통해 직접 구매할 수 있게 되었다. 이러한 전자상거래
시장(일명 온라인 거래소 또는 네트워크 시장이라고도 함)은 사용자 친화
적인 웹 브라우저 소프트웨어(즉, Netscape)가 널리 보급된 것과 동시에
갑자기 우후죽순처럼 나타나 널리 보편화되었으며 원자재와 기타 제품을
인터넷을 통해 실시간으로 매매할 수 있도록 해 주었다.

수많은 기업을 유혹한 낚시바늘은 직접 재료(제조업체가 제품의 생산

을 위해 필요로 하는 핵심 공급품 및 자재)와 간접 재료(회사의 비즈니스 운영을 위해 필요하지만 반드시 생산 프로세스의 일부는 아닌 사무용품 등의 기초상품)를 모두 역경매를 통해 정기적으로 구매함으로써 엄청난 비용을 절감할 수 있다는 생각이었다. 여러분의 회사가 접착제 제조업체이고 월말까지 10,000개의 튜브를 필요로 한다고 가정해 보자. 여러분이 공공거래시장에 필요한 규격을 게시하면 적절한 자격을 갖춘 모든 튜브 공급업자가 가격을 제시한다. 일정 시간이 지난 후 경매는 결론이 나며, 여러분은 최저 가격을 수락할 것인지 아니면 최저 가격 제시자가 정말로 제품을 공급할 능력이 있는지에 대해 약간의 의심이 가는 관계로 다소 높은 가격을 선택할 것인지를 결정한다.

오늘날의 많은 분석가들은 예전과는 태도를 다소 바꾸어 온라인 거래소가 애초부터 잘못된 아이디어였다고 조롱섞인 평가를 내리고 있다. 한때만 해도 이들은 시장 관찰자로서 이러한 거래소를 옹호했었으나 (열기가 뜨겁던 2000년 당시에는 이들의 수가 수 천명은 족히 되었다) 이제는 안면을 바꾼 채 그러한 거래소가 치명적으로 결함을 갖고 있었다는 점을 비웃고 있다. 그러나 사실 온라인 시장의 개념은 변함 없이 좋은 아이디어였다. 이러한 시장이 대중의 시각에서 급속히 잊혀져가게 된 원인은 실행 측면에 부족함이 있었기 때문이었다. 다시 말해, 작가인 David Taylor가 간파했듯이 전술한 원인과 더불어 벤처 기금의 지원을 받은 신흥 기업들이 "기존의 거래 파트너 사이에 끼어들어 한 몫을 할 수 있다"라고 자만했던 것이 실패의 요인이었다. "거래소의 잠재력이 명확해짐에 따라 주요 구매자와 판매자들은 자체적으로 전속 거래소를 구축함으로써 그러한 신흥기업들을 우회하였고 시장을 되찾아 갔다."

온라인 시장의 탈선

온라인 시장은 사설, 공개 및 컨소시움이라는 3가지 기본적 유형으로 나뉜다. 사설 거래소는 실제로 인터넷 시절 이전부터 존재했으며, 그 중 가장 유명한 것이 Wal-Mart의 Retail Link이다. 이 거래소는 소매 거대 기업인 Wal-Mart가 공급자와 거래 데이터를 주고받기 위한 용도로 사용되었으며, 웹이 등장하기 이전이었던 관계로 전용 전자데이터교환(EDI) 파이프라인을 사용하고 있었다. 우주항공 분야의 제조업체인 Boeing은 사설 거래소의 또 다른 얼리어답터이다. Boeing의 웹 사이트인 Part Analysis and Requirement Tracking(PART) 페이지는 항공기 및 기타 정비 계약업체가 50만가지 항공기 부품에 직접 접근할 수 있도록 필요한 링크를 제공한다. 이러한 종류의 거래소는 글자 그대로 사설 방식으로 운영되었기 때문에 신문에 대서특필되지 않았다(적어도 기자들이 Wal-Mart의 대단한 성공을 가능하게 해 준 요인에 대해 관심을 갖기 시작한 최근까지는 그러했다).

공개 거래소는 eBay의 등장 덕분에 미국 소비자의 관심을 끌어 모았으며, 소비자들은 사실상 모든 재화를 거의 모든 사람에게 판매할 수 있다는 개념에 대해 놀라움과 매혹이 교차됨을 느꼈다(비록 그로 인해 실제로 돈을 벌 수 있었던 측은 eBay 뿐인 것 같았지만).

그 후 등장한 컨소시움 기반의 거래소는 마치 구매에 관한 기존의 모든 가정을 뒤집어야 할 정도로 엄청난 변화를 불러 오는 듯했다. 컨소시움 거래소 중 가장 규모가 컸던 것은(적어도 잠재력과 정보의 공유라는 측면에서 볼 때) General Motors, Ford Motors 및 DaimlerChrysler가 자사의 공급망을 하나의 공통된 온라인 조달 플랫폼으로 연결하기 위해 구축한 Covisint라는 이름의 네트워크였다. 위의 3개사는 이 새 프로젝트를 통해 공급자(많은 공급자가 위의 3대 업체 모두에 납품을 하고 있었다)로부터 훨씬 좋은 가격으로 구성품을 공급받을 수 있을 것이라는 희망을 품고 있었다. 문제는 이 자동차 회사들이 공급자들의 생각, 즉 자사의 제품을 가격이 최우선시되기 마련인 거래소를 통해 기초상품화한다는 개념에 대해 어떻게 생각하는지를 물어 보지 않았다는데 있었다. 이러한 이유로 Covisint는 공급자들로부터 호응을 얻지 못하였고, 그러한 공급자의 관심 부족은 다른 수많은 대형 범산업적 거래소에도 어두운 그림자를 드리웠다. 이러한 형태의 거래소에 대한 옹호론자들은 회원사들이 수백만 달러의 조달 비용을 절감할 수 있을 것이라고 주장하였으나, 이러한 개념이 현실화될 경우 너무 많은 것을 잃게 될 공급자들이 참여를 거부할 것이라는 점을 미처 고려하지 못하는 실수를 범하였다.

Chrysler의 전 사장인 Thomas Stallkamp는 이렇게 자신의 생각을 밝힌다. "Covisint는 끔찍한 아이디어였다. 아무도 그것이 실현되리라고 생각지 않았다. [거래] 교환소라는 것까지는 좋았으나 Covisint와 그것이 실행되는 방식은 절대적으로 실패였다. 그것은 결코 제 궤도에 오를 수 없었다." 경제학자 Stan Liebowitz는 이렇게 덧붙인다. "수요공급의 법칙은 새로운 커뮤니케이션 방법 따위의 사소한 무언가에 의해 압도당할 정도로 취약하지 않다."

컨소시움 모델이 결국 좌초되고 공개 거래소 모델이 찬밥 신세를 면치 못하게 된 것은 기존에 거래 관계가 없던 회사와 현물거래를 한다는 것이 별로 좋은 생각이 아니라는 간단한 진실 때문이었다. 그러나 사설 거래소는 계속 번창하고 있으며, Hewlett-Packard의 이야기가 예시하듯 거래의 수행과 공급자와의 커뮤니케이션을 위한 매체로서 웹을 사용하는 것은 조달에 관한 한 최상의 모범적 방법론이다.

06 제 조 : 발달 도상에 있는 공급망

공급망 관리의 주요 목적 중 하나는 회사 내에 존재하는 사일로를 부수는 것이다. 사일로라는 용어는 전형적인 제조업체의 실루엣을 나타낸다. 고층 사무실 건물이 밀집한 근처에 고층의 공장 건물이 자리잡고 있고 굴뚝에서는 연기가 뿜어져 나오는 장면 – 이 그림은 초등학생이라도 금방 알아보며, 생산 공장이라는 것을 즉각 알아 볼 수 있는 이미지를 필요로 하는 모든 PowerPoint 프레젠테이션의 기본 아이콘으로 사용되고 있다. 불행히도 지금 말하고자 하는 것은 일반의 인식에 자리잡은 그러한 사일로의 이미지가 아니라, 전사적으로 만연되어 있는 사일로적 마음가짐이다. 공급망 옹호론자들은 이러한 마음상태를 깨뜨리려 노력해 왔으며, 성공과 실패가 교차하고 있다.

사실을 똑바로 들여다 보자. 공급망을 통제하는 한편으로 회사의 프로세스를 일원화함으로써 개선이 정기적으로 이루어지고 오래 지속되도록 한다는 것은 매우 어려운 과제이다. 그러나 일부 회사의 경우 더욱 어려운 과제는 아예 프로세스를 시작할 것인지 말 것인지 그 여부를 결정하는 일이다. 특히 여러 생산 부서간에 "책임 떠넘기기"의 오랜 전통이 만연해 있는 경우 문제는 더욱 어려워진다. 제조 기능을 공급망의 맥락과 일체화하는 일에 관한 한 군살을 뺀다는 것은 결코 쉬운 일이 아니다.

오늘날 거의 모든 임원들의 책장에는 린 제조의 원칙에 관한 책자들이 꽂혀 있으며, 이는 일본의 자동차 업체인 Toyota의 역사적인 성공 신화, 그리고 보다 최근에 미국 컴퓨터 회사인 Dell이 이루어 낸 성공사례에 기인한 현상이다. 그러나 린에 관한 하고많은 논의에도 불구하고 대부분의 회사에서는 아직도 지켜 보자라는 태도가 팽배해 있으며, 특히 자동차 및 하이테크 업종의 범위를 벗어나게 되면 이러한 현상이 더욱 두드러짐을 알 수 있다. 린이 낭비의 제거, 재고의 감축, 그리고 더 높은 수익성을 향한 직항로를 제공한다는 것은 모든 유형의 제조업체와 유통업체가 인정하고 있는 사실이나, 그러한 이득을 바라는 것과 실제로 실행에 옮기기 위한 계획을 수립하는 것은 하늘과 땅만큼이나 서로 다른 것이다.

린 환경을 통해 효율을 개선하려면 공급망의 모든 측면을 일원화함으로써 모든 활동이 동일한 목표를 향해 조화를 이루도록 해야 한다. 그리고 회사 내부적으로 모든 흐름이 한 방향으로 정렬되었다 하더라도 작업이 완료되려면 아직 가야 할 길이 멀다. 즉, 주요 공급 기반을 대상으로 동일한 프로세스를 그대로 복제 구현해야 한다. 주요 공급자와의 커뮤니케이션이 조금만 단절되더라도 재고는 금방 다시 불어나게 될 것이다.

성공적인 공급망 변화를 위해 반드시 필요한 인내심은 1분기만 실적이 나빠져도 거품처럼 사라져 버릴 수 있으며, 모든 종류의 기업 변혁 계획은 그 정의상 상당한 시간, 돈, 노동 및 기타 중요한 자원의 소비를 필요로 한다. 최고 경영진으로부터 "뭔가 보여 주든지 그만 두든지" 식의 최후통첩을 하달받은 대부분의 공급망 관리자는 비록 다른 회사들이 효과를 보고 있다는 증거가 분명하더라도 제조 운영을 간소화하려는 시도를 포기할 수밖에 없을 것이다. 또한 공급망 이니셔티브를 주로 단일 영역에서 비용을 줄이기 위한 일회성 행사로 여기는 '하던 대로 하자' 식의 태도가 존재하는 경우도 많다. 이러한 생각을 가진 사람들은 사내의 모든 부문이 지속적으로 노력을 경주해야 한다는 생각을 거의 또는 전혀 하지 않는다.

그럼에도 여러 회사들이 계속해서 사일로 태도를 깨뜨리기 위한 방법을 모색하고 있는 기본적 이유는 한 가지이다. 전세계적으로 최고의 제조업체들이 그리 하였기 때문이다. 업계 최고의 제조업체들은 최소한 다음 한 가지 특징, 즉 사이클타임이 리드타임보다 더 짧다는 특징을 공통적으로 가지고 있다. 더욱이 이러한 회사들은 여러 영역에서 낭비를 줄이는 방법을 찾아냈으며 이를 통해 생산 용량과 재고 회전율을 높이면서도 비용을 통제할 수 있는 방법을 알아냈다. 그리고 공급망에 관한 한 어느 기업도 Dell보다 잘 하는 곳은 없다.

공급망의 성공을 위한 직항로

Dell의 성공 비결은 사실 전혀 비밀이 아니다. 이 회사의 직판 모델은 고객에 대한 헌신이라는 한 가지 원칙에 기초하여 작동한다. 즉 한 번에 한 명의 고객을 상대하는 것이다. 1984년 설립된 이래로 이 회사는 전통적으로 딜러를 통해 유통이 이루어지던 업계에서 주문생산의 철학을 선도해 왔다. 퍼스널 컴퓨터를 소매상을 통해 판매하는 대신 Dell은 모든 PC를 개인 최종 고객의 독특한 사양에 따라 맞춤 제작하기로 결정하였다. 이에 따라 고객은 정확히 자신이 원하는 제품을 받아 볼 수 있게 되었고, Dell은 이미 판매가 완료된 상태에서 PC를 만들 수 있었다.

Dell의 직판 모델은 컴퓨터 업계에서뿐 아니라 모든 제조 부문에서 전설이 되었다(제 2장의 소비자용 포장상품 단원 참조). 이 회사는 매일 50,000대가 넘는 컴퓨터를 생산하지만 3-4일 분량의 재고만을 보유하고 있을 뿐이다. 반면 많은 경쟁사들은 20 내지 30일 분량의 재고를 보유하고 있다. 그러나 Dell은 현재의 성과에 만족하지 못하고 있다.

"우리는 빙산의 꼭대기에 서 있다"라고 Americas Manufacturing Operation의 부사장인 Dick Hunter는 말한다. "대부분의 사람들은 우리가 공급망이 지향하는 궁극의 목표를 달성했다고 생각한다. 재고가 3일분에 불과하다는 것이다. 우리는 그 말에 동의하지 않는다. 우리는 매일같이 이 수치를 줄이기 위해 노력하고 있다. 현재의 목표는 재고를 2일분으로 줄이는 것이다. 나는 장기적으로 볼 때 더 낮출 수도 있을 것으로 생각한다."

이 모든 것의 열쇠는 변화 관리에 있다. "우리는 현재 가지고 있는 것을 팔며, 가지고 있지 않은 것은 팔지 않는다"라고 Hunter는 설명한다. "우리는 과다재고를 용인하지 않는다. 우리는 수요를 새로 만들어 내는 한이 있더라도 재고가 흐르도록 하기 위해 모든 수단을 강구한다. 우리의 직판 모델을 유지해 나가고 공급망을 그와 같이 타이트하게 운영하다 보니 이 정도로 상당한 경쟁 우위를 얻을 수 있었다."

이 회사는 모든 공급자별로 리포트카드를 유지 관리하며 Dell이 지정한 각종 측정 지표에 대비하여 각 공급자의 성과를 추적한다. 오래 전부터 Dell의 놀랍도록 낮은 재고 수준은 공급자의 희생으로 인해 가능하다는 소문이 돌기도 했으나, Hunter는 이러한 생각을 한마디로 일축한다. "약 30개사의 공급사가 직접 구매되는 자재의 75%를 공급하며, 그들 중 대부분은 8-10일분의 재고를 근처의 멀티벤더 허브에 보관한다." 만일 재고 수준이 10일을 넘어서게 될 경우 Dell은 공급자와 협력하여 재고의 축소에 나선다. Dell의 문화는 과다하거나 진부한 구성품을 받아들이지 않는 것이라는 점을 Hunter는 지적한다.

이 회사는 Michael Dell 회장의 철학을 지켜 나가고 있다. "친구를 가까이 하라. 공급자는 더 가까이 하라." 그리고 그러한 목적을 위해 이 회사는 공급자와 협력하여 재고 수준이 너무 낮아지지 않도록 하고 있다. "Dell과 그 공급업체는 재고를 점차 정보로 대체하고 있는 중이며, 새로운 종류 및 차원의 데이터를 정기적으로 파악, 수집 및 공유하고 있다"라고 Hunter는 말한다.

매일 50,000건이 넘게 처리되는 Dell의 주문 중 절반은 인터넷을 통해 접수되며 회사의 주문 시스템에 의해 처리된다. 이 시스템은 모든 주문과 제조 부문에 대한 작업 지시를 기록한다. "우리는 매 공장의 생산 라인 일정을 매 2시간마다 수립한다"라고 Hunter는 설명한다. "우리는 어느 공장 내에도 재고와 창고를 가지고 있지 않다. 대신 우리는 실제 주문에 맞추어 자재를 우리의 공장으로 이동시킨다. 여기서는 글자 그대로 버튼만 누르면 두 가지 일이 진행되도록 되어 있다. 우리는 실제 주문에 따라 생산 일정 및 공장에 전달되는 주문 번호를 확정한다. 동시에 우리는 인터넷을 통해 제삼자 물류 제공자, 공급자의 물류센터 또는 허브에 메시지를 보낸다." 이러한 과정에 이어 허브에서는 90분 이내에 자재가 랙에서 불출되며 Dell을 향해 발송된다.

고객을 위한 더 나은 결정

Dell의 전략은 수요공급의 현 추세를 볼 수 있는 가시성에 기초하고 있다. 이 회사는 허브 차원의 재고를 웹에 게시함으로써 공급자가 허브에 보관된 자사의 재고 수준을 확인할 수 있도록 하고 있다. 이렇게 하는 이유는 자재 공급자가 반드시 허브에 있는 회사들과 동일한 회사의 집단이 아닐 수도 있기 때문이다. Dell은 공급자 엑스트라넷을 통해 예측치를 전송하며 공급자는 그러한 예측에 기초하여 Dell 측에 이행 약속을 회신한다. 이어 Dell은 그러한 정보를 기초로 작업을 진행하며 자사의 요구량과 공급자가 약정한 수량 사이의 모든 편차를 조정한다.

공급자는 Dell의 조립공장 근처에 위치한 자사의 허브 시설에 재고를 보관한다. Dell은 공급자에게 순환식으로 주문을 발주하며 공장일정계획 소프트웨어가 공장별로 매 2시간마다 자재 요구사항을 생성한다. 이러한 요구사항은 Dell의 공급자 웹 사이트에 게시되며, 각 허브는 이러한 요구사항에 기초하여 다음 2시간분의 생산에 사용될 자재를 Dell의 공장으로 불출, 포장 및 배송한다. 주문제작 컴퓨터는 바로 이러한 과정을 거쳐 생산된다.

"우리가 공급망과 공급자의 능력에 대해 잘 알게 될수록 고객을 위해 더 나은 결정을 내릴 수 있다"는 것이 Hunter의 생각이다. 현실적으로 이는 Dell이 자사의 이익을 희생해서라도(최소한 단기적으로는) 고객을 위해 더 나은 결정을 내리는 경우가 있다는 것을 의미한다. 린 제조의 전문가인 James P. Womack과 Daniel T. Jones는 Dell이 고객을 위해 해야 할 행동과 비용 효율성 측면에서 자사를 위해 해야 할 행동 사이에 "논리적 단절"이 존재한다는 것을 관찰하였다.

"단기적으로 수요는 장기적 수요에 비해 몇 배나 높이 급등할 수 있고 추가 시설을 설치한다는 것은 매우 큰 비용이 드는 일이므로, 현실적으로 Dell은 시장의 모든 등락에 즉각 대응할 수 있을 만큼 충분한 시설을 유지할 수 없다"라고 Womack과 Jones는 설명한다. Dell은 자기 자신의 맞춤형 컴퓨터를 저렴한 가격에 구매하고자 하는 개인 고객의 요구에 대응하기 위해 자사가 특정 품목을 얼마나 많이 가지고 있는지에 따라 옵션 항목 또는 심지어 전체 시스템의 가격을 변경함으로써 고객의 수요를 창출하려 하고 있다.

그러나 때로는 Dell이 당장 가지고 있지 않은 구성품이 포함된 시스템을 고객이 원하는 경우가 발생하기 마련이다. 이러한 경우, 이 회사는 항공운송(가장 비싼 운송모드)을 통해 해당부품을 배송받기 보다는 현재 자사 내에 재고로 가지고 있는 구성품 중에서 주문품보다 더 좋은 것을 제공한다. 비록 시스템이 배송되는 시간이 원래 일정보다 더 늦어지기는 하지만 소비자는 더 좋은 컴퓨터를 갖게 된다. 사실상 Dell은 운송비를 절감하고 고객 만족을 유지하기 위해 해당 구성품 비용에 대해 손실을 기꺼이 감수하는 것이다. 이러한 것이 바로 "고객이 원하는 제품을 비용 효율적으로 공급"할 수 있는 Dell의 능력이자 업계 최고의 공급망을 만들어 낼 수 있었던 힘이다.

IBM의 린 전략

또 다른 컴퓨터 강자인 IBM Corp.는 매출 1달러 당 공급망 비용으로 거의 50센트를 지출한다. 이를 2005년 매출액 910억 달러를 기준으로 환산하면 공급망 비용으로 455억 달러를 지출했다는 말이 된다. 혁신 및 기술 담당 부사장인 Nick Donofrio는 빅 블루의 온디맨드(주문형) 공급망이 고객의 수요를 감지하여 대응할 수 있고 시장 상황이 아무리 자주 그리고 빈번하게 변동하더라도 그에 따라 변화할 수 있는 체제를 갖추고 있다고 설명한다.

"과거에 제조는 하나의 격리된 활동이었다"라고 Donofrio는 말한다. "제조는 공급망 끄트머리 근처에 붙어 있었다. 제조 팀은 제품이 설계 및 개발되고 계획과 예측이 실시되고 고객이 발주할 때까지 아무 일에도 관련하지 않았다. 하지만 그러한 모델은 이미 사라진지 오래이다. 그런 식으로는 요구에 대한 즉각적 반응을 원하는 오늘날의 고객을 만족시킬 수 없다. 지금 우리에게 필요한 것은 제조 활동이 전체 공급망에 완전히 통합되도록 하고 또한 전체 공급망 자체를 통합하는 일이다."

IBM은 하루 아침에 온디맨드 모델로 변환한 것이 아니었다. 통합 작업은 주문이 시스템을 통해 흐르는 과정에 대한 초정밀 조사를 기반으로 이루어졌으며, 이것이 핵심이었다. "우리는 물류와 재고를 통합하는 방법과 공급자로부터 무엇을 구매해야 하는지를 살펴보았다"라고 Donofrio는 설명한다. "e-비즈니스 모델을 수용함으로써 우리는 공급망의 효율을 증진하고 공급자 및 고객과의 관계를 강화할 수 있는 방식으로 생산 용량을 할당할 수 있었다. 우리는 주문 입력, 주문 일정 관리 및 확인과 같은 대고객 시스템을 조달, 창고, 제조, 배송 및 청구와 같은 공급측 시스템과 연결할 수 있었다." 한마디로 IBM은 이제 공급망과 관련된 모든 "계획, 조달, 제조, 배송 및 반품" 요소를 하나로 묶어 관리하고 있다.

항공산업에서의 린

항공사 Boeing은 린 제조 방식을 채택하기로 결정한 후 전담 팀을 전 세계 각지의 자동차 공장에 파견하여 Porsche 및 Volkswagen과 같은 회사로부터 모범적 방법론을 배워 오도록 하였다. 우주항공 산업은 자동차 산업에 비해 훨씬 더 부품 집약적이고 노동집약적이나(일반적인 제트기는 3백만 개도 넘는 부품으로 구성되어 있다) 그럼에도 Boeing은 자동차 업계로부터 작업 일정 관리와 JIT 제조에 관해 많은 것을 배울 수 있었다. 그러한 교훈은 세계에서 가장 복잡한 제조 공급망으로 알려진 이 회사의 체제를 간소화하는데 큰 도움이 되었다.

Boeing은 1990년대 초부터 린 방법론에 관심을 기울여 왔으며, 이 회사의 주요 목표 중 하나는 낭비와 이로 인한 비용을 제거하는 것이었다. 회사의 입장에서는 그것이 시간의 낭비이든, 생산자재의 낭비이든, 노동력의 낭비이든, 아니면 돈의 낭비이든 상관없었다. Boeing

의 Integrated Defense Systems 그룹의 공급망 담당 부사장 Norma Clayton의 설명에 의하면 Boeing은 이 목표를 달성하기 위해 공급 기반을 크게 축소(2000년 이래로 65%를 감축)하였으며, 지금은 역량, 품질, 납기 준수 실적 및 협력 측면에서 최고의 서비스를 제공할 수 있는 공급자하고만 파트너 관계를 유지하고 있다.

Boeing의 린 컨설턴트들은 공급자와 직접적인 의사소통 채널을 열어 놓고 작업을 수행하면서 공급자가 린 원칙을 자체적으로 실천할 수 있도록 교육을 실시한다는 것이 Clayton의 설명이다. 그 외에도 공급자는 린 컨퍼런스 및 심포지움에 참여하도록 권고를 받으며, 만일 가능하다면 제조 분야의 확대 파트너십에도 참여할 것을 요청받는다. Boeing은 밸류 스트림 매핑(Value Stream Mapping)이라는 프로세스를 통해 자사의 조달 비용을 절감하는 동시에 공급자 또한 비용을 절감할만한 영역을 찾아 내도록 할 수 있었다. 밸류 스트림 매핑을 이용하는 회사는 프로세스가 현재 처리되고 있는 상태를 정의하는 것으로부터 작업을 시작한다. 다음 순서는 바람직한 상태가 무엇인지를 집중 탐구하고, 원하는 상태로 변모하기 위해 개선되어야 할 영역을 찾아내는 것이다. Boeing의 어느 케이블 공급자는 이 프로세스를 사용하여 조립 시간을 44%나 단축하면서도 생산성을 27%나 높일 수 있었다. 이는 모두 정보, 요구사항, 제품 및 서비스가 낭비 없이 계속 흐르도록 하기 위해 Boeing이 추진하고 있는 프로그램의 목표 중 일부이다. 이러한 상황이 조성되면 공급망 내의 모든 사람은 승자가 될 수 있다.

공유하는 방법을 배운다는 것

자동차 제조업체 General Motors의 글로벌 물류 담당 이사인 Tom McMillen에게 있어 린 방법론의 실행은 오래도록 탐험해야 할 모험의 세계와도 같다. 이 회사는 부품을 공급자에게서 GM의 조립공장으로 운송하는 공급망을 최적화하고 낭비를 제거하기 위한 새로운 방법을 계속 고안해 내고 있다. "조직 전체적으로 린 방법론은 공장의 재고를 줄이고 비즈니스 방법을 간소화할 수 있는 수단으로서 활용되고 있다. 이를 통해 우리는 공급망의 효율과 생산성 향상이라는 이득을 얻을 수 있다."

공급망을 중시하는 것은 Toyota가 줄곧 취해 온 방법론이지만, 많은 미국 제조업체들로서는 무작정 따르기가 쉽지 않은 실정이다. 과거에 너무 많은 회사들이 Toyota Production System(TPS) 모델을 공장이나 생산 라인에 적합한 부서 단위의 해법으로 바라보는 실수를 저질렀다고 Stanford대의 교수 Jim Matheson은 본다. 더욱이 이러한 근시안적 생각은, 고위 경영진 계층에서 바라보는 미래의 성장에 대한 지침으로써 전사적 차원에서 린이 적용되어야 한다는 점을 Toyota가 계속 주장했음에도 고쳐지지 않았다.

TPS는 계속적인 개선의 개념에 기초하고 있으며, 이는 종업원에게 자신이 속한 작업 환경을 개선할 수 있는 권한을 부여하는 기업 문화에 의해 강화된다. "원활히 돌아가고 있다면 통제하려 하지 말아야 한다"라는 것이 Toyota Motor Corp.의 고위 관리이사 Teruyuki Minoura의 생각이다. "단지 문제를 찾아내고 고치는 일에만 전념한다면 더 적은 인력으로 라인을 효과적으로 통제할 수 있을 것이다." 이 말은 사람들이 생각하면서 작업을 수행하는 환경을 전제로 하고 있으며, 이러한 점에서 Minoura는 TPS의 "T"가 "Thinking"(생각)으로도 해석될 수 있다고 한다.

Toyota와 기타 자동차 회사들이 린 기법을 이용해 달성해 낸 성공사례는 타 업계에 의해서도 세심히 모니터링 되어 왔다. 예를 들어 배관 제품 제조회사인 Moen은 린 방법론과 작업의 표준화를 자사의 제조 시설에 적용하기 위해 세계적 수준의 린 운영 사례를 연구해 왔다. "우리는 우리의 운영 방식에 맞는 최적의 해법을 찾으려 노력하고 있으며 조직의 운영 방식을 얼마나 변화시킬 수 있을지를 알아 보고자 한다"라고 Moen의 글로벌 공급망 담당 부사장인 Scott Saunders는 말한다.

그러한 변화 중 일부는 팀으로 하여금 최상의 제조 프로세스를 결정하고, 그러한 프로세스를 문서화하고, 그러한 프로세스에 대해 서로를 교육하고, 모두가 동의하는 프로세스 추진 계획을 실행하는 형태로 현실화되고 있다. Saunders는 자급자족식 공장에서 린을 실행하는 것은 한결 쉬운 일이라는 것을 인정하며, 따라서 작업을 수행하는 최선의 방법에 대해 운영 관리자로부터 의견을 청취하는 것이 중요하다. Moen은 린을 공급망 전체에 적용함으로써 최고의 이득을 얻을 수 있을 것으로 기대하고 있으며, 이를 위해서는 제조 주기의 매 단계에 대한 평가가 필요할 것이다.

린 원칙

본 장의 서두에서 언급한 바와 같이 린은 금방 무언가를 얻어 낼 수 있는 수단이 아니다. Lean Enterprise Institute에서 771명의 관리자와 임원에게 린을 실행함에 있어 최대의 난관이 무엇인지에 대해 물었을 때 거의 절반(48%)이 "예전의 작업 방식으로 되돌아가는 현상"이라고 답을 하였다. 또한 자사의 린 실행 작업이 어느 정도나 진척을 보이고 있느냐는 질문에 대해 절반 이상(53%)이 자사가 초기 단계에 있다고 표현한 것도 주목할 만한 점이다. 결국 린 제조라는 개념에 대해 말만 무성했지 실행 측면에서 보면 엄청난 차이가 있는 셈이다.

> **간단히 살펴보기**　　**린 제조**
>
> 린 제조는 낭비의 제거, 재고의 축소 그리고 수익의 증진을 중시하는 관리 철학이다.

그 결과 기업의 입장에서는 정확히 어떻게 린 운영 체계를 세워야 할지, 그리고 마찬가지로 중요한 문제인 어떻게 운영해 나가야 할지에 대해 계속해서 지침을 찾고 있는 중이다. University of Tennesse의 교수인 Mandyam Srinivasan은 회사가 린 공급망을 구축하고 관리하기 위해 따라야 할 14대 원칙을 다음과 같이 밝히고 있다.

1. 하위 시스템의 성과가 전체 시스템에 미치는 영향을 가중 평가하여 하위 시스템의 모든 개선 사항을 측정한다.
2. 린 공급망의 성과 개선에 초점을 맞추되, 공급망이 속한 비즈니스 환경을 무시하지 않도록 한다.
3. 제품을 설계할 때, 고객의 요구와 프로세스 관련 고려사항에 초점을 맞춘다.
4. 경제적으로 타당성이 있는 한 차별화되지 않은(완성되지 않은) 형태로 재고를 관리한다.
5. 수요의 변동에 대처할 때에는 가용한 용량을 이용해야 한다. 재고를 이용해서는 안 된다.
6. 예측 결과를 이용하여 계획을 수립하고 풀(Pull) 방식을 실행한다.
7. 제품 및 서비스의 제공을 위해 필요한 총 비용의 감축을 목표로 공급망 구성원들과 전략적 파트너십과 협력관계를 구축한다.
8. 전략적 유연성이 향상되도록 제품 및 프로세스를 설계한다.
9. 전사적으로 기능을 일원화할 수 있고, 기능 중심적 사고에서 프로세스 중심적 사고로 전환할 수 있는 성과 측정 지표를 개발한다.

10. 자원의 병목으로 인한 시간의 낭비를 줄인다. 자원의 병목은 전체 공급망의 생산성 손실로 이어진다. 자원의 병목이 아닌 곳에서 달성된 시간 단축은 신기루일 뿐이다.

11. 성장 전략의 촉진에 도움이 되고 처리율 개선에 초점이 맞도록 의사결정을 내린다.

12. 가장 생산성이 높은 제품과 관련된 자원의 병목을 줄이기 위한 일정을 먼저 세우고, 이어 병목이 발생하지 않는 자원을 이용해 자원의 병목을 해소하는 방식으로 일정을 세움으로써 흐름을 동기화한다.

13. 생산 용량의 균형에 집중하지 않는다. 흐름의 동기화에 집중한다.

14. 시스템 내부의 변동성을 줄인다. 이렇게 함으로써 재고와 운영 비용은 보다 낮아지고 공급망의 처리율은 보다 높아질 수 있을 것이다.13

거의 완벽한 상태

공급망 만들기의 개념은 아무 것도 없던 곳에서 갑자기 완전한 모습을 갖춘 채 나타나는 것처럼 보일 때가 많다. 그동안 수많은 방법론이 어느 순간 나타났다가 금새 사라져 버리곤 했으나, 실제로 진정한 모범적 방법론은 수년간 또는 수 십년 간 가다듬어져 온 노력의 결과이다. 예를 들어, 린 제조 또는 Toyota Production System은 이제서야 많은 사람들의 입에 오르내리고 있으나 실상은 전혀 새로운 개념이 아니다. 우선 TPS는 2차 대전 직후 일본에서 등장하였으며, 그 뿌리는 사실상 Henry Ford가 20세기중반에 선을 보인 여러 가지 아이디어에서 찾을 수 있다. 따라서 오늘날 많은 사람들의 마음 속에 가장 먼저 떠오르는 린의 개념도 새로운 것은 결코 아니며, 단지 미국에서도 결국 받아들여지고 있다는 점이 새로울 뿐이다.

린과 깊은 연관성이 있는 또 다른 제조 개념은 구조화되고 품질중심적인 제조 방법이라 할 수 있는 식스 시그마이다. 이 방법론은 1980

<table>
<tr><td>✿ 간단히 살펴보기</td><td>식스 시그마</td></tr>
<tr><td colspan="2">식스 시그마는, 백만기회당 3.4개의 결합을 넘지 않는 것을 거의 완벽하다고 보는 것으로부터 도출된 품질 측정법이다.</td></tr>
</table>

년대에 Motorola에서 품질과 신뢰성을 개선하기 위한 조치로서 처음 시작되었으며, 이를 통해 회사는 지속적으로 높은 수준의 대고객 서비스를 제공할 수 있었다(제 5장 참조). 일본에서 개발된 품질 이니셔티브에 기초한 Motorola의 식스 시그마 프로그램은 TPS와 마찬가지로 사내의 모든 종업원이 참여하는 활동이다.

식스 시그마 출범 당시 Motorola의 사업부 품질 담당 이사였던 Alan Larson은 Motorola가 일본의 사례로부터 "보다 간단한 설계가 더 높은 수준의 품질과 신뢰성을 가져다 준다"는 사실을 배웠다고 한다. 또한 이 회사는 "제품이 처음부터 올바르게 만들어지도록 보장될 수 있도록" 제조 기법을 개선해야 한다는 점을 깨달았다.

식스 시그마라는 용어는 평균에서 가장 가까운 규격상한의 거리가 6 표준편차라는 의미로 정의되는 바, 거의 완벽하다는 개념을 지칭한다. 현실적으로 이는 제품 또는 프로세스가 백만 기회 당 3.4개의 결함을 넘어서서는 안 된다는 것을 의미한다. 식스 시그마는 SCOR 모델(제 3장 참조)과 유사하게 정의, 측정, 분석, 개선 및 관리라는 5개 영역에 초점이 맞추어져 있다. 식스 시그마 프로그램은 전형적으로 통계적 분석 수단인 통계적 프로세스 관리(SPC) 도구를 사용하여 제품 또는 프로세스를 모니터링, 관리 및 개선한다.

미봉책을 동원하여 문제를 일시적으로 치료하는 대신 우리가 바라는 계속적인 개선을 달성하려면 사내의 모든 부서, 그룹 및 단위가 다음과 같은 6개 단계를 완수해야 한다는 것이 Larson의 조언이다.

1. 자사가 생산하는 제품 또는 제공하는 서비스를 식별한다.
2. 자사의 고객을 식별하고 고객의 요구를 파악한다.
3. 자사의 공급자 및 자사가 공급자로부터 원하는 바를 식별한다.
4. 작업 수행을 위한 프로세스를 정의한다.
5. 고객의 만족도를 판정하기 위한 프로세스와 피드백 메커니즘의 양호함에 대한 측정 지표를 수립한다.
6. 집중 실행 항목을 측정, 분석 및 완료하기 위한 팀을 구성하여 계속적 개선을 보장한다.

식스 시그마 접근 방법의 옹호자들은 보통 모호성의 해소를 주된 장점으로 인용한다. 식스 시그마 방법론은 일반적으로 정밀도와는 거리가 먼 것으로 여겨지는 공급망 관련 프로세스에 수학적 정밀도를 적용하고 있다. 무엇보다도 회사가 모든 종업원의 참여를 독려할 것을 요구하고 모든 구성원에게는 전체 공급망의 개선에 관심을 집중할 것을 요구하는 이 방법론은 필연적으로 좋은 결과를 가져다 줄 수밖에 없을 것이다.

실리콘 제품 제조업체인 Dow Corning의 현장 공급망 관리자 Lori Schock은 "우리 모두가 식스 시그마라는 공통의 언어와 공통적 방법론을 사용하고 있었기 때문에 모든 비즈니스 단위가 변화를 가속적으로 수용하는 것이 가능했다"라고 말한다. "식스 시그마는 사실에 입각한 공통적 프로세스이기 때문에 의심스러운 마음을 버릴 수 있다."

제품 설계상의 협력

최근 들어 제품 수명주기 관리(PLM)라는 비교적 새로운 소프트웨어 기반의 기술이 수많은 제조업체에 의해 채택되어 왔다. 그 이유는 전세계 어느 곳에서도 제품의 협력적 설계가 가능하다는 점 때문이었다. 즉, 개발자들은 중앙의 작업공간에 접속하여 부품 설계, 자재명세서, 제품 규격, 제품 일정, 기타 데이터 등에 접근할 수 있다. PLM은 컴퓨터를 이용한 설계, 엔지니어링 및 제조(CAD/CAE/CAM)와 같은 컴퓨터 기반의 초기 기술 및 제품 데이터 관리(PDM)의 요소를 포함하고 있으나, 사실 PLM은 회사의 수많은 사무실뿐 아니라 공급망 파트너와 공급자의 사무실 전체를 통틀어 제품 정보의 공유가 가능하다는 점에서 공급망 솔루션에 훨씬 더 가깝다.

예를 들어, Joint Strike Fighter(JSF) 프로그램은 공급망 협력의 대표적 사례이다. 미국과 영국의 차세대 군용 항공기를 만들기 위한 수십억 달러 규모의 이 프로젝트에는 Lockheed Martin이 주 계약자로, 그리고 Northrop Grumman(미국), BAE Systems(영국), Fokker(네덜란드) 등의 우주항공업체와 방산업체가 주요 하청 계약자로 포함되어 있다. 이러한 회사의 제품 전문가들은 Lockheed의 가상 작업 공간에 접속하여 이러한 대규모의 국제 프로젝트를 분담 수행하고 있다. 1,500명에 이르는 엔지니어가 고부하 사용자로 이 가상 작업 공간에 접속할 수 있으며, 그와 동시에 추가로 3,000명이 보다 가벼운 작업을 위해 접속할 수 있다.

> **간단히 살펴보기** **제품 수명주기 관리**
>
> 제품 수명주기 관리(PLM) 기술은 제조업체가 복잡한 설계 및 생산 정보를 전사적으로 관리 및 공유할 수 있도록 해 준다. 그 목적은 제품 개발 프로세스를 원활하게 하는 것이다.

우주항공 회사와 마찬가지로 생산 프로세스가 본원적으로 복잡한 자동차 및 하이테크 제조업체들 또한 PLM 소프트웨어의 얼리어댑터였다. 그러나 신속한 신제품의 개발과 시장 진출이 중요한 요소인 소비자용 포장 상품 및 제약회사들 역시 PLM을 공급망의 모범적 방법론으로 보기 시작하였다. 그 이유는 적절한 방법으로 배치 및 관리될 경우, 효율을 높이는 동시에 비용을 절감할 수 있기 때문이다. 이에 관한 몇 가지 사례를 들면 다음과 같다.

- 퍼스널케어 소비자 상품의 제조업체인 Playtex Products는 자사의 제조 활동 중 70%를 북미 전역에 산재한 7개 시설에 아웃소싱하고 있다. 문서의 이동 경로와 제품 기록 데이터를 추적하는 일은 이러한 정보가 여러 개의 전자적 시스템 내에, 그리고 때로는 종이 형태로 유지 관리되고 있었기 때문에 점점 더 어려운 문제로 대두되고 있었다. Playtex는 공통적인 PLM 플랫폼을 표준화함으로써 문서의 이동에 소요되는 시간을 98%나 개선할 수 있었다. 시장 진출 시간도 크게 단축되어 연 매출이 2천만 달러 가까이 증가하는데 부분적으로 기여를 하였다.

- Roche Diagnostics와 같은 제약업체의 경우, 날로 강화되고 있는 FDA와 유럽 법률당국의 규제 요구사항에 대처하는 것이 큰 문제로 제기되고 있었다. Roche는 품질관리 프로세스를 개선하는데 있어 어려움을 겪고 있었는데, 그 이유는 자사의 품질 관련 데이터가 십여 개의 통합되지 않은 시스템에 분산되어 있었기 때문이었다. 그러한 데이터 중 많은 부분은 컴퓨터 네트워크가 아닌 팩스를 통해 공유되고 있었다. PLM 솔루션을 전사적으로 실행함으로써 Roche는 문서화 프로세스를 자동화할 수 있었으며, 점차 늘어나는 제품 라인을 관리하는 동시에 정부의 감사 요건을 충족할 수 있는 수단을 확보할 수 있었다.

- 농업 및 건설기계용 수력학 제품의 제조업체인 Eaton의 Hydraulics Division은 CAD 파일을 전사적으로 배포하는 시간이 10일에 이른다는 문제를 안고 있었다. 파일 배포 프로세스는 완성된 도면을 마이크로필름으로 전송하는 것으로부터 시작되며, 이어 도면을 메인 라이브러리로 전송한 후 타 사이트의 라이브러리로 전송될 수 있도록 복제하는 과정이 이어진다. 이 회사는 70,000개의 이미지 문서를 저장하고 호출할 수 있는 PLM 솔루션을 도입함으로써 마이크로필름 시스템을 없앨 수 있었을 뿐 아니라 대기 시간을 종전의 10일에서 불과 3시간으로 단축할 수 있었다.

07

운 송 : 각광을 받는 물류

　운송은 모든 공급망의 생명선임에도 회사의 물류 부서는 이 사슬에 보이지 않게 연결되는 경우가 많은 것 같다. 고위 경영진이 화물의 운송에 대해 생각을 하기나 하는지는 모르겠으나, 만일 생각을 하더라도 그들의 생각은 "트럭 비용이 왜 그렇게 높은가?" 또는 "왜 우리 제품은 항상 늦게 배송되는가?" 등과 같은 질문에 집중되는 수가 많다. 미국의 기업이 매년 운송비로 6천억 달러 이상을 지출한다는 점을 감안할 때, 이러한 질문은 충분히 제기될 만한 것들이다. 그럼에도 이 정도의 액수를 관리하는 공급망 전문가들은 비용을 최대한 낮게 유지해 왔다는데 대해 응분의 공로를 인정받지 못하고 있다.

　화물 운송(재화의 물리적 이동)은 고속도로, 철도, 항공 및 수상운송이라는 4가지의 주요 모드로 이루어진다. 많은 화물이 철도를 거쳐 트럭으로 운송되는 등 두 가지 이상의 모드로 배송되며, 우리는 이러한 운송 방식을 크게 하나로 묶어 통합모드(Intermodal)라는 범주로 분류한다. 미국의 모든 재화 중 70%가 넘는 부분이 어느 구간에서든 트럭에 실려 운송되기 때문에(그리고 모든 운송 비용 중 80%가 자동차 운송과 관련된 비용이기 때문에) 본 장에서는 주로 자동차 운송업체와 관련된 모범사례를 집중 조망하기로 한다.

운송비가 그렇게 높은 이유는 운송되는 재화의 수만큼이나 많다. 이것은 모든 회사에 그리고 언제든 적용될 수 있는 하나의 딱 부러지는 모범사례가 존재하지 않는 한 가지 이유가 된다. 대략적인 원칙은 서비스 수준이 높을수록(배송의 속도를 포함하여) 비용도 높다는 것이다. 예를 들어 철도로 운송되는 재화의 파운드 당 비용은 급배송 수단을 이용해 야간 배송하는 경우에 비해 낮을 것이다. 또한 일반적으로 재화의 가치는 운송 모드를 결정하는 기준이 된다. 즉, 고가의 전자부품은 보통 항공 운송되는 반면, 철강 제품은 해상운송으로 그리고 곡물은 철도로 운반된다. 모든 전형적 시나리오에는 수많은 예외적 경우가 존재하나, 전술한 내용이 종전부터 모든 운송 관리자가 사용해 온 기본적 수단이다.

운송이란 행위를 기본 요소로 분해해 보면 모든 재화의 이동에는 3가지 요소가 개입되어 있다는 것을 알 수 있다. 그것은 재화의 소유자인 화주(예 : 스포츠용 제품의 제조업자), 재화를 수취하는 수하인(예 : 할인매장), 그리고 재화를 물리적으로 운반하는 운송업체(예 : 트럭배송회사)이다. 예를 들면, 제조업체(화주)는 53피트 트럭(운송업체)에 농구공을 만적하여 소매업체(수하인)의 유통센터로 배송한다.

이러한 기본적 구조로부터 수도 없이 많은 구성이 파생될 수 있다. 회사는 매일같이 물품을 배송하기도 하고 수령하기도 하므로 어느 특정 시점에 어느 회사가 화주인지 아니면 수하인인지를 판정할 수 있는 유일한 방법은 선하증권을 보는 것뿐이다. 이해가 쉽도록 본 장에서는 화주의 입장에서 모범적 방법론을 고찰하고자 한다.

달리는 트럭

가장 경제적인 자동차 운송 모드는 차급화물운송(Truckload) 방식이며, 그 의미는 용어가 주는 느낌과 똑같다. 화주는 트럭의 적재함이 꽉 찰 때까지 제품을 싣는다. 이 때 그 트럭이 화주 소유의 수송단 소속인지 아니면 계약된 운송업체인지는 관계가 없다. 그러나 대부분의 트럭 배송은 혼적화물운송(LTL) 방식으로 이루어지며, 이는 여러 명의 화주가 같은 트럭의 용량을 나누어 점하는 방식으로 재화를 운송한다는 의미이다. 운송업체는 많은 배송 건수를 취급해야 하고 더 여러 번 정차를 해야 하므로 혼적화물운송 방식의 운임은 차급화물운송의 운임에 비해 훨씬 더 높은 것이 보통이다. 그러한 이유로 화주는 항상 가능한 많은 화물을 혼적화물운송 방식에서 차급화물운송 방식으로 전환할 방법을 모색한다. 대체로 화주가 풀어야 할 문제는 만차 상태로 운송이 이루어지도록 공급망을 구성하는 것이며, 이를 위해서는 많은 계획 활동이 있어야 하므로 대부분의 중소 제조업체로서는 거의 실현하기 어려운 문제가 된다.

국내 운송을 위한 한 가지 대안적 전략은 대부분의 운송 기간 중 자동차 운송업체를 전적으로 배제한 채 통합모드 방식을 사용하는 것이다. 이 방법은 특히 수송 용량이 부족해지는 기간(국내의 특정 지역에서 일정한 기간 동안 모든 재화를 수송하기에 트럭 또는 운전기사가 충분치 못하다는 것을 의미) 중에 주목을 받는 방식이다. 분명 바지선 및 철도를 이용하여 국내 전역으로 재화를 운송하는 방법은 트럭 운송 방식보다 더 오래전부터 사용되어 왔으나, 이미 언급했듯이 미국에서 운송되는 모든 재화의 3/4가 트럭에 실리는 데는 그만한 이유가 있다. 트럭은 철도나 수로에 비해 더 빠르고 신뢰성이 높으며, 항공운송에 비해 비용이 저렴하다.

자동차 운송 방식 중 경제성이 가장 떨어지는 방식은 급배송 또는 익스프레스 서비스이다. 일반 대중은 당일, 익일 및 야간 운송이 항공 운송을 통해 이루어지는 것으로 생각하는 경향이 있으나, 급배송 화물은 흔히 대부분의 구간에서 트럭에 실려 운반되는 것이 보통이고 마지막 1마일 정도를 택배회사의 밴을 이용해 운송된다. 따라서 실제로 비행기에는 전혀 실리지 않을 수도 있다.

미국의 하이웨이를 달리는 대부분의 트랙터들은 내장탑차 트레일러를 견인하고 있으며, 이는 화물이 한두 개의 문을 빼고는 완전히 폐쇄된 짐칸에 담겨 운반된다는 것을 의미한다. 기타 표준형 차량으로는 플랫베드, 액체 운반용 탱커, 통제된 환경을 필요로 하는 식품 및 기타 재화의 운반에 사용되는 냉동차량(또는 냉장차량) 등이 있다.

규제와 자율화

우연의 일치이든 아니든 공급망 관리의 개념은 1970년대 후반과 1980년대 초반 자율화의 바람이 워싱턴 DC를 휩쓸던 당시부터 보편화되기 시작하였다. Airline Deregulation Act(1978), Motor Carrier Act(1980), Staggers Rail Act(1980) 등의 법률이 제정되면서 3대 핵심 운송 산업이 연이어 실질적으로 자율화되었으며, 이로써 화주/운송업체 관계의 전체적인 본질이 밝혀지게 되었다.

자율화가 이루어진 이후로 자동차 운송업계의 운임 구조는 주로 시장의 주된 동력인 공급, 수요 및 서비스 비용에 의해 영향을 받게 되었다고 U.S. Merchant Marine Academy의 교수인 Gerhardt Muller는 설명한다. 자율화 이전에는 주간(州間) 및 주내(州內) 운임이 Interstate Commerce Commission(ICC)과 같은 정부 규제와 기구에 의해 결정되었다. ICC는 1990년대 중반에 해산되었으며 미국 운수부 산하의 Surface Transportation Board로 대체되었다.

자율화의 분위기 속에서 20년이 넘는 시간이 지났음에도 운송은 여전히 규제가 매우 심한 업계이며, 실제로 일정에 맞추어 지역 A에서 지역 B로 물건을 옮긴다는 것이 놀라운 일로 생각될 정도이다. 잠시 정부 기구의 관할 하에 있는 운송 행위 내지 영역의 목록을 살펴보고 넘어가기로 하자.

- 하루 중 또는 주중 운전기사가 운전 행위를 할 수 있는 시간

- 위험물 운송 및 이동 (경로 계획, 주차, 감독, 포장 및 표식)

- 사용되는 차량용 연료의 종류 및 엔진

- 의약품 및 식품 제품의 유통기한 단계별 추적

- 국경 통과시의 전자 적하목록 제출

- Customs-Trade Partnership Against Terrorism(C-TPAT) 및 Container Security Initiative(CSI) 등의 국가보안 요구사항에 대한 준수. (공급망 보안에 관한 주제는 제 14장에서 상세히 취급할 예정이다.)

연료에 대한 고찰

운송 관리자가 상사로부터 흔히 받는 한 가지 질문은 "왜 운송비가 올라가고 있는가?"일 것이다. 앞에서 이야기한 규제 문제는 운송비가 그렇게 높아진 요인 중 단지 작은 일부분을 차지하고 있을 뿐이다. 연료비 상승이란 것이 정유회사를 빼고 누구에게든 좋지 않은 뉴스이기는 하지만, 운송 예산에 더 큰 영향을 미치는 요소는 사실 가격의 변동성이다. 예측 가능한 인상분에 대해서는 최소한 예산 대책이라도 세울 수 있겠지만, 갑작스러운 가격의 급등락은 최상의 상태로 관리되고 있는 운송 계획까지도 수렁에 빠뜨릴 수 있기 때문이다.

비용의 관리를 위해 사전 대응적 접근 방법을 취하고 있는 화주로는 파이버글래스 제조업체인 Owens Corning Corp.라는 회사를 꼽을 수 있다. 운송 관련 사내 글로벌 전문가인 John Gentle은 이 회사가 보다 예측성이 높은 운송 예산 및 예측치를 제공하는 운송업체를 위한 연료비 보조 프로그램을 개발하였다고 한다. Owens Corning은 화물의 운송을 위해 매년 3억 5천만 달러를 지출하며, 대부분 차급화물운송 방식으로 400개사의 운송업체에 작업을 분담 의뢰한다. 또한 이 프로그램은 회사가 운송업체에 지급한 연료 보조금을 일부 벌충할 수 있도록 구성되어 있다.

Owens Corning은 현재의 기본 연료 프로그램에 사용되는 공식을 미 에너지부에서 공표하는 주간 표준 연료비 소매가 설문 결과에서 New York Mercantile Exchange(NYMEX) 기준으로 바꾸었다. 새로운 프로그램의 장점은 운송업체가 한 달 내내 연료비 보조금을 모니터링할 수 있다는 점이다. "이 프로그램은 운송업체들이 연료비 결정 방식을 이해하고 시스템이 작동하는 방식을 알 수 있도록 해 준다"고 Gentle은 지적한다.

이 공식으로 인해 Owens Corning이 운송업체에 지불할 액수가 바뀌지는 않는다. 바뀌는 부분은 정보가 처리되는 방식이며, 이는 주로 Sarbanes-Oxley법의 규제준수 요구사항에 따라 모든 비즈니스 프로세스에 대한 감독이 강화된 결과라고 Gentle은 말한다. Owens Corning은 이 두 가지 연료 프로그램의 비교표를 웹 기반의 공급자 포털을 통해 제공한다.

변화를 위한 역량

전세계적 공급망이 점점 더 복잡해짐에 따라 화물을 운송하는 비용에 영향을 미치는 요인도 복잡해지고 있다. 최근 수 년간 운송 분야의 최대

난관이라면 수송용량이 부족하다는 것이며, 특히 자동차 운송업체의 경우 문제가 심각하다. 기본적 문제는 연중 특정 시점에 물건을 실어 나를 트럭 또는 트럭 운전기사가 부족해지는 현상이 나타난다는 것이다.

American Trucking Associations(ATA)은 미국이 장거리 트럭 운전기사의 부족으로 손실을 보고 있다는 사실을 보고했다. ATA는 미국의 운송업계에서 국내 도로운송을 위해 매년 최소 20,000명의 운전기사를 추가로 필요로 하고 있는 것으로 추정하고 있으며, 만일 고용조건이 극적으로 바뀌지 않는다면 그 수치가 2014년까지 100,000명으로 늘어날 수 있다고 보고 있다.

"운전기사의 채용은 용량 확대를 저해하는 큰 문제로 대두되고 있다"라고 식품회사 Golden State Service Industries의 사장인 Bill Sanderson은 말한다. 인구통계 결과 또한 별로 밝은 전망을 제시하지 못하고 있다. 오늘날 트럭 운전기사의 평균 연령은 57세이며, 장거리 운전기사의 생활방식(몇 주간이나 집을 떠나야 하기도 하고 트럭 운전석에서 잠을 자야 하는 일이 빈번한)은 많은 젊은이들이 등을 돌리게 되는 요인으로 작용하고 있다. 무엇보다 건설 및 서비스 업종 등을 비롯하여 보수도 그에 못지 않고 매일 귀가할 수 있는 직장이 얼마든지 있는 것이 사실이다. 트럭운송 산업이 이러한 운전기사의 삶의 질 문제를 해결할 때까지 운송업체들은 인력의 유치를 위해 더 많은 보수를 지급해야 할 것이며, 그 결과 화주에게 부과되는 운송비는 계속 상승할 것이라고 Sanderson은 말한다.

주요 트럭운송 회사의 통합 또한 수송 용량의 부족에 영향을 미친 요인이었다. 자동차 운송업계의 시장 역학은 어느 곳에서나 동일하다. 즉, 큰 회사가 더욱 몸집을 키워 간다는 것이다. 2006년 봄을 기준으로 5대 혼적화물운송업체를 나열하면 다음과 같다.

1. YRC Worldwide (Yellow Transportation과 Roadway Express의 합
   병 및 그에 이은 USF의 인수를 통해 설립)
2. FedEx Freight (급배송업체인 FedEx가 American Freightways 및
   Viking Freight를 인수함으로써 설립)
3. Con-Way Transportation (몇 개 지방 운송업체의 그룹)
4. ABF
5. UPS Freight (소포업체인 UPS가 Overnite를 인수하면서 설립)

이러한 시장의 요동이 앞으로도 계속될 것으로 볼만한 이유는 얼마든지 있다. 또한 운송의 모범적 방법론이 협력적 관계를 그 특징으로 한다는 점에서 화주는 기업의 정체성이 예고 없이 빈번히 바뀔 수 있는 운송업체와의 관계를 수립하고 재수립하는 문제에 슬기롭게 대처해 나가야 할 것이다.

너 자신을 알라. 또한 운송업체를 알라

Tyco Healthcare/Mallincktodt의 물류 운영 담당 이사인 Steve Huntley가 "운송은 기초상품이 아니라 서비스이다. 운송이 없다면 공급망도 없다"고 역설했듯이, 의료용 제품의 생산업체 Tyco가 생각하는 운송의 모범적 방법론 또한 기초적 차원, 즉 운송업체와의 파트너십 형성에서부터 시작된다. Huntley는 "관계와 파트너십은 한 가지 측면에서 다르다"라는 점을 지적한다. "관계는 단순히 누군가를 알고 있다는 것을 의미한다. 반면 파트너십은 상대방의 요구를 이해하고 상대를 돕기 위해 무엇을 할 수 있는지를 안다는 뜻이다." 그렇게 되려면 자사의 운영 행태를 내외적으로 속속들이 알아야 할 뿐 아니라 운송업체의 운영 방식까지도 알아야 한다.

운송업체는 항상 운임의 인상을 요구한다. 공급망 주기는 의례 이러한 식으로 움직이기 마련이다. 그러나 Huntley는 왜 운송업체가 더 요구를 하는지 그 이유를 알아 볼 것을 제의하는데, 그 이유는 운임의 인상이 불필요하도록 운영 방식을 바꾼다면 운송비의 인상을 피할 수 있는 기회가 틀림없이 있을 것이기 때문이다(예 : 적하용 도크를 보다 효율적으로 개선하면 하역료 부담을 피할 수 있을 것이다).

Huntley는 팀 내의 모든 구성원에게 보다 효과적인 파트너십을 위해 무엇을 할 수 있는지 문의할 수 있는 권한을 부여해야 한다고 주장하며, 그러한 개방성이 운송업체에게까지 확대 적용되어야 한다고 한다. 좋은 커뮤니케이션은 아이디어를 공유하고 운영상의 문제를 논의할 수 있는 기회로 이어질 수 있다.

유통 측면에서 여러분은 자사가 누구에게 제품을 배송하고 있으며 얼마나 자주 배송하는지를 면밀히 살펴보아야 한다. "운송과 유통의 패턴을 마지막으로 검토해 본 적이 언제인가?"라고 Huntley는 묻는다. 어떠한 모드의 운송을 가장 자주 사용하는가, 그리고 서비스 수준을 유지하면서도 보다 저렴한 모드로 전환하는 것이 가능한가? 자사의 재고 수준은 고객의 재고 수준과 비교하여 어느 정도인가? "고객이 여러분의 시설을 창고로 사용하지 못하도록 하라"고 Huntley는 촉구한다. 그리고 반드시 비용을 월별 및 연도별로 비교 측정함으로써 자사의 성과를 일관성 있는 방식으로 추적할 수 있어야 한다.

지속 가능한 절감을 이루는 방법

운송 분야에서 화주가 널리 사용하는 모범적 방법론 중 하나는 전용 운송업체 프로그램을 수립하는 것이다. 이는 화주가 지정된 수의 화물을 운송업체 측에 제공하기로 약정하는 대신 운임을 할인받는 방식을 말한다.

경우에 따라 운송업체는 지정된 수의 트럭을 하나의 거래 고객을 위해 전용 배정할 수도 있다. 이러한 종류의 관계를 전용 운송업체 프로그램이라 한다. 이러한 프로그램은 일견 명백한 장점을 가지고 있는 것처럼 보이지만(화주가 장비를 보유하지 않고도 일정량의 전용 수송단을 사용할 수 있으므로) 이 프로그램을 시행한 결과는 제각각으로 나타나고 있다.

Charter Consulting의 컨설턴트인 Michael DuVall과 Mark Beischel에 의하면 "많은 화주가 이러한 프로그램으로 인한 절감 효과가 시간이 갈수록 줄어든다는 것을 깨닫고 있으며, 경우에 따라서는 재무적으로 아무런 이득을 보지 못하고 있다. 더욱이 서비스 수준 개선의 효과를 보고 있는 회사는 거의 없다." 이러한 프로그램을 통해 상당한 절감을 이룰 수는 있으나, 그렇게 하려면 "화주와 운송업체가 비즈니스를 하는 방식을 근본적으로 바꾸어야 한다."

이들은 화주가 상당한 이득을 얻을 수 있는 6가지 방법을 다음과 같이 제안한다.

1. 최적화하되, 최소화하지 말라. 전통적으로 화주는 노선 당 가장 낮은 운임을 적용받기 위해 자사의 화물을 입찰에 부친다. 그러나 단지 운임에만 초점을 맞추는 화주는 서비스와 가용성의 중요성을 간과하고 또한 운송업체와의 사이에 형성되는 모든 종류의 장기적 관계를 도외시할 위험이 있다. 서비스가 제때 제공되지 못하는 경우를 포함하여 숨겨져 있거나 예측치 못하게 나타나는 비용은 낮은 운임으로 인한 잠재적 절감 효과를 상쇄해 버릴 수 있다.

2. 운송업체에 완전히 공개하라. 화물의 상태를 설명할 때 화주는 대내 운임, 백홀(backhaul)의 가능성, 장기적 성장률, 향후 예상되는 일체의 제품 구성의 변화, 화물의 밀도, 노선별 물량, 그리고 부가적 비용이 소요될 수 있는 모든 추가적 서비스에 대해 알려 주어야 한다.

3. 운송업체로부터 도움을 받으라. 달리 말해 화주는 어느 경로 또는 노선에서 가장 저렴한 서비스를 제공할 수 있을지, 그리고 특히 어느 노선이 가장 수익성이 높을 것인지 등의 문제를 가장 잘 알 수 있는 쪽은 운송업체라는 사실을 인정해야 한다. 화주는 운송업체를 쥐어 짜서 내키지 않는 비즈니스 관계를 강요하기보다는 운송업체로 하여금 어느 노선에서 서비스를 제공하는 것이 좋을지를 찾아 내도록 해야 한다. 이렇게 하는 이유는 관계의 시작으로 인해 어떠한 이득과 관련 비용이 발생할 것인지를 화주와 운송업체가 공히 알 수 있도록 하기 위함이다.

4. 수학 계산을 하라. 화주의 목적은 가장 소수의 운송업체를 사용하면서 가장 낮은 비용과 가장 높은 서비스 품질을 얻어 내는 것이다. 이러한 종류의 복잡한 최적화 문제는 스프레드시트로 처리할 수 있는 수준을 넘어서며, 만일-결과 시나리오의 처리가 가능한 분석 소프트웨어를 통해 풀어야 한다.

5. 톱다운 방식을 사용하라. 고위경영진은 전용 운송업체 프로그램의 가치를 가장 잘 파악할 수 있는 위치에 있으며, CEO 또는 COO만이 운송 부서가 요구사항과 판매, 고객 서비스, 생산 및 기타 회사의 주요부서의 요구하는바 사이의 균형을 맞출 수 있다. 그러한 이유로 운임 프로그램의 성패는 최고임원들의 후원을 받을 수 있느냐에 달려 있다.

6. 모든 것을 측정하라. 주단위로 적합성 스코어카드를 작성하여 모든 사람이 의견을 같이 하도록 해야 한다. 즉, 모든 비용 절감 성과를 추적해야 하고, 새로운 물량이 나타날 경우 새로운 운임을 종전의 운임과 비교 추적해야 하며, 서비스 수준을 추적함으로써 지속 가능한 발전이 이루어지고 있는지를 확인해야 한다. 간단히 말해 모든 것을 추적해야 한다.

협업은 쌍방향 통행로이다

조사전문회사 Aberdeen Group이 286개사를 대상으로 설문을 실시한 결과, 공급망 개선을 추진함에 있어 어떠한 운송 모범적 방법론이 가장 중요하게 사용되었는지에 대한 절대다수의 대답은 협업이었다. Aberdeen 의 조사 결과가 아래에 요약되어 있으며, 이를 통해 우리는 응답을 해 온 회사에서 각각의 모범적 방법론이 얼마나 보편적으로 사용되고 있었는 지를 알 수 있다(질문은 다답형 형식으로 제시되었다).

- 보다 경제적인 운송 프로세스를 위해 운송업체, 공급자 및 고객 과 협업한다 (88%)
- 부하 관리 센터를 통해 전사적으로 운송 계획을 중앙 집중화한다 (77%)
- 총 배송 비용이 최적화될 수 있도록 운송 네트워크를 재구성한다(76%)
- 보다 고객 중심적인 운송 프로세스를 창조한다 (73%)
- 대내 운송에 대한 관리 능력을 높인다 (69%)
- 회사의 모든 기능에 걸쳐 활동을 동기화한다 (66%)

이제 협업은 무언가 고차원적인 활동이 진행되고 있다는 것을 시사 하는 전문용어가 되어 버렸으나, 정확히 무엇에 관한 것인지는 불분 명할 때가 많다. 지금부터 주요 공급망 파트너와 대결을 벌이기보다 는 협업의 정신을 가지고 함께 일함으로써 자사의 운송 방식을 크게 개선해 온 몇몇 회사의 사례를 살펴보기로 하자.

폴리머 제품의 공급업체인 PolyOne Corp.는 고객의 요구를 충족 하기에 충분한 수송력을 확보하기 위해 전용 운송업체를 사용하고 있 다. 북미 지역에 산재되어 있는 주요 고객의 거점으로부터 가까운 곳 에 30개의 공장과 30개의 지역 창고를 두고 있는 이 회사는 종전까 지 자체적인 수송단을 운영해 왔으나 어느 시점부터 지역 네트워크에 대한 서비스를 개선하기 위해 전용 운송업체를 사용하는 방식으로 체제를 전환하였다. PolyOne은 고객 만족을 위한 충분한 수송력을 확보하기 위해 전용 수송단의 규모를 늘렸을 뿐 아니라 철도 및 복합운송 방식의 사용 비중을 크게 확대하였다. 또한 이 회사는 전용 운송업체를 통해 충분한 수송 용량을 손쉽게 확보하기 어려운 특정 노선의 경우 운송 브로커를 사용하고 있다.

용량의 문제를 피하기 위한 또 하나의 전략은 운송업체에 더 많은 리드타임을 제공하는 것이다. "우리는 화물 수거 통지를 24시간 전에 발송한다"라고 PolyOne의 기업 물류 담당 이사인 Steve Feliccia는 말한다. "이제 우리는 특히 지금껏 우리가 문제를 겪었던 지역을 중심으로 모든 수거에 대해 최소한 이틀 전에 통지를 하려하고 있다."

미국 최대의 쇠고기 공급업체 중 하나인 Cargill Meat Solutions(CMS)는 최근까지 주로 대형 자동차 운송업체에 운송을 의뢰해 왔다. 필요할 때마다 수송력을 사용할 수 있도록 하기 위해 CMS는 보다 작은 규모의 운송업체를 보충함으로써 자사의 운송업체 기반을 확충하기로 하였다. 전체 운송 활동 중 약 10%는 자사의 자체 수송단인 Cargill Meat Logistics Solutions에 의해 수행된다.

"우리는 기본적으로 장래를 내다보고 운송업체를 활용한다"라고 CMS의 운송 및 물류 담당 부사장인 Jon Meier는 설명한다. "우리는 필요할 때마다 유연한 방식으로 수송력을 얻을 수 있을 뿐 아니라 우리와 계약을 맺은 운송업체의 관계를 강화하고 때로는 강력한 요구를 할 수 있다." 또한 CMS는 사내 브로커 비즈니스를 운영하고 있으며, 이로써 빈 트레일러로 돌아올 수밖에 없었을 소형 운송업체에 대해 부분적으로 백홀(backhaul)을 제의할 수 있게 되었다. "우리의 목표는 운송업체가 선호하는 우선순위 화주가 되는 것이다"라고 Meier는 말한다. "우리는 고객, 운송업체 그리고 기타 공급업체와의 협업에 대해 개방적인 태도를 지향하고 있다."

운송업체의 또 다른 이름

자사의 운송 요구사항을 최적으로 충족할 자동차 운송업체를 선택하는 일은 수많은 변수에 대한 가중 평가를 요하는 결정 사항이다. 그러나 다음 3가지의 질문에 대답할 수 있다면 이 프로세스를 단순화하는 것이 가능하다.

1. 회사가 필요로 하는 장비를 운송업체가 가지고 있는가?
2. 운송업체가 서비스 요구사항을 충족할 수 있는가?
3. 얼마나 많은 비용이 소요될 것인가?

University of Wisconsin-Madison에서 오랜 기간 운송 및 물류관리 프로그램장을 역임했던 Edward Marien(현재는 퇴임한 상태)에 따르면 회사가 올바른 운송 결정을 내리는 것이 점점 더 어려워지고 있으며 그 이유는 운송업체들이 중첩되는 서비스를 제공하기 시작했기 때문이다. 그는 공급자 서비스의 영역으로서 다음과 같은 네 가지를 꼽는다.

1. 자동차 운송업체가 자체적으로 장비(예: 트랙터 및 트레일러)를 갖추는 형태로서, 가장 기본적인 차원이라 할 수 있다.
2. 많은 운송업체들이 이제는 단순히 운송 서비스를 제공하는 수준을 넘어 가장 효율적인 경로를 활용할 수 있도록 유통의 비중을 조정하는 일과 같은 컨설팅 서비스를 제공하고 있다. (이러한 추세는 "운송" 서비스 제공자 대신 "물류" 서비스 제공자라는 용어가 보편화된 중심적 이유라 할 수 있다.)
3. 또한 일부 운송업체는 제삼자물류제공자(3PL) 기능을 수행한다. 이러한 업체들은 기업이 아웃소싱하는 추세인 창고 운영 등의 전통적인 관리 역할을 맡아 수행한다. (3PL과의 관계 관리에 대한 모범적 방법론은

제 12장에 상세히 논의되어 있다.)
4. 기술의 중요성이 높아짐에 따라 일부 운송업체는 운송관리 시스템 등
   자체적인 소프트웨어 솔루션을 제공하고 있다.

통합의 자동화

막대사탕 생산업체인 Bobs Candies는 극도로 짧은 자사 제품의 성수기에 슬기롭게 대처해야 한다는 과제를 안고 있다. 이 회사가 수행하는 비즈니스의 본질은 막대사탕을 초가을에 배송함으로써 연휴 시즌 초에 소매점의 진열대에 제품을 올릴 수 있도록 하는 것이다. 계절상품을 공급한다는 것이 매우 어려운 일이라는 점은 Bobs Candies의 Gred McCormack 사장도 인정하는 바이다. "단 한 번뿐인 기회를 제대로 활용해야 한다. 우리는 단 이틀이라는 기간 내에 제품을 매점에 배달하여 진열할 수 있도록 해야 한다. 만일 이 시기를 놓치면 벌금을 물거나 소매점이 제품의 인수를 거부하거나 둘 중의 하나이다. 계절상품인 관계로 다른 곳에 팔 수도 없다. 결국 크리스마스는 한 해에 한번뿐 아닌가."

어려운 문제 중 하나는 회사가 8주 내에 만들어 내야만 하는 대량의 운송 화물을 추적하는 일이다. 수년간 Bobs는 수작업 시스템에 의존해 왔으며, McCormack이 기억하기로 "우리가 최종 목적지로 배송을 하기 위해 할 수 있었던 일이라고는 제때에 맞춰 트럭을 줄세우는 것뿐"이었다. 그러나 오늘날 Bobs는 운송관리시스템(TMS)을 사용하여 배송 화물에 대한 가시성을 크게 높이고 있다.

TMS는 수많은 핵심 운송 기능을 자동화해 주는 소프트웨어 프로그램으로서, 운송업체의 선정, 부하 할당, 수송단 관리, 경로 설정, 일정 관리 또는 화물감사 및 정산 등의 요소를 종합 분석하여 최선의 배송 방식을 찾기 위해 소프트웨어의 내부적 분석 능력을 사용한다. 비록 이러

한 프로그램의 비용이 비싸기는 하지만(기본형 모듈만 5만 달러 정도이고 최고의 실행 능력을 갖추려면 1백만 달러가 넘는 비용을 지불해야 한다) 이러한 프로그램은 단순한 이유에서 인기 있는 솔루션으로 각광을 받고 있다. 즉, 회사가 비용을 절감할 수 있도록 설계되어 있으며 TMS의 투자 회수 기간은 보통 1년이 채 안 된다.

예를 들어 Bobs Candies는 TMS를 사용하여 배송을 통합하고 혼적화물운송(LTL) 방식에서 차급화물운송(Truckload) 방식으로 전환하여 비용을 절감하는 등 큰 이득을 얻을 수 있었다. Georgia에 위치한 이 회사의 제품 중 다수는 서해안 지역까지 배송되며, 과거에는 배송 기간에 맞추기 위해 비싼 운임을 지불하고 혼적화물운송 방식을 빈번히 사용하였다. 그러나 TMS를 사용함으로 인해 이 회사는 상황을 보다 정확히 파악하고 더 나은 해법을 찾을 수 있게 되었다. 예를 들면 McCormack의 설명대로 "만일 8일에 걸쳐 Oregon주까지 배송해야 할 36건의 LTL 배송 화물이 있을 경우, 우리는 이 물량을 한 건의 차급화물로 통합하여 서부의 지역 LTL 운송업체로 배송하고 그들로 하여금 나머지 구간을 담당하도록 할 수 있다."

또한 TMS에 의해 제공되는 가시성은 그것만으로도 가치 있는 자산임이 입증되었다고 McCormack은 덧붙인다. "이제 우리는 무엇을 배송해야 할지, 언제 배송을 해야 할지, 어디로 보내야 할지, 그리고 어떻게 해야 목적지까지의 경로와 가격을 모두 최적화할 수 있는지를 알 수 있다."

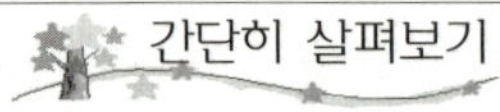

운송관리시스템

운송관리시스템(TMS)은 운송업체의 선정에서부터 경로설정, 일정관리에 이르는 회사의 운소과정을 자동화하는 소프트웨어 프로그램을 말한다.

유통과 창고 : 흐름에 따라가기

창고는 물류의 주요 기능 중 하나임에도 불구하고, 회사의 공급망 요소 중 잊혀진 서자 취급을 당할 때가 많다. 계획, 조달, 제조, 배송 및 반품을 기본 요소로 하는 SCOR 모델에서 창고는 역물류 프로세스를 구성하는 조달(제품을 구매한 후에는 어딘가에 보관해야 한다), 배송(트럭에 실리는 제품은 일단 어딘가에 보관되어 있었을 것이다) 및 반품 부분에 내포되어 있다(제 11장 참조). 그러나 북미의 회사 중 63%는 자사의 창고 기능을 적어도 어느 정도까지는 제삼자에게 아웃소싱하고 있으며, 이는 기업이 창고 관리를 핵심 역량 중 하나로 보지 않는다는 명확한 증거이다.

그와는 반대로 세계 최대의 회사들(소매 거대기업인 Wal-Mart 등)은 유통망의 효율에 기초하여 대할인 제국을 건설하였다. Wal-Mart는 지역유통센터(DC)를 점포와 가까운 곳에 전략적으로 배치함으로써 단 한두 개의 DC로 미국 전역을 커버한다는 오래 전부터 전해내려 온 소매의 전통을 깨어 버렸다. 소규모의 지방 도시에 점포를 개설하고 가능한 가장 낮은 가격으로 엄청나게 많은 종류의 제품을 판매하는 방식으로 시작된 소매점인 Wal-Mart는 전통적인 소매 방식으로는 운송과 보충에 너무 많은 비용이 소요되고 시간도 많이 걸린다는 것을 깨달았다. 따라서 창고를 전략적으로 배치한다는 개념은 보다 적시적이고 경제적인 재고 보충의 필요성에 의해 구상된 산물이다. 이러한 전략을 통해 Wal-Mart는 각 점포에 경쟁사보다 자주 서비스를 제공할 수 있었으며, 따라서 상품을 보다 자주 보충할 수 있게 되었다. 더 많은 제품이 진열대에 놓여 있다는 말은 고객 만족도의 향상을 의미하며, 타사의 제품은 밀려나게 되었다.

Sears, Roebuck & Co.에게 물어 보라. Wal-Mart가 어느 날 갑자기 불쑥 나타나 미국 내 최대 소매 기업인 Sears를 앞서가는 것을 지켜 본 Sears는 Wal-Mart의 전략을 참조하여 가능한 신속한 재고의 보충에 초점을 맞추기 시작하였다. Sears의 물류 계획 및 생산성 담당 부사장 Bill Kenney는 자신의 생각을 이렇게 피력한다. "배송 화물의 움직임을 예측하여 관리하지 못한다면 필요한 양보다 더 많은 재고를 구매할 수밖에 없을 것이다"

Sears는 3가지 기본적 유형의 제품들을 재고로 보관한다는 Kenney의 설명이다. 그 세 가지는 눈 치우는 도구와 잔디깍기 기계 등의 계절상품, 집 꾸미기 제품 등 금방 팔려 나가고 신속히 보충되어야 하는 영원한 베스트셀러 상품, 그리고 가능한 경제적인 방법으로 매장까지 운송해야 하는 회전율이 낮은 제품이다. 또한 Sears는 매년 고객의 가정으로 6백만 건의 배송을 하는데, 세탁기, 냉장고, 러닝머신 등의 고가 품목들이 주종을 이루고 있다. 이 소매점은 완전한 차급화물운송 방식을 통해 공급자로부터 물류센터로 물품을 직배송하며, 가능할 때마다 유통의 성격을 전적으로 바꾸어놓은 전략 크로스도킹을 사용한다.

가상 재고

크로스 도킹 방식을 사용할 경우, 대내 운송품은 유통센터에 하역되고 목적지별로 정렬되고 이어 트럭에 다시 실리는 과정을 거친다. 재화는 실제로 전혀 창고에 들어가지 않으며, 단지 도크를 거쳐 이동할 뿐이다(그래서 이러한 이름이 붙었다). 이 전략을 이용하면 Sears와 같은 소매점이 고화질 TV를 지역 DC에 하역한 다음 다른 소매점으로 향하는 다른 트럭에 한 대씩 TV를 실을 수 있다는 말이 된다. 크로스 도킹은 재고를 가능한 한 통합하고 줄여야 하는 제조업체를 위한 모범사례로도 개발되었다.

과거 20년간 모든 산업부문을 통틀어 실현된 현금회전 개선 성과의 66%는 재고보유일수의 단축에 기인한 것이었다고 University of North Texas의 교수인 Ted Farris는 말한다. 그는 이러한 절감 효과 중 일부가 크로스 도킹 덕분이라 주장한다. Farris에 의하면 다음과 같이 외상매출금을 재고와 더하고 그 값에서 외상매입금을 제하면 현금회전 지표를 얻을 수 있다.

외상매출금 + 재고 외상매입금 = 현금회전

만일 크로스 도킹을 사용하여 보유 재고를 줄일 수 있다면 그보다 좋은 일이 없을 것이다. 그러나 그 결과가 단지 회사 내부에 있던 재고를 다른 어딘가로 옮겨 보유하는 식이라면 현금회전 주기에 변화가 없을 것이므로 좋아질 것이 하나도 없다는 점이 Farris가 지적하는 바이다. 재고가 아직 팔리지 않았기 때문에 여전히 외상매입금으로 간주되는 것이다.

컨설팅회사 Kenneth B. Ackerman Company의 Ken Ackerman은 이렇게 말한다. "대부분의 사람들은 크로스 도킹을 단지 대내 반입용 트럭에서 화물을 내려 대외 배송용 차량에 싣는 재취급 프로세스로 생각하고 있지만, 그것이 전부가 아닐 수도 있다." 예를 들어 대내 배송될 상품 중 일부는 이미 DC에 보관되어 있을 수도 있다는 점을 그는 지적한다. "때로는 며칠 전에 도착한 트럭에서 하역한 상품을 대외 배송 주문품의 구성이 완비될 때까지 출하 준비(Staging) 구역에 보관하는 경우도 있을 수 있다." 일부 크로스 도킹 시설은 대규모의 보관 구역 및 크로스 도킹 출하 준비 구역이 같이 있는 형태로 설계되어 있는데, 그 이유는 대내 반입 화물의 처리 뿐 아니라 제품을 보관 장소로부터 불출하는 일도 그 시설의 요구사항에 포함되어 있기 때문이다.

따라서 관건은 크로스 도킹을 전략적으로 사용하는 것이다. 예를 들어 Sears는 자사의 재고를 4개의 지역 창고에 배치함으로써 크로스 도킹과 익일 대고객 배송이 가능하도록 하였다. 크로스 도킹과 지리적 지연 전략이 합쳐지면 모든 장소에서 제품 재고를 보관할 필요성을 없앨 수도 있다는 점을 Farris는 지적한다.

다음은 Tompkins Associates의 사장인 창고 전문가 James Tompkins가 설명하는 크로스 도킹의 작동 원리이다.

- 각 주문별로 공급자에게 배송 시간, 일자, 운송업체, 재고단위 (SKU) 및 수량이 통지된다.

- 운송업체가 각 배송 건별로 공급자에게 도착 일시를 통지한다.

- 공급자가 고객으로부터 주문 세부 내역을 수신한다.

- 수거 시간, 화물의 상세내역, 목적지 및 배송 일시가 대외 운송업체에 통지된다.

- 배송 세부사항, 운송업체 및 도착 일시가 고객에게 통지된다.

- 입하 및 출하용 트럭이 도착할 도크 위치가 선택된다.

- 입하 물품이 기록되고 조정되며 입하와 관련된 모든 편차가 기록된다.

- 라벨이 만들어지고, 입하 시점에서 출하 시점까지 케이스와 파렛트가 이송 및 추적된다.

이 모든 단계를 살펴보면 회사가 운송업체 및 창고 운영의 성과 측정치를 수집하는 것이 매우 중요함을 알 수 있다.

크로스 도킹, 요건의 준수 및 협력

부품 제조업체인 National Semiconductor에게 있어 크로스 도킹은 사이클타임을 하루 이상 단축할 수 있을 정도로 물류 프로세스를 개선해 준 주역이었으며, 이를 통해 회사는 유연성을 크게 높일 수 있었다. 회사의 글로벌 물류 관리자인 Larry Stroud는 만일 고객이 요구한 일시보다 훨씬 앞서 제품의 배송 준비가 끝날 경우, National은 느린(즉 값이 더 싼) 운송 방법을 택할 수 있다고 설명한다. 만일 제품이 더 빨리 도착해야 할 경우, Stroud는 조금 더 비용을 지출하고 더 빠른 운송 수단을 사용할 것이다.

National은 싱가포르와 말레이시아 공장에서 매년 50억개의 칩을 생산하며, 3PL에 의해 관리되는 싱가포르의 단일 DC로부터 전세계의 4,000개 고객사에 제품을 직배송한다. 자사의 재고를 한 곳의 시설에 보관함으로써 National은 재고 측면에서 엄청난 이점을 활용할 수 있었다고 Stroud는 말한다. 그 이유는 회사가 전세계의 주문 상황을 체계적으로 살필 수 있기 때문이다.

특정 고객에게 배송될 칩이 제조 현장을 떠나는 순간 National은 DC에 복수의 주문과 복수의 고객 정보가 담긴 전자적 사전배송통지(ASN)을 보낸다. 이어 DC는 크로스 도크 주문을 통합한 후 가지고 있는 재고를 이용해 주문 품목을 처리한다. 이렇게 함으로써 이 회사는 배송을 한 지역으로 통합할 수 있다. 이 방식은 배송 비용을 낮추어 줄 뿐 아니라 통관 시간을 단축해 준다. 통관은 National이 운송 시간을 하루 정도 줄일 수 있었던 주된 요인이었다.

Forte Industries의 컨설턴트 Dave Gealy는 크로스 도킹 방식이 회사와 공급자 사이에 강력한 요건준수 프로그램이 시행되고 있는 동시에 자사의 DC 또는 소매점으로 물품이 배송되는 경우에 보다 효과적으로 작동하는 경향이 있다고 말한다. "이 분야에 있어서는 소매기업이 제일 능통한데, 그 이유는 벤더에 대한 요건준수 프로그램이 시스템 내부로 유입되는 것이 모든 요소에 대한 통제력과 가시성을 높여 주는 동시에 기업이 자체적으로 소매점을 관리하고 있기 때문이다." 회사가 Fortune 100에 속하는 거대기업이 아닌 이상 모든 공급자와의 사이에 요건 준수 프로그램을 시행한다는 것은 어려운 일일 것이다. 이는 정보의 교환을 통해 공급자는 고객이 무엇을 주문하고자 하는지를 이해할 수 있고 물품을 수령하는 측에서는 무엇이 발송되고 있는지를 알 수 있을 정도로 밀접한 협력의 정신이 요구되는 일이다.

> **간단히 살펴보기**
>
> ### 크로스 도킹
>
> 크로스 도킹은 화물을 보관하지 않은 채로 대내 반입 트럭으로부터 화물을 재취급하고 대외 배송 트럭에 적재하는 과정으로 이루어진 유통 프로세스이다.

크로스 도킹은 시간과 직접 연관되어 있다고 Gealy는 설명한다. 달리 말해, 많은 수고를 들이지 않고도 제품을 제한된 시간 내에 수령하고 발송할 수 있어야 한다. 또한 입하되는 물품을 신속히 검수할 수 있는 능력이 중요하며, 이는 강력한 품질관리 프로그램이 필수적이라는 것을 의미한다. Forte Industries의 Gealy의 동료인 Jerry Vink는 이렇게 말한다. "만일 불합격 비율이 높은 상황에서 이를 탐지하지 못한다면 프로세스의 하단에서 불량품이 발생하는 결과가 빚어질 수 있다. 일관성 있게 품질 좋은 제품을 생산할 수 있는 역량을 갖춘 벤더는 크로스 도킹의 유력한 후보이다."

차량 이동구간

어떠한 경우에든 유통 관리의 초점은 재고로 모아진다. 그러나 유통에 관하여 모든 회사의 의견이 일치하는 부분이라고는 오직 이것 하나를 제외하고는 없다고 해도 과언이 아니다. 얼마나 많은 양의 재고를 보유해야 하는지는 연중 시점, 회사가 속한 업종, 고위 경영진의 기업 철학, 공급자의 유연성, 그리고 가장 중요한 요소인 고객의 수요에 따라 달라진다. 어느 회사이든 재고 부족을 원치 않으나, 때로 너무 많은 재고를 보유하는 일은 부족 사태만큼이나 좋지 않은 결과를 부를 수 있다. 그러므로 얼마나 많은 재고를 보유해야 하느냐는 질문에 대한 간단한 답은 '상황에 따라 다르다'이다.

> **간단히 살펴보기**
>
> ### 창고관리 시스템
>
> 창고관리 시스템(WMS)은 창고 또는 유통센터 내부의 재화 이동을 통제, 관리 및 제어한다. WMS의 일반적 특성으로는 재고 관리, 수거 및 적치, 주문의 가시성, 주문 처리 등이 있다.

얼마나 많은 재고가 필요한지를 안다는 것도 중요하지만, 그에 못지 않게 중요한 것은 어느 시점에 어디에 재고가 있어야 하는지를 알아야 한다는 것이다. 창고 내에 보관되어 있는 제품의 소재를 추적하는 것은 창고관리 시스템(WMS)의 대표적 역할이다. 이 소프트웨어 어플리케이션은 공급망 계획, 주문 관리, 전사적 자원관리(ERP) 및 운송관리 시스템을 연결해 주는 역할을 하며, 구매 주문, 바코드, 로트 번호, 파렛트 위치 또는 기타 식별 시스템을 기준으로 회사의 제품이 현재 어디에 있는지를 추적할 수 있다. 한편 Wal-Mart, 기타 대형 소매업체 및 미 국방부가 제조업체에 요구해 온 RFID 태그의 급속한 보급에 힘입어 머지 않아 제품을 실시간으로 추적하는 것이 가능해질 것이며 또한 제품이 제조, 포장 및 배송된 시점과 장소를 정확히 알 수 있게 될 것이다.

고유 브랜드(Private Brand) 타이어 유통업체인 Del-Nat Tire Corp.는 자사의 DC에 일상적으로 거의 700,000개의 타이어 재고를 보유하고 있다. 이 회사는 타이어의 판매와 마케팅에 있어서는 탁월한 전문성을 발휘하고 있었으나, 재고의 추적이라는 고질적인 문제는 해결하지 못하고 있는 상황이었다. Del-Nat은 SKU를 약 2,000개의 관리하고 있으나 모든 타이어는 그 생김새가 거의 비슷비슷하다는 것이 문제였다. 회사의 정보기술 관리자인 Glen Tosco는 이렇게 설명한다. "500,000평방피트 크기의 창고에서 잃어버린 타이어를 찾는다는 것은 쉬운 일이 아니다. 만일 5개의 타이어가 안보인다면 없어져 버린 것이다."

Del-Nat이 안고 있던 문제는 타이어에 고유한 바코드가 찍혀 있음에도 회사의 프로세스 때문에 바코드가 찍힌 다음에 타이어가 잘못된 곳에 쌓일 수 있다는 것이었다. 30피트 높이의 흑색 타이어 중 어느 흑색 타이어가 잘못 들어가 있는 녀석인지를 찾아내는 일은 물류 담당자에게 곤혹스런 일이라 할 수 있었다. 대규모의 유통 기능을 운영하는 다른 많은 회사들처럼 Del-Nat도 이에 대한 부분적인 해답으로서 종이 기반의 재고 시스템을 순차적으로 폐지하고 휴대용 바코드 스캐너가 통합된 WMS 솔루션을 도입하는 방안을 선택하였다.

Tosco의 설명에 따르면 Del-Nat은 이제 주문을 ERP 시스템에 직접 입력할 수 있으며, ERP 시스템이 창고로 전송하는 주문 정보에 따라 수거와 배송이 이루어지고 있다. "주문 품목이 불출되고 배송이 인지되면 주문에 대한 청구가 자동으로 고객에게 전송된다." 창고의 주문품 수거 담당자는 바코드 스캐너를 사용하여 각 랙의 위치를 점검하고 자신이 수거한 모든 타이어를 주문내용과 대조 확인한다. 스캐너는 주문품 수거 담당자에게 각 주문을 처리하기 위해 정확히 어느 도크의 도어를 사용해야 할지를 알려 준다(Del-Nat의 도크 도어는 모두 68개이다). 타이어는 도크 도어의 적재 대기열에 쌓이고, 트레일러에 실리는 순간 다시 스캔된다.

Del-Nat은 DC를 자동화함으로써 주문 처리 속도를 35% 높일 수 있었다. 이것이 의미하는 바는 이제 창고의 작업자가 종전의 종이 기반의 시스템 하에서 10시간이 걸리던 일을 6시간만에 해 낼 수 있다는 것이다. "우리는 전체 비용을 줄이고 1개 교대조를 통째로 줄일 수 있었을 뿐 아니라 다른 2개 교대조에서도 6명을 줄일 수 있었다"라고 Tosco는 설명한다.

창고 전문가인 Ken Ackerman은 이러한 종류의 노동력 절감은 WMS를 채택한 회사의 전형적인 모습이라고 본다. 대체로 일반적인 절감 범위는 20 내지 40% 정도로 알려져 있다. WMS를 사용할 때의 공간 활용도는 일반적으로 10 내지 20% 더 효율적으로 개선되어야 하며, 재고 수준은 약 3년 후 50% 더 낮아져야 하고, 물리적 재고 조사 수행 비용은 75% 축소되어야하는 것이 보통이다.

내 말이 들리는가?

정확한 제품을 제때에 고객의 손에 전달해야 한다는 문제에 있어 식품 유통업체만큼 정확성이 요구되는 부문도 없을 것이다. 한마디로

95%의 주문품 배송 정확도로는 명함도 내밀기 어렵다고 할 수 있다.

Chili's, Damon's 및 Pizzeria Uno와 같은 레스토랑 체인을 대상으로 물품을 공급하는 도매 유통업체인 U.S. Foodservice의 창고 관리자 Steve Fasulka는 이렇게 말한다. "우리의 식당 고객들은 저녁 메뉴용 제품을 아침에 주문한다. 따라서 주문 품목이 적절히 수거, 배송 및 수령되었는지를 항상 긴급 사항으로 확인해야 한다." 이 회사는 미국 전역에 82개가 넘는 DC를 운영하고 있으며, 43,000종의 제품을 공급한다. 이처럼 방대한 제품 라인을 다루어야 하는 상황에서, 잘못된 제품이 출하된다거나 수량에 착오가 생긴다는 것은 U.S. Foodservice로서 용인할 수 없는 일이다.

이 유통업체는 점차 인기를 얻고 있는 유통의 모범적 방법론인 음성인식 기술을 채택하였다. "음성인식 장치를 가장 간단히 설명하자면 종래의 휴대용 컴퓨터와 같다고 할 수 있다"라고 컨설턴트 Patti Satterfield는 설명한다. "작업자는 디스플레이를 들여다보는 대신 지침을 음성으로 듣는다. 작업자도 응답을 키보드나 스캐너로 입력하는 대신 말만 하면 된다." 무선 주파수 네트워크는 여타의 무선 주파수 기기 장착 휴대용 컴퓨터의 경우처럼 음성인식 기기를 처리한다. 회사의 WMS 소프트웨어는 마치 휴대용 스캐너나 키보드로 입력을 한 것처럼 음성 터미널로부터 데이터를 수신한다.

U.S. Foodservice의 경우, 음성인식 전략은 잘못된 출하를 75%나 줄여 줄 정도로 즉각적인 이득을 가져다 주었다. 창고의 작업원은 이제 무선 음성인식 컴퓨터를 입고 있으며, 지침을 귀로 듣기 때문에 출하 목록을 들여다 볼 필요가 없다. "음성 시스템의 안내를 따라 해당 위치로 이동하며, 정해진 위치에 도착한 후에는 정확한 체크 코드를 음성으로 입력하도록 되어 있다. 그렇게 하지 않을 경우 더 이상 진행을 할 수 없다. 계속 진행하려면 물리적으로 정확한 위치에 있어야만 한

다"라고 Fasulka는 설명한다.

종전까지 물품 출하 담당자는 맨 아래 단에서 물품을 수거하는 대신 맨 윗 단에서 물품을 집어 들 수도 있었고, 정확한 위치로부터 왼쪽 또는 오른쪽으로 벗어나 있는 물품을 수거하는 수도 있었으며, 때로는 완전히 틀린 열로 진입하여 베이 번호만 보고 물품을 수거하는 경우도 있었다는 것을 Fasulka는 기억한다. "음성 시스템은 작업자에게 3자리의 무작위 체크 코드가 지정된 단 하나의 특정 위치를 알려 주므로 정확한 슬롯으로 인도될 수밖에 없다."

초기에는 주문 출하 담당자들이 음성 시스템의 사용에 저항감을 표했다는 사실을 Fasulka는 인정한다. 그러나 기술 교육을 실시하고 개선된 정확성의 이점을 보여 준 후로 작업자들은 음성 인식 기술을 사용하는 것이 생산성 개선에 도움이 된다는 것을 알게 되었다. 출하 담당자들의 입장에서도 음성 시스템은 매우 현실적인 이유에서 모범적 방법론이라 할 수 있었다. 급여 중 30%가 인센티브 방식으로 지급된다는 점에서 사실상 이 기술은 실질 급여의 인상 효과를 가져다 주었다. "이제 이들은 음성 시스템이 없이는 작업을 하지 않으려 한다"고 Fasulka는 말한다.

돌고, 돌고, 돌고

정확성은 DC의 운영에 있어 극히 중요한 요소이다. 그러나 정확성은 소매업체의 입장에서도 정확성은 제품을 개개 매점에 보내는 일만큼이나 중요한 요소이다. 예를 들어 식품점 체인들은 DC로부터 개개 매점까지의 리드타임을 일 단위가 아닌 시간 단위로 측정한다. "일부 매점은 12시간 이내에 제품을 받아 본다"고 식품 소매업체인 Giant Eagle의 물류 담당 부사장 Bill Parry는 설명한다. "모든 매점은 하루 만에 또는 그보다 짧은 시간 내에 물건을 수령한다." Parry는 이것이 가능한 이유로서 소매업체가 전자적 데이터 교환(EDI) 시스템 및 웹 기반의 운송관리 시스템(TMS)을 통해 공급자에게 더 정확하고 적시 적인 정보를 제공할 수 있다는 점을 든다.

Giant Eagle은 공급자의 트럭이 현재 어디에 있으며 언제 도착할 것 인지에 대한 향상된 가시성을 소매점과 공급자 측에 제공함으로써 대 내 운송 프로세스를 자동화 및 개선하기 위한 목적으로 TMS를 사용 한다. "우리의 목표는 리드타임의 단축이 재고에 어떻게 영향을 미치 는지를 알아내는 것이었다"고 Parry는 설명한다. "원하는 정도로 리 드타임을 단축하고 나면 DC의 안전재고를 줄이는 일에 착수할 수 있 다. 우리는 냉동식품의 회전율을 크게 높임으로써 성공을 거두었으며 외부 보관 시설의 사용을 줄일 수 있었다"고 그는 말한다.

Giant Eagle은 몇몇 주요 공급자와 공동으로 1주일이 넘게 걸리던 공 급자-DC간 프로세스의 소요 시간을 2 또는 3일로 단축하는데 성공하였 다. 그러나 이 소매기업은 이에 만족하지 않고 리드타임을 1일로 줄이기 를 희망하고 있다. 이를 통해 얻고자 하는 이득은 회전율, 즉 연중 제품이 판매되고 보충되는 평균 회수이다. 예를 들어 이 소매업체가 취급하는 어 느 대형 애견용 식품의 벤더의 제품 회전율은 99%의 서비스 수준에서 19.8에서 31.7로 증가하였으며 리드타임은 8일에서 4일로 단축되었다고 Parry는 말한다. 그리고 소매 업계에서 제품 회전율은 비즈니스의 전 부라 해도 과언이 아니다.

절반이 채워져 있는가, 아니면 절반이 빈 것인가?

Georgia Tech의 Logistics Institute에서 200명의 창고 관리자에게 자사 시설에서 고쳐야 할 부분을 문의한 결과 58%가 더 많은 도크 도어 를 추가해야 한다고 답하였고, 31%는 천정의 높이를 높여야 한다고 하였으며, 30%는 건물을 더 깊게 만들어야 한다고, 그리고 25%는 건물을 길게 늘려야 한다고 답을 하였다. 조사 대상 관리자 중 2/3는 100,000평방피트 미만의 창고를 담당하고 있었으며, Georgia Tech에 의하면 DC 전체의 평균 규모는 150,000평방피트였다. 따라서 돈이 문제가 아니라면 대부분의 창고 관리자는 더 큰 시설을 관리하고 싶어한다는 것이 분명했다. 그러나 더 크다는 것이 반드시 더 좋다는 뜻은 아니며, 특히 문제가 공간이 아니라 공간의 효과적인 사용일 경우에는 더더욱 그러하다.

"언제 자신의 창고가 가득 찰 것인지를 아는 사람은 거의 없다"는 것이 Ken Ackerman의 관측이다. "대부분의 운영 환경에서, 사용되고 있는 창고 내 공간의 비율을 알려 주는 공식을 만들어 내는 것은 충분히 가능한 일일 것이다." 예를 들어 급성장 중인 도자기 및 주방용품의 대소비자 직판 공급자인 Lenox는 창고를 더 짓지 않고도 자사의 유통 생산성을 개선할 수 있다는 것을 발견하였다. Lenox는 늘어나는 비즈니스 물량에 대처하기 위해 너무 빨리 확장을 함으로써 나중에 후회할 일을 하기를 원치 않았으나, 일견해서는 달리 대안이 없는 것처럼 보였다.

Lenox의 유통 및 시설 담당 이사인 Greg Petro는 "우리는 너무 빨리 성장하고 있었으며 연휴 시즌의 수요량을 계속 처리할 수 없다는 것을 알고 있었다"고 말한다. 이 회사는 사용 가능한 보관 공간을 한 뼘도 남김없이 사용하고 있는 것처럼 보였으며, 수거 구역에서도 2,100 SKU 이상은 도저히 처리를 할 수는 없었다. 그런데 이 구역 중 많은 부분이 서로 별개이고 연결 관계가 없는 채널을 위한 용도로 사용되고 있었다. 바로 이 부분에서 Lenox는 전체적인 운영 방식을 면밀히 살펴보아야 할 때라는 판단을 하게 되었다.

"우리는 여러 채널로부터 접수되는 주문을 수작업으로 통합해야 했다"라고 Petro는 말한다. 한창 성수기인 연휴 시즌 중 하루에 28,000개에 달하는 포장 제품을 배송하려면 2개 교대조가 투입되어야 했다. Lenox는 새로운 WMS를 도입하고 DC 내부에서 주문품을 자동으로 옮겨 주는 자동 컨베이어에 투자를 함으로써 노동력은 5% 줄이면서도 17% 더 많은 물량을 처리할 수 있었다. 이제 이 회사는 모든 채널을 통틀어 4,500 SKU를 처리할 수 있으며, 단 1개 교대조만으로 하루에 35,000개의 포장 제품을 처리할 수 있다고 Petro는 말한다.

Lenox는 다른 회사와 무엇이 다른 것일까? "우리가 바코드를 스캔하면 컨베이어 시스템에 신호가 전해지고 적절한 수거 구역으로 지시가 전달된다. 이러한 구역 중에는 선물용 포장과 같은 특수 구역도 포함되어 있다"라고 Petro는 설명한다. 실제 사용 중인 창고의 50%는 수거, 포장 및 배송 전용으로 사용되고 있다. 이제 가장 회전이 빠른 제품은 6마일 떨어진 곳에 있는 베이가 높고 복도가 좁은 보관 시설로부터 보충된다. 이곳의 운영 비용이 주 시설에 비해 훨씬 낮기 때문이다.

이러한 변환의 추진 동력은 다름아니라 비즈니스의 성장을 지원하기 위해서는 유통 프로세스를 개선해야 한다는 Lenox의 인식이었다. "우리는 개선하지 못할 경우 성공하지도 못할 것임을 알고 있었다"라고 Petro는 말한다. "우리는 주문품의 75%를 익일 배송하고 있었다. 이제는 아무리 성수기라 해도 95% 내지99%의 주문품이 당일 배송된다."

어떻게 해야 창고를 더 잘 관리할 수 있는가

Lenox의 사례는유통의 모범적 방법론과 관련된 주요 원칙을 예시하고 있다. 그것은 다름아니라 자사의 상황과 역량을 제대로 알아야 한다는 것이다. 비즈니스의 확대를 지원하기 위해 반드시 새 창고가 필요한 것은 아니다. 비록 Lenox가 생산성의 향상을 위해 기술을 택한 것은 사실이나,

Lenox의 성공 비결은 새로운 시스템이 아니라 더 나은 프로세스에 있었다고 해야 할 것이다. "솔루션을 찾을 때에는 자사의 비즈니스를 전체적으로 살펴보라"고 공급망 컨설팅 회사 Chicago Consulting의 관리 파트너인 Terry Harris는 말한다. 한 영역에서 개선을 이루어 낼 경우 다른 영역에도 영향이 미치게 된다.

다음은 여러 회사에서 "자금을 투입한 후 잘 되기만을 비는" 방식에서 탈피하고 유통 시설의 생산성을 극대화하기 위해 취해 온 몇 가지 모범적 방법론들이다.

- 재고를 감축한다. 운영을 가능한 군살이 없게 한다. 특히 모든 진부화된 제품, 즉 소위 사장된 재고를 창고에서 제거한다. 재무 부서는 물건의 보관이 공짜라고 생각하기 때문에 이러한 재고를 상각하려 하지 않을 것이다. 공급자와 보다 밀접하게 협력하여 물품을 수령하는 시간과 사용하는 시간이 가능한 가까워지도록 한다.

- 무엇을 보관할 것이며 어디에 보관할 것인지를 정한다. 자사의 주문 패턴을 조사하여 가장 회전이 빠른 제품이 무엇인지를 파악한 후 창고의 앞쪽에 배치한다. 만일 지역 DC와 중앙 DC를 모두 사용하는 경우 가장 고가의 품목을 프로세스의 상단에 배치하여 고가의 재고를 이동해야 할 필요성이 없도록 한다.

- 시간 또는 교대조를 추가한다. 최고의 기술과 프로세스를 사용한다 하더라도 최고 성수기 등 몇몇 경우에는 고객의 수요를 완전히 충족하지 못할 수 있다. 이러한 상황에 처할 경우 운영 시간을 늘려 처리량을 높이는 것이 많은 회사에서 선택하는 방법이다. 이렇게 한다면 노무비는 증가하겠지만 자본장비에 투자할 필요가 없기 때문에 인해 단기적으로 이득을 볼 수 있을 것이다. 그러

나 장기적 전략 차원에서 여러분은 추가 교대조를 연중 내내 투입하는 것이 기술 투자에 비해 비용 효율적일지를 결정해야 한다.

- 도크 구역을 치운다. 때로는 가장 손쉬운 방법이 최고의 해법이 될 수도 있다. 모든 대내 반입 트럭을 사전 예약제로 변경함으로써 모든 도크 도어가 확실한 일정에 따라 운영되도록 한다. 운영 활동의 예측성이 높아질수록 흐름의 효율은 높아진다. 또한 차급 화물운송 방식의 배송을 위한 드롭 앤 후크(Drop and Hook)를 고려한다. 즉, 대내 반입용 트레일러를 분리하여 야적장에 내려 놓고 쟈키 트럭을 이용해 하역 도크로 이송하고 다시 야적장으로 반송하는 방식을 사용한다. 어떠한 경우에든 얼마만큼의 출하 준비가 정말로 필요한지를 자문해 본다. 짐을 트럭에서 하역해서 어딘가에 먼저 쌓아 두지 않고 스택에 직접 옮길 수는 없다는 온갖 종류의 이유와 변명을 듣게 될 것이나 그러한 이유는 더 이상 받아들여질 수 없다고 Ken Ackerman은 지적한다.

- DC를 완전히 배제한다. 사전유통관리 또는 보다 구어적인 표현으로는 DC 바이패스라고도 하는 이 전략의 목적은 제품을 창고가 아닌 소매점 또는 소비 현장으로 직접 배송하는 것이다. 이렇게 함으로써 얻을 수 있는 최대의 이득은 시간이 들지 않는다는 것이다.

- 창고 기능을 제삼자에게 아웃소싱한다. 3PL에게 유통 프로세스를 뭉텅 떼어 위임하기 전에 먼저 자사의 구체적 요구사항을 분석하고, 전문회사에 창고 운영을 맡길 경우 회사에 도움이 될 것인지를 판단하는 것이 중요하다(제 12장 참조).

09 장소의 선택 : 위치, 위치, 위치

정시 배송은 공급망 관리의 근본적인 전제조건이라 할 수 있으며, 완전한 주문 처리의 달성을 위한 핵심 벤치마크 지표이다. 비록 몇몇 물류 서비스 제공자가 당일 배송 서비스를 제공하기는 하고 있으나, 배송을 가장 빠르고 값비싼 운송 수단에 의존하는 회사는 비즈니스를 오래 지속하기 힘들 것이다. "더 좋은 쥐덫을 만들면 전세계에서 당신을 찾아 올 것이다"라는 옛말은 이제 더 이상 통하지 않는다. 더 좋은 쥐덫을 만드는 것만으로는 결코 충분치 못하며, 그에 더하여 고객에게 최적의 서비스를 제공할 수 있는 더 나은 유통망을 구축해야만 한다. 컨설팅 회사인 ProLogis Golbal Solutions에서 실시한 조사에 의하면 공급망 전문가가 해결해야 할 첫 번째 과제는 비용을 일정 수준으로 유지하면서도 고객의 수요에 맞추어 배송을 할 수 있는 유통망을 구축하는 것이다.

Hewlett-Packard Co.와 같은 하이테크 제조업체는 세계에서 제일가는 규모의 공급망과 더불어 가장 정교한 유통 네트워크를 운영하고 있다. 88개에 달하는 이 회사의 유통 허브는 전세계적으로 178개국의 10억이 넘는 고객을 위해 사용된다. HP의 공급망은 또한 32개의 제조 공장,

700개사의 공급자, 그리고 119개사의 물류 파트너가 포함되어 있으며, 이러한 공급망 그룹은 2005년 당시 모두 합쳐 510억 달러(회사의 총 지출액 중 64%)를 관리하고 있었다.

이 회사는 적응적 공급망, 즉 복수의 공급망을 운영할 수 있는 제품중립적 공급망 포트폴리오를 통해 성공을 이루었다고 해야 할 것이다. HP의 전세계 물류 및 프로그램 관리 담당 부사장인 Robert Gifford에 의하면 물류는 직접 재료비 다음으로 큰 회사의 주된 비용 지출 부문이다. 제품을 어디서 조달할 것인지와 공장을 어디에 지을 것인지를 결정할 때 "물류 활동을 고려하는 것은 절대적으로 필요한 일"이라고 그는 강조한다.

"우리는 단순히 '여기에 공장을 세우자'고 결정한 다음 어떻게 제품을 옮길 것인지 나중에 궁리하는 식으로 일을 추진하지 않는다"고 Gifford는 말한다. 대신 HP는 자사의 전체 공급망이 특정 제품을 특정 시장에 내보내기 위한 최적의 유통망을 설계하기 위해 협력하도록 한다.

한때 HP도 다른 하이테크 기업들처럼 제품을 설계할 때 제품을 가능한 한 효율적이고 저렴하게 제조하기 위한 전략에 초점을 맞추었으나, 최근 이 회사는 공급망을 위한 설계라는 모범적 방법론을 선택하는 것으로 방향을 전환하였다. 상대적으로 새로운 이 개념은 제품의 수명주기 전반에 걸쳐, 그리고 기능적으로 용도가 끝난 후의 기간까지를 고려하여 모든 비용을 점검하는 방식을 취하고 있다. 공급망을 위한 설계는 그 본질상 제품이 설계되는 단계에서 여러 부서의 관여를 필요로 한다.

"공급망을 위한 설계에는 연구개발 유형의 인력뿐 아니라 물류 및 포장에 관련된 인력, 그리고 환경을 담당하는 사람들까지도 참여한다"고 HP의 중앙 직접조달 담당 부사장 Gred Shoemaker는 설명한다. "예를 들어 물류 기능의 개선을 위한 설계를 할 때 우리는 모든 정확한 치수의 파렛트에 맞는 올바른 크기의 상자를 사용하는지 확인함으로써 운송 비용을 최적화한다. 세금 및 관세 감면을 위한 설계를 할 때에는 세금 또는 관세를 피할 수 있는 지구상의 특정 지역에서 제조를 한다."

공급망을 위한 설계는 회사의 상상력 부족이 문제일 뿐이지 그 적용 범위가 무한하며, 이질적인 기능을 실질적으로 하나로 통합하는 능력에도 한계가 없는 듯 하다. 의류업계에서 인기를 끌고 있는 또 하나의 개념인 지연을 위한 설계는 회사가 마지막 순간까지 제품의 완성을 미룰 수 있도록 해 줌으로써 최종 고객의 요구가 가장 분명히 드러날 때까지 제품의 구성 또는 부가가치 기능의 확정을 늦추는 것을 가능하게 해 준다. 4 HP는 또한 공통성과 재사용을 위한 설계를 추구하고 있다. 이는 유사하거나 동일한 구성품을 상이한 제품에 사용할 수 있다는 것을 의미한다. 회수와 재사용을 위한 HP의 설계는 자체 운영되는 재활용 공장을 통해 보완되고 있으며, 이 공장에서는 지금까지 4백만 파운드가 넘는 컴퓨터 하드웨어를 재활용하였다.

"우리가 정말로 전력을 쏟는 동시에 큰 진전을 이루어 내고 있는 부분은 개발 팀이 모든 공급망 변수를 알아볼 수 있고 이해할 수 있도록 하는 일이다. 이러한 변수들은 특정 조달 전략이 무엇이냐에 따라 설계로 인한 영향을 받을 수 있다"라고 Shoemaker는 설명한다. "따라서 우리는 설계 인력이 최고의 제품을 만들어 내는데 귀중한 시간을 사용할 수 있도록 심지어 제품을 어디서 만들 것인지를 포함한 모든 요구사항을 초반에 파악하려 한다."

적절한 균형의 유지

공급망이 제대로 운영될 것인지는 원자재를 수급하고 제품을 최종 사용자에게 원활히 전달할 수 있는 유통망이 있느냐에 달려 있으며, 그러한 유통망은 중간 단계의 수를 최소한도로 줄이기 위해 꼭 필요한 요소이다. 총 시스템 비용을 최소화하면서 그러한 네트워크를 개발한다는 것은 수많은 요소에 대한 연구와 가중 평가를 필요로 하는 일이다. 그러한 네트워크 계획의 궁극적 목표는 서로 경합하는 관계에 있는 재고, 운송 및 제조 사이의 요구사항 사이에서 적절한 균형을 찾는 것이다.

"전략적 유통망 계획의 목표는 고객 만족 요구사항을 유지 또는 상향 조정하면서 가장 경제적으로 제품을 배송하고 수령할 방법을 찾아내는 것이다. 간단히 말해 수익을 극대화하고 서비스를 최적화하는 것이다"라고 공급망 관련 컨설팅 회사 Tompkins Associates의 파트너인 Dale Harmelink는 말한다.

Harmelink의 조언에 의하면 유통망 계획을 수립할 때에는 다음과 같은 질문에 답을 제시해야 한다.

1. 얼마나 많은 유통센터(DC)가 필요한가?
2. 어디에 DC가 위치해야 하는가?
3. 얼마나 많은 재고를 각 DC에 비축해야 하는가?
4. 각 DC는 어느 고객을 담당해야 하는가?
5. 고객은 DC로부터 어떻게 주문을 해야 하는가?
6. DC는 어떻게 공급자로부터 주문을 해야 하는가?
7. 얼마나 자주 고객에게 배송이 이루어져야 하는가?
8. 서비스 수준은 어느 정도로 유지해야 하는가?
9. 어느 운송 방법을 사용해야 하는가?

회사가 처한 시장 상황과 전체적인 공급망 목표에 따라 1번 질문에 대한 대답은 하나 이상의 DC를 네트워크에 추가하는 것이 될 수 있으며, 아니면 그와 반대로 몇 개의 DC를 하나의 지역 유통 허브로 통합하는 것이 될 수도 있다.

탐나는 장소

그 본질을 들여다 보면 모든 물류(마치 정치와도 같이)는 국지적이라 할 수 있다. 이전에 언급한 바와 같이, HP는 전세계적으로 88개의 유통 허브를 관리하고 있다. IBM Corp.는 아프리카를 제외한 각 대륙마다 최소 1개의 주요 물류기지를 두고 있으며, 그 수는 모두 28개이다. Gillette Co.는 미국에 4개의 유통센터를, 그리고 전세계적으로는 60개를 운영하고 있다. 미국만 따져 보더라도 소매 거대기업인 Wal-Mart는 38개 주에 128개의 유통센터를 전략적으로 배치하고 있다.

그럼에도 부지의 선정 프로세스가 과학보다는 기예라는 생각이 만연하고 있다. 즉 전략보다는 운에 따라 결정되는 일이라 생각한다는 것이다. 미국 내의 정확히 어느 곳에 물류 및 유통센터를 둘 것인지를 결정하는 일은 단지 운송비의 차원을 넘어 수많은 요소를 고려해야 하는 사항이다 (비록 운송이 의사결정의 주요 요소이기는 하지만).

장소 선정 전문 잡지인 Expansion Management는 여러 해 동안 Logistics Today(저자가 속한 출판사)와 팀을 이루어 Site Selector를

개발해 왔다. Site Selector는 미국 내의 362개 주요 도시(예 : 미 Office of Management and Budget이 지정한 대도시 통계 지역)의 객관적인 순위를 매기기 위한 도구이다. 운수부(Bureau of Transportation)와 같은 각종 정부 기구에서 실시한 연구에 의하면 Site Selector는 각 도시의 전반적 발달 상황을 10개 항목을 기준으로 제시하며, 이를 참고하면 해당 도시의 전반적인 물류 친화도를 알 수 있다.

1. 운송 및 유통 산업 순위는 해당 도시에 소재하고 있는 운송, 유통, 창고 및 관련 서비스 종사업체의 수와 종업원 기반에 따라 결정된다.
2. 노동력 및 인력 순위는 해당 지역에서 거주하거나 동원 가능한 물류 관련 노동자의 수에 따라 결정된다.
3. 도로 기반시설 항목은 일인당 도로 길이, 주간 고속도로 접근로 및 포장도로 길이와 같은 요소의 측정치이다.
4. 도로 밀집도, 혼잡도 및 안전 항목은 교통량 및 지체시간 그리고 사고 통계와 기타 교통의 원활한 흐름에 영향을 미치는 요소를 기준으로 도시의 순위를 매긴 결과이다.
5. 도로 상태 항목에는 고속도로와 교량의 상태를 비롯한 각종 측정치가 포함되어 있다.
6. 주간(州間) 고속도로 항목은 도시의 주간 고속도로 접근성 및 고속도로의 건설과 유지를 위해 매년 지출되는 액수를 평가한 결과이다.
7. 세금 및 수수료 순위는 물류 관련 비용를 척도로 나타낸 것이며, 고속도로 사용료와 유류세, 재고 관련 세금(해당되는 경우) 등이 포함되어 있다.
8. 도로 항목은 클래스 1 및 기타 철도 서비스에 대한 州 차원의 접근성, 궤도의 길이 등을 보여 준다.
9. 수상교역 항목에는 항구의 용량 및 내륙수로의 수송 용량이 포함되어 있다.

10. 항공화물 항목은 화물운송 서비스에 대한 접근성을 기준으로 도시의 순위를 매긴 결과이며, 겸용선을 이용한 와이드바디 여객 서비스, 국제선 및 급송 서비스가 포함되어 있다.

Site Selector의 2005년도 순위에 기초하여 미국에서 가장 물류 친화적인 10대 도시를 나열하면 다음과 같다.

1. 뉴욕주 New York
2. 텍사스주 Houston
3. 일리노이즈주 Chicago
4. 오하이오주 Cleveland
5. 미시건주 Detroit
6. 미주리주 St. Louis
7. 미네소타주 Minneapolis/St. Paul
8. 캘리포니아주 San Fransisco/Oakland
9. 미주리주 Kansas City/캔자스주 Kansas City
10. 플로리다주 Jacksonville

올바른 장소의 물색

Site Selector는 기업이 유통 요구사항에 적합한 도시 또는 지역을 찾는데 도움이 되도록 설계되어 있다. 거의 모든 회사가 유통망의 어느 구간에선가는 자동차 운송업체를 사용하고 있기 때문에 도로에 대한 접근성은 중요한 요소이나 그렇다고 해서 그것만이 유일한 요소라 할 수는 없다. 예를 들어 뉴저지주 Trenton시의 경우를 보면 2005년도의 조사 결과 도로 기반시설 면에서 1위(가장 높은 순위)를 차지하였는데, 이는 이 도시가 주요 고속도로와 턴파이크에 인접해 있다는 사실에 비추어 놀랄

만한 일이 아니다. 또한 Trenton은 펜실베니아주의 Philadelphia와 뉴욕주의 New York이라는 두 개의 대도시 사이에 자리잡고 있어 전략적으로 그 위치가 매우 중요하다.

그러나 문제는 도로 조건이 별로 양호하지 못하다는 것이다. 이 항목에서 Trenton의 순위는 362개 도시 중 355위를 차지하고 있다. 기타 항목을 살펴보면 Trenton이 세금 및 수수료 항목에서 높은 순위를 점하고 있으며(30위), 철도 접근성(151위)과 운송 및 유통 산업 항목(154위)에서는 중간 정도의 순위를 차지하고 있다는 것을 알 수 있다. 모든 요소를 종합해 볼 때 Trenton은 전국에서 68위를 차지하고 있어 상위 20%에 겨우 진입하고 있는 모습이다.

그러나 대부분의 장소 선정 결정이 전국적인 관점에서보다는 미국 내의 한 지역을 중심으로 내려지는 경우가 많기 때문에, 어느 도시가 지역 내의 다른 도시와 어떻게 비교되는지를 알아 보는 것도 유용할 때가 많다. 예를 들어 Trenton은 미국 북동 지역에서 15번째로 가장 물류 친화적인 도시로 평가되고 있다. 사실 북동 지역의 도로 상태는 어느 곳이든 그리 좋지 않기 때문에, 북동 지역에서 공급망을 운영하는 회사의 입장에서 도로의 상태는 그리 중요한 비교우위 요소가 아니다. 교통정체와 자연현상의 원투 펀치는 고속도로 상의 정체를 부르는 고질적 문제이다. 결국 북동 지역에서 장소를 선정할 때 도로의 상태는 거의 고려할 요소가 되지 못한다.

Chicago Consulting은 미국 내의 최적의 창고 네트워크를 판정하기 위한 연구를 실시하였다. 이 연구의 목적은 대고객 운송의 리드타임이 어느 정도까지 짧아질 수 있는지를 인구 패턴에 기초하여 밝혀 내는 것이었다. 이러한 기준을 사용할 때 회사가 1개의 유통센터를 운영하기에 가장 적합한 장소는 인디애나주 Bloomington이었다. 고객과의 평균 거리는 803마일이었고 평균 운송 시간은 2.28일이었다. 2개의 DC를 운영하는 회사의 경우, 최적의 장소는 켄터키주 Ashland와 캘리포니아주 Palm -dale로 밝혀졌다.

Gillette의 유통망 살펴보기

퍼스널케어 제품, 배터리 및 기타 소비자용 포장상품 제조업체인 Gillette Co.는 2002년에 North American Network Study(북미 네트워크 조사)를 시작하였다. 그 목적은 단순히 최저의 비용으로 뛰어난 고객 서비스를 제공할 수 있는 최고의 유통망을 찾아내는 것이었다. 회사의 솔루션 관리자인 Louise Knabe의 직무는 Gillette가 얼마나 많은 DC를 필요로 하며 어디에 DC를 두어야 할 것인지를 알아내는 일이었다. 최저 비용은 중요한 고려사항이었다고 Knabe는 말한다. 만일 Gillette의 목표가 단순히 가능한 한 최고의 고객 서비스를 제공하는 것이었다면 네트워크 연구 결과는 보나마나 모든 주에 유통센터를 설치하는 방안을 답으로 제시할 것이기 때문이었다.

"물류 및 유통과 관련하여 고객 서비스를 측정할 때 Gillette는 주문의 사이클타임(고객이 발주를 한 시점에서 주문품을 수령하는 시점까지의 경과 시간)과 정시배송 성과(정시 도착하는 주문품의 백분율)를 측정의 기준으로 삼는다"고 Knabe는 설명한다. "DC의 위치는 대고객 운송 시간에 영향을 미치기 때문에 전략적 DC 네트워크의 설계는 주문의 사이클타임에도 영향을 미치게 된다."

네트워크 연구를 실시하던 당시 Gillette는 동부해안 지역에 2개의 DC를 두고 있었는데, 그 중 하나는 메사추세츠주 Boston 근처에 있었고 또 하나는 테네시주 Chattanooga 근처에 있었다. 테네시주의 창고에는 Duracell 배터리만 보관되어 있었으며, 메사추세츠주의 창고에는 다른 모든 품목이 보관되어 있었다. 그 중 어느 창고도

Gillette의 모든 제품을 보관하고 있지 않았다.

그런데 도대체 뭐가 문제란 말인가? "우리의 프로젝트 분석 결과는 이러한 상황으로 인해 최고의 고객 서비스를 제공하기가 어렵다는 것을 말하고 있었다"라고 Knabe는 지적한다. "내가 버지니아주에 있는 고객이라고 가정하자. 이 말은 배터리는 테네시주로부터 공급되고 다른 모든 품목은 메사추세츠주로부터 공급된다는 의미이다. 따라서 2대의 트럭이 Gillette의 제품을 싣고 와야 하며, 이는 그만큼 성가신 일이 된다."

그러나 Gillette가 안고 있는 최대의 문제는 어느 창고에도 회사의 모든 품목이 비치되어 있지 않았기 때문에 많은 대고객 배송품이 차급화물운송방식에 비해 비싼 혼적화물운송(LTL) 업체를 통해 운송된다는 점이었다. 또한 Gillette가 모든 제품을 한 대의 트럭에 실어 보내는 것과 비교할 때 운송 시간은 더 길고 신뢰성은 더 낮을 수밖에 없었다. Gillette는 최고의 서비스를 제공하려면 LTL 배송을 가능한 한 온전한 차급화물운송 방식으로 전환할 방법을 찾아야 한다는 결론을 내렸다.

이것이 바로 Gillette가 장소 선정의 모범적 방법론으로 눈길을 돌리게 된 이유였다. 물론 그 최종 목표는 DC를 고객과 가까운 곳에 배치하고 차급화물운송 방식으로 정기 운송을 실시할 수 있는 네트워크를 개발하는 것이었다.

비용이냐 서비스냐

얼마나 많은 창고가 필요하며 어디에 두어야 하느냐는 질문에 대한 답을 얻기 위해 Gillette는 최적의 장소 선정을 위한 완전한 이론적 분석을 실시하였다. 이 회사는 제조 공장 및 조달 원천의 위치와 같은 제반 사항을 평가 요소로 사용하였다. 그와 동시에 Gillette는 고객의 위치 그리고 특히 누가 무엇을 얼마만큼 주문하는지를 세심히 조사하였다. Knabe는 이에 대해 이렇게 설명한다. "이 두 가지 요소를 앞에 놓고 우리는 이렇게 자문하였다. 이 두 요소를 어떻게 조합할 것인가, 그리고 창고를 배치할 장소를 어떻게 찾아 낼 것인가?"

"유통 비용과 관련하여 우리는 공장에서 창고까지의 운임을 살펴보고, 이어 창고에서 고객까지의 운임을 조사하였다"고 그녀는 설명한다. 최적화 소프트웨어 도구를 사용하여 가능한 시나리오를 모두 평가하면서 Gillette는 다음과 같은 질문사항을 중점 탐구하였다. 만일 3개의 창고를 둔다면 운임을 최소화할 수 있는 장소는 어디어디인가? 이 회사는 부동산, 노무비, 세금, 전기와 같은 공공요금("이것 때문에 Manhattan은 일찌감치 후보지에서 탈락했다"고 Knabe는 말한다) 등 그 외의 유통 비용까지도 세심히 살펴보는 것을 잊지 않았다. 재고 보유 비용 또한 계획에 반영되었다.

또한 Gillette는 서비스와 관련하여 다음과 같은 질문을 제기하였다. 유통망 설계를 통해 고객 서비스에 어떠한 영향을 미칠 수 있을 것인가? Knabe의 말에 의하면 방법은 두 가지였다. 전술한 바와 같이 첫 번째 방법은 Gillette가 차급화물운송 방식의 활용도를 극대화할 수 있는 유통망을 구축하는 것이었으며, 이는 모든 제품을 모든 창고에 보관해야 한다는 것을 의미하였다.

두 번째로 가능한 방법은 주문의 사이클타임에 관한 것이었다. "창고의 위치는 대고객 운송 시간에 영향을 미친다"라고 Knabe는 말한다. "따라서 우리는 모든 고객에게 48시간 이내에 배송을 하기 위해서는 얼마나 많은 창고가 필요한지를 조사하였다. 그 다음 우리는 이렇게 질문하였다. 고객의 85%에 대해 48시간 내 배송을 하려면 얼마나 많은 창고가 필요한가? 우리는 이러한 두 가지 시각(비용과 서비스)에서 당사의 네트워크를 조망하였고 가장 타당한 방안을 찾아 내었다."

유통망과 비즈니스 전략의 일원화

그러나 Gillette의 이론적 분석은 현실적 문제로 인해 뒤로 밀리게 되었다. 이 회사는 당시 창고의 상당 부분을 리스 계약으로 사용 중이었으며, 따라서 단순히 짐을 싸서 떠난다는 것이 비용 측면에서 너무 엄청난 손실을 유발할 수밖에 없는 처지였다. 따라서 다시 다음과 같은 질문에 답을 해야만 했다. Gillette가 물리적 기반시설을 바꾸지 않은 채 더 나은 고객 서비스를 제공할 수 있는 방법은 무엇인가?

"우리의 목표는 모든 제품이 보관된 창고가 동부 해안 지역에 최소한 한 개는 있어야 한다는 것이었다"라고 Knabe는 말한다. 궁극적으로 Gillette를 메사추세츠주와 테네시주의 DC를 모두 그대로 유지하기로 하였으나, 취급하는 제품 및 배송 대상을 바꿈으로써 기능에 변화를 주기로 하였다. 이제 위의 두 창고에는 Gillette의 모든 제품이 보관되어 있다.

여기까지는 좋았다. Gillette는 새로운 기반시설에 투자를 하지 않고도 고객 서비스를 개선할 수 있다는 것을 발견하였다. 그러나 Knabe가 알아 낸 바와 같이, 두 개의 창고에 모든 제품을 보관해야 했기 때문에 재고 수준이 상당폭 증가할 수밖에 없었고, 이는 절대 피해야 할 일이었다. 잠재적으로 회사의 발목을 잡을 수 있는 이러한 문제를 해결하기 위해 회사는 유통망의 최적화를 위한 통계적 안전재고 분석을 수행하였다. Gillette는 안전재고 목표의 설정을 위해 몇몇 프로세스에 변화를 가하였으며, 이로써 고객 서비스를 개선하면서도 재고를 일정하게 유지할 수 있었다.

"유통망은 비즈니스 전략 내에 하나의 기능으로서 포함되어야 한다"는 점을 Knabe는 강조한다. "만일 비즈니스 전략의 지향점이 최저 비용 업체가 되는 것이라면 그러한 종류의 네트워크를 만들어야 한다. 예를 들어 Wal-Mart는 가능한 한 비용 효율을 높일 수 있는 방식으로 자사의 유통망을 구축하였다. 만일 비즈니스 전략의 목표가 대응력을 최대한 높이는 것이라면 또 다른 네크워크를 구축해야 한다. 의료기기 제조업체인 Boston Scientific의 경우를 보면 문제는 유통망의 비용이 아니라 올바른 제품을 올바른 장소에 즉시 배송하는 일이라는 것을 알 수 있다."

결국 Gillette는 네트워크 구성의 모범적 방법론을 준수함으로써 차급화물운송 방식의 배송을 극대화하는 동시에 고객에 대한 정시 배송을 실현할 수 있었다. 그 결과 "뛰어난 고객 서비스를 최소의 비용으로"라는 목표는 현실이 되었다.

얼마나 많아야 많은 것인가?

그렇다면 자사가 과연 유통망에 너무 많은 비용을 쓰고 있는 것인지를 어떻게 해야 할 수 있을까? The Boyd Company는 가장 유통 친화적 도시를 알려 주는 Site Selector 지수를 통해 선정된 최상위 50대 시장에서 창고를 유지하기 위한 비용이 평균적으로 얼마나 소요되는지를 밝혀 내기 위한 비교비용 모델을 개발하였다.

Boyd의 비교모델은 150명의 노조가입 종업원이 일하고 있는 350,000평방피트 크기의 창고를 가상 설정한 상황을 바탕으로 전개된다. 이 가설상의 창고는 10개의 목적지 도시로 제품을 배송하는 전국적 유통망 역할을 한다. 놀랄 것도 없이 뉴욕시는 연간 운영비를 기준으로 창고를 소유하기에 가장 비싼 도시로 나타났으며, Boyd의 예측에 따르면 1580만 달러가 소요된다. 조사 대상 도시 중 가장 비용이 적게 드는 곳은 앨라배마주의 Mobile로서 1040만 달러가 소요된다.

창고 리스 비용이 가장 비싼 도시는 San Fransisco(1450만 달러)이고, 가장 싼 곳은 이번에도 Mobile(900만 달러)이다. 전반적인 추세는 여러분이 예상하는 바와 비슷하게 전개된다. 남동부의 도시들은 가장 비용이 저렴한 편이고, 북동부와 서부 해안 쪽이 가장 비싸며, 중서부가 중간 정도의 순위를 차지하고 있다.

또한 Boyd는 마일 당 1.46달러의 비용으로 30,000파운드의 차급화물 운송 화물이 대외 배송된다는 가정 하에서 가설적인 대외 배송 모델을 살펴보았다. 이 모델은 오레곤주 Portland에서 전국의 시장으로 물품을 옮기는 것이 가장 비용 면에서 불리한 반면(410만 달러) 대외 배송 비용이 가장 저렴한 도시는 미주리주의 St. Louis(240만 달러)라는 결과를 제시하고 있다.

The Boyd Company의 대표인 Jack Boyd의 말에 따르면 이제 모든 회사는 리스보다는 자사의 창고를 소유하는 쪽을 선호하는 것으로 알려져 있다. 또한 오늘날의 이러한 추세는 수는 적으나 더 큰 창고를 세우는 경향으로 이어지고 있으며, 비용 절감 차원에서 건물 내에 창고와 무관한 기능을 포함시키는 경우도 나타나고 있다. 실질적으로 이는 화이트칼라 노동자들이 블루칼라 노동자들의 현장으로 옮겨 가는 현상을 수반한다. 누구든 평방피트당 부동산 가격이 20달러에 달하는 사무실 부지에 공장을 세우기보다는 5달러에 불과한 창고 부지를 선택할 것이라는 점을 Boyd는 지적한다. "기업이 점점 더 정보기술 집약적으로 변해 가면서 창고의 인력 수용 요구사항은 지난 수년간 계속 증가해 왔다"고 Boyd는 설명한다. "노동 및 기술의 요구사항이 점점 더 높아지고 있으며, 이러한 추세는 창고의 위치 선정과 관련하여 더 많은 노무비 분석을 요구하고 있다."

무형의 요소에 대한 평가

소매 거대기업 Wal-Mart는 미국 북서부 지역을 위한 식품 유통센터가 필요하다는 결정이 내려진 후, 몇 가지 부지 선정 기준을 가중 평가한 끝에 800,000 평방피트 크기의 시설이 들어설 장소로 워싱턴주의 Grandview를 선택하기에 이르렀다. 예를 들면 이 지역은 경공업 지구로 지정되어 있는 동시에 환경에 대한 검토가 이미 완료된 상태였으며, 이러한 사실은 하나의 이점으로 작용하였다. 해당 부지는 Grandview시로 편입되도록 계획되어 있기는 했으나, 지역 인구의 수가 비교적 적었기 때문에 Wal-Mart가 선택하기에 큰 무리는 없는 상황이었다.

Grandview는 주간 고속도로 I-82에 인접해 있으며 선택된 부지가 평탄하다는 점은 소매업체로서 중요한 고려사항이었다. 이 도시는 3대 주요 도시인 Seattle, Spokane 및 Portland로부터 200마일 이내의 거리에 자리잡고 있다. 또한 60개가 넘는 현지의 트럭운송회사가 전 지역에서 운영되고 있으며, 그 외에도 2개 노선의 철도와 9개의 항공사가 운영되고 있다. Yakima 강과 Snake 강이 합치는 것에 위치한 근처의 Pasco항은 Columbia 강을 통한 바지선 서비스를 이용해 Portland 항으로 컨테이너 화물을 운송할 수 있는 수단을 제공한다.

Wal-Mart(최고 수준의 임금을 지급하는 것으로 알려져 있지는 않다)는 Grandview 지역의 임금 수준(주로 창고 직원)이 중위수를 기준으로 최저 수준이라는 사실을 발견하였다. 이곳의 임금 수준은 시간 당 8.11달러로서 Seattle 지역에 비해 2.00달러 이상 낮았다. 더욱이 Grandview의 트럭 운전기사의 평균 시급은 14.02달러로서 Seattle의 17.62 달러에 비해 크게 낮은 수준이었다.

아울러 이 사례에는 어떠한 지수나 조사로도 정확히 분류해 낼 수 없는 무형의 요인이 개입되어 있었다. 그러나 그것은 Wal-Mart가 궁극적으로 Grandview를 선택하게 된 엄청나게 중요한 요인이었다. 그러한 무형의 요인 중 하나는 해당 지역 공동체가 Wal-Mart의 비즈니스를 유치하고 새로운 DC를 통해 신규 고용을 창출하는 일에 열정적이었다는 점이다. Grandview를 유통 거점으로 선택했던 다른 회사들(대표적인 경우로는 이 지역에서 500,000 평방피트 규모의 DC를 운영하고 있는 소매업체 Ace Hardware가 있다)도 이 지역의 여건에 대해 좋게 평가를 하고 있었다. 주변 지역 공동체의 시장들까지도 DC를 위한 최적의 장소로서 Grandview를 지지하기 위해 발벗고 나섰다.

Grandview가 위치한 Yakima 카운티는 고용 및 교육 지원을 제의하였고, 주 정부의 고용서비스 기구인 WorkSource Washington을 통해 Wal-Mart를 끌어들이는 일에 나섰다. 이 기구는 DC에 필요한 400명의 인력 충원을 위해 6,000명이 넘는 입사지원자를 선별하였으며 최고의 인력만으로 최종 면담 대상자 명단을 구성하여 Wal-Mart 측에 보내 주었다. 전체적으로 볼 때 DC의 후보지로서 Grandview의 가장 큰 매력은 역시 노무비와 물류 지원 역량이었다고 할 수 있으나, 한편으로 Wal-Mart가 보여 준 장소 선정의 모범적 방법론은 정부 보고서에 반드시 표시되지 않을 수도 있는 지역 공동체의 품질이 중요한 역할을 한다는 것을 예증하고 있다.

양보다 질

때로는 현재의 시설만으로는 부족할 정도로 회사가 성장하는 와중에도 DC를 단 하나 늘리는 것만으로 모든 것을 충분히 처리하는 것이 가능할 수도 있다. 수납 및 정리용 제품의 소매업체인 Container Store의 상황이 바로 그러했다. Dallas에 본사를 두고 있는 이 회사는 매년 20%에 달하는 성장을 구가하다 보니 300,000평방피트에 달하는 DC의 용량이 부족하게 되었으며, 결국 155,000 평방피트 규모의 위성 시설을 근처에 추가하였다. 그런데 그것으로도 용량이 충분치 못했기 때문에 제삼자와의 계약 하에 5,000개의 파렛트를 위한 공간을 추가로 확보하기에 이르렀다.

미국 전역에 30개가 넘는 점포가 개설될 정도로 회사가 성장하였음에도 이 소매기업은 중앙에 위치한 한 개의 DC만으로도 모든 것을 충분히 처리할 수 있다는 생각을 하고 있었다. Container Store의 물류 및 유통 담당 부사장인 Amy Carobilalno는 이렇게 말한다. "우리는 전체 네트워크를 살펴 본 후, 과연 보충용 재고를 DC로부터 다른 곳에 옮겨 보관하고 고객 주문 처리용 재고를 다른 곳으로 이전하는 것이 시기적으로 적절한지를 자문하였다." 이 소매기업은 한 개의 장소를 유지하는 것이 더 유리할 것으로 판단하였다. 예를 들어, 모든 재고를 한 곳에 모아 보관하고 회사의 본사가 DC에 직접 연결되어 있는 형태가 그러한 경우에 속한다. 이러한 중앙집중적 배치는 미국의 서부 해안을 통해 아시아로부터 물품을 수입하고 Houston항이 있는 멕시코만으로부터는 유럽산 물품을 수입하는 이 회사의 물류망을 위해 적합한 형태라 할 수 있다.

따라서 이 소매기업은 Dallas에 머물러 있기로 결정하였으며, 단지 시내의 다른 곳에 110만 평방피트 규모의 DC를 새로 만들어 규모를 확장하기로 하였다. 새로 추가된 구역이 현재 모두 사용되고 있지는 않으나, Container Store의 마스터 유통 계획에 따르면 향후 전체 시설을 단계별로 사용하게 될 것이다. "만일 우리의 계획대로 된다면 2007년 중 컨베이어가 필요하게 될 것이다. 그 이유는 그때쯤 컨베이어 비용을 충당할 만큼 제품의 물량이 늘어날 것이기 때문이다"라고 Carobillano는 말한다. 한편 이 소매기업은 현재의 요구에 최적화된 평면도의 구성에 노력을 집중하고 있다. "자사의 비전이 무엇인지를 알고 나면 일단 그 중 일부만 구매하여 사용하면서 솔루션을 단계별로 개발해 나갈 수 있다." 전체 DC 구역을 사용하기까지는 많은 것들이 변할 것이라고 그녀는 말한다.

비록 Dallas 지역에 계속 남아 있기로 결정하기는 했으나 Container Store는 얼마간의 거리를 이동하든 작업자 중 일부는 영향을 입을 것임을 인지하고 있었으며, 따라서 부지 선정 과정에서 그들의 의견을 듣기로 하였다. "우리는 Dallas-Fort Worth의 광역 대도시 지도를 펼쳐 놓고 모든 종업원이 살고 있는 곳에 하나하나 핀을 꽂아 표시를 하였다"고 Carobillano는 설명한다. 그 다음 회사는 종업원의 이탈을 막을 수 있는 부지를 찾는 일에 착수하였다. "우리는 거주지가 가장 멀고 출퇴근 시간이 가장 긴 종업원들과 이야기를 나누었으며" 대안적 출퇴근 방법과 카풀의 이용 등을 통한 지원을 제의하였다고 Carobillano는 말한다. 그 결과 이 회사는 장소를 이전한 후에도 단 한 명의 창고 직원이나 사무직 직원도 잃지 않을 수 있었다. "각 종업원이 하는 일을 그들만큼 잘 알고 깊이 신경 쓰는 사람은 아무도 없다"는 것이 그녀가 지적하는 바이다.

시설 이전 일자가 도래하자 Container Store는 4일간의 주말 휴일 기간을 이용해 예전의 DC의 문을 닫고 새로운 시설의 문을 열었으며, 이어 예전의 DC로부터 새로운 시설로 상품을 옮기기 시작하였다. 그러한 전체 프로세스에는 약 8주가 소요되었으며, 그 시점부터 회사는 대내 반입 물품을 새로운 DC에서 수령하기 시작하였다.

자사의 종업원에 대한 관심은 명백히 Container Store를 위한 모범적 방법론 중 하나이며, 아울러 "한 명의 뛰어난 종업원은 좋은 종업원 3명만큼의 가치가 있다"라는 기업 철학은 뛰어난 인력을 계발할 수 있는 환경의 토양이 되었다. 이러한 사고방식은 Fortune지가 선정하는 "최고의 직장" 목록에 연속해서 등재되는 등 보상으로 바뀌어 되돌아 오고 있다.

세계화 : 세상은 그리 작지 않다

기술의 발전은 이제 모든 규모의 회사가 "하나로 연결된 세상"과 전세계적 공급망을 기준으로 사고를 할 수 있을 정도로 상거래의 속도를 높여 주었다. 세계화 전문가 Thomas Friedman은 퍼스널 컴퓨터, 작업 흐름 소프트웨어 및 인터넷 검색엔진과 같은 기술이 연결된 세상의 주역이었다고 말하고 있으나, 사실 그 프로세스는 20세기 중반에 컨테이너 운송 방식이 나타나면서부터 시작되었다고 보아야 한다.

1950년대에 트럭회사의 임원이었던 Malcom McLean은 한 가지 아이디어를 가지고 있었다. 그 아이디어는 누가 보더라도 명확한 듯 했지만 실천하기에는 다소간의 시간이 필요했다. 항구의 하역 노동자들이 트럭에서 짐을 내리고 보관 장소로 옮기고 배에 다시 싣는 모습을 바라보던 McLean은 모든 것을 트레일러에 그냥 둔 채로 컨테이너를 통째로 들어 컨테이너 적재 전용으로 특별히 제작된 화물선에 싣는 편이 훨씬 좋은 방법일 것이라는 생각을 하게 되었다. 그 후 선박, 트럭 및 컨테이너를 개조하고 하역과 적하 프로세스가 간소화되기까지는 몇 년이 소요되었다. 또한 노동조합과 항구 작업기사들을 상대로 컨테이너 운송이 좋은 아이디어이며 그들의 생활 방식에 대한 위협이 아니라는 것을 설득하기까지는 더 많은 시간이 흘러야 했다. 그러나 결국 그 아이디어는 빛을 보게 되었다.

그로부터 50년이 지난 오늘날 McLean의 비전은 20피트 컨테이너(20 피트급이라는 뜻에서 TEU라 불림)를 6,000개 이상 적재할 수 있는 용량의 무수한 화물선이 수많은 국제 무역항에서 앵커를 늘어뜨리고 있는 장면으로 연출되고 있으며, 미국 회사들의 입장에서도 국내 소비용 의류를 동남아나 남미와 같은 저비용 국가의 공장에서 만드는 것이 국내 생산에 비해 훨씬 비용 효율적이라고 생각할 정도가 되었다. 제 7장에서 살펴본 바와 같이 원양화물선박을 통해 컨테이너 단위로 배송을 하는 것은 가장 저렴한(비록 가장 느리지만) 운송 모드이다. 이러한 낮은 원가와 낮은 물류 비용은 의류 및 전자제품 제조 또는 기타 어느 업종을 막론하고 해외 아웃소싱(흔히 오프쇼어링이라고도 함)이 무조건적인 선택이라는 분위기를 조성한 주역이었다.

제 9장에서 우리는 기업이 국내 유통망을 설계할 때 주로 사용하는 모범적 방법론에 대해 살펴보았다. 본 장에서는 공급망의 범위가 북미의 경계를 훨씬 넘어서는 경우에 기업이 선택하는 방법들을 살펴보기로 한다. 비록 최근 수년간 중국이 오프쇼어링의 중심으로 떠 오르고 있으나 미국 기업들은 오래 전부터 다른 국가로부터도 조달을 해 왔으며, 성공과 실패가 교차하고 있다.

각국마다 문화가 독특하고 공급망 요구사항이 서로 다른 관계로 세계화와 관련하여 하나의 모범적 방법론을 제시한다는 것은 매우 어려운 일이다. 퍼스널 케어 제품 제조업체인 Gillette Co.의 솔루션 관리자 Louise Knabe가 지적하듯이 "미국 시장에서 고객은 주문 후 며칠 이내에 물품이 배송될 것으로 기대한다. 홍콩의 경우 고객은 몇 시간 안에 배송이 끝날 것을 기대한다. 그 곳에서는 공간이 너무 귀하기 때문에 고객이 재고를 절대 보유하려 하지 않는다. 그들은 자신이 필요할 때 여러분이 물건을 들고 나타나 주기를 바란다." 그러한 이유에서 Gillette는 홍콩에 유통센터를 두고 있다.

한편 Knabe는 이렇게 말을 잇는다. "아프리카의 경우 이집트나 남아공화국 같은 소수의 예외적 국가를 제외하고 Gillette를 유통업체에 직접 물건을 판매하며, 이들은 완전히 다른 기대사항을 가지고 있다. 즉 매달 한 번 배송을 해 주기를 원한다. 그리고 러시아의 경우에는 유통업자가 우리의 창고로 와서 제품을 가져 간다." 이처럼 전세계의 각 지역마다 그 차이가 너무나도 크기 때문에 무엇이 고객 수요 충족을 위한 최상의 유통 방법인지를 일반화하여 말한다는 것은 매우 어려운 일이다. 따라서 한마디로 답하라면 '경우에 따라 다르다'고 밖에 할 수 없다.

다른 사람의 규칙에 따르기

제 9장에서 우리는 국내 운영을 위한 유통망 계획의 목적에 대해 알아보았다("적절한 균형의 유지"라는 제목의 단원 참조). 다른 나라에서 유통망을 구축할 때에는 전술한 모든 목적이 충족되고 의문사항에 답이 제시되어야 함과 동시에 전세계적 공급망의 관리와 관련된 추가적 사항이 더불어 고려되어야 한다. 이는 생산 시설이나 창고 시설을 정확히 어디에 둘 것인지를 결정할 때 더더욱 중요한 요소가 된다. 다음은 해외의 지역을 선정할 때 세심하게 검토해야 할 핵심 사항이다.

- 외국의 부동산을 소유하는 것이 자사의 비즈니스 전략의 일부로 포함되어 있는가? 해외에 자사의 시설을 세울 경우 특정한 국제 시장에 진출할 수 있는 능력이 증진될 것인가?

- 자사의 시장 전략은 얼마나 유연한가? 만일 시장이 예상보다 빠

르게 또는 느리게 개발될 경우 자사의 유통 자원을 얼마나 손쉽게 추가 또는 축소할 수 있는가?

- 얼마나 신속하게 시장에 진입할 수 있는가? 이 질문은 다음과 같이 바꾸어 표현할 수도 있다. 자사가 시장에 신속하게 진입할 수 있는 여건을 갖추고 있는가? 해외 시장에 진입할 수 있는 가장 효과적인 방법은 주요 유통 지역에 위치한 기존 시설(공항, 항구, 주요 고속도로 및 철도 허브)에 접근할 수 있는 수단을 확보하는 것이다. 그러나 이와 같이 수요가 높은 시설을 확보하려면 엄청나게 비싼 대가를 지불해야 하기 마련이다. 어떤 경우에든 예산이 충분할수록 전략적 지역에 자사의 시설을 배치할 수 있는 가능성이 높아진다.

- 위치는 극히 중요한 요소이나, 다른 나라의 규칙에 따라 시설을 운영해야 한다는 것을 명심해야 한다. 따라서 현지의 물류 서비스가 가용하고 신뢰성이 높은지를 확인해야 한다. 만일 그렇지 못하다면 아무 것도 없는 황무지 한가운데에 시설이 세워지는 것과 같은 일이 벌어질 수 있다.

- 현지의 통관 당국 및 기타 공무원과 적절한 관계를 맺고 있는가? 국경을 넘어 재화를 옮길 수 있도록 적절한 인적 관계와 면허를 확보한 상태인가? 자사의 유통망을 아무리 현명하게 설계했다 하더라도 여러분이나 여러분의 회사에 대해 잘 알지 못하고 규정 준수 문제에 있어 타협을 할 하등의 이유가 없는 까다로운 공무원 한 명 때문에 모든 노력이 수포로 돌아갈 수도 있다.

- 현지의 공급 기반을 확보하였는가? 현지의 노동법과 문화에 대해 더 많이 알게 될수록 현지의 물류 노동자 수급 관계를 더 잘 파

악할 수 있다. 만일 물류에 대한 경험과 주요 최종 시장에 관한 지식을 갖춘 관리자를 고용한다면 특히 도움이 될 것이다.

전세계적 비전의 개발

Supply Chain Redesign의 저자인 Robert B. Handfield와 Ernest L. Nichols, Jr.는 전세계적 공급망의 구축에 성공한 회사들이 몇 가지 모범적 방법론을 공통적으로 채택하고 있다는 의견을 피력한다. 그러한 모범적 방법론의 예를 들면 다음과 같다.

- 이러한 회사들은 "전세계적으로 공급자와 고객을 탐색하기 위한 자원과 노력의 투자를 이끌어 갈 주된 추진력"으로서 효과적인 글로벌 비전을 제시하고 있다는 것이 Handfield와 Nichols의 보고이다. 이러한 비전은 전세계적 공급 기반의 개발 및 배치를 위한 중심 주제가 된다.

- 이러한 회사들은 글로벌 비전을 전파할 수 있는 관리 구조와 시스템을 활용하고 있다. 모범적 방법론 중에는 글로벌 물품 위원회(Global Commodity Council) 및 보고 시스템, 지역별 조달 및 판매 기회에 관한 전문성을 공유하기 위한 국제 조달 사무소 및 판매 사무소, 의사결정의 지원을 위한 개선된 총 비용 모델, 조달 및 수요 계획 기능을 갖춘 전세계적 정보 시스템 등이 있다.

- 이러한 회사들은 현지 공급자와 전세계적 공급자의 최적 조합이 이루어질 수 있도록 자사의 공급 기반을 구성하고 있다. 이러한 조합은 회사가 현지 공급자와의 관계를 통해 경험을 쌓아 나감에 따라 수시로 변화될 수 있다.

- 이러한 회사들은 공급자의 역량이 자사의 경쟁력 및 제조 전략과 일원화되도록 자원을 배치한다. 또한 개별적인 기술 관련 문제의 해결을 위해 프로세스 전문가들이 배정된다. 공급자의 조직 내에 구조적 문제가 만연되어 있을 경우, 업계 최고의 회사들은 긍정적 변화를 이루어 내기 위해 총체적인 개입 프로세스를 시작한다.

"관리자들은 총 비용의 근저를 이루는 비용의 원천을 이해함으로써 비용 절감을 위한 전략을 효과적으로 실행할 수 있다"는 것이 Handfield와 Nichols의 견해이다.

국가별 친화성

제 9장에서 우리는 다양한 운송 및 기반시설 요인을 살펴보았으며, 미국의 주요 도시 사이의 유사성과 차이점이 반영된 지역 선정 기준에 기초하여 도시 또는 지역의 물류 친화성을 판단하는 방법을 검토하였다. 국제적인 도시 및 외국에 대해서도 이와 유사한 연구가 실시되었더라면 공급망 전문가에게 마찬가지로 큰 도움이 될 수 있겠으나, 불행히도 현재 그러한 연구는 실시된 적이 없다. 그 이유는 다름아니라 데이터가 없기 때문이다. 미국의 경우 일반에까지 공개되어 있는 이러한 종류의 지역 선정 기준을 다른 나라에서 찾기란 거의 불가능한 일일 수도 있다. 특히 제3세계의 지위를 막 벗어 던지기 시작한 국가 중에 그러한 경우가 많다.

World Bank와 핀란드의 Turku School of Economics는 88개 국가의 물류 친화도를 가중 평가하여 하나의 지수를 만들어 냈다. 그러나 World Bank의 연구는 기본적 지역 선정 기준을 평가하여 순위를 매기는 대신 국제 비즈니스와 관련된 부패 사건을 기준으로 글자 그대로 해당 국가의 "우호도"를 평가하는 방식을 취하고 있다. 이 연구에서 말하는 물류 친화도란 특정 국가를 대상으로 오고 가는 국제화물을 얼마나 손쉽게 처리할 수 있느냐를 말한다. 부패도를 제외한 다른 요소로는 정보에 대한 접근성, 통관 및 기타 국경 관리 당국, 물리적 기반시설, 통합모드 운송의 발달 상태 및 가용성, 그리고 물류 서비스의 발달 수준 등이 있다. 전세계적 공급망의 보호 및 보안의 주제는 제 14장에서 다루기로 한다.

 이 지수는 현재 보편적으로 받아들여지고 있는 상식, 즉 단순히 비용만을 생각하여 생산과 조달을 외국으로 아웃소싱하더라도 큰 문제는 없다는 관념에 대한 반론을 제기하고 있다는 점에서 특히 유용하다. 저비용 대안 국가(대표적으로 중국) 중 다수는 사실상 "자유무역"이라는 개념을 미국, 캐나다, 호주 및 기타 유럽연합 국가들과 크게 다른 방식으로 이해하고 있는 전체주의 국가들이다. 그리고 많은 나라에서 협력(주요 공급망 파트너와 호혜적 관계를 키워 나간다는 것)이란 거의 알려져 있지도 않은 개념이다.

 World Bank의 연구에 의하면 가장 물류 친화적인 상위 10개 국가는 다음과 같다.

1. 스웨덴
2. 네덜란드
3. 호주
4. 오스트리아
5. 일본
6. 벨기에
7. 이탈리아
8. 뉴질랜드
9. 룩셈부르크

10. 핀란드

미국, 캐나다 그리고 영국은 16, 17, 18위를 각각 차지하고 있다. 가장 인기 있는 3대 오프쇼어링 대상인 인도, 중국 그리고 멕시코는 38, 42, 44위를 각각 차지하고 있다.

반면 가장 순위가 낮은 5개 국가는 다음과 같다.

84. 몰도바
85. 우간다
86. 모잠비크
87. 러시아
88. 나이지리아

분명 World Bank의 연구에는 많은 국가들이 빠져 있으며, 그 이유는 여러 가지이다. 일부 국가는 불충분한 기반시설과 자원을 가지고 있다는 이유로 제외되었고, 다른 몇몇 국가(예 : 이라크, 이란, 북한 등)는 정치적 혼란으로 인해 제외되었다.

직접 눈으로 보라

전세계적 공급망을 구축하는 문제에 있어 궁극의 모범적 방법론은 누가 보아도 명백한 방법, 즉 해당 국가에 가서 직접 눈으로 보라는 것이다. 현장 평가보다 더 나은 방법은 없다는 것이 International Outsourcing Services의 수석 부사장 Laird Carmichael의 권고이다. 특히 상황이 유동적일 경우는 더더욱 그러하다. "혼돈과 불안정의 징후가 있다면 아마 실제로도 그러할 것이다. 노무비 측면에서 아무리 유리하더라도 계속적으로 정치적 불안정에 대한 뉴스가 들려 온다면 다른 곳을 찾는 것이 최선이다. 너무 많거나 너무 적은 경찰 및 군 인력, 교통통제의 부재, 벌건 대낮에 아무런 저지 없이 횡행하는 불법 행위 등은 모두 좋지 않은 지표들이다. 이러한 것들은 해당 국가에 가서 직접 눈으로 보지 않는 한 알 수 없는 것들이다."

여러분에게 필요한 것은 현지의 물류 상황에 대한 정확한 평가이다. 이는 특정 국가 또는 지역의 물류 자산과 부채에 대한 평가를 말한다. 지리 및 물리적 기반시설은 중요한 결정 요인이다. 해외진출 지역 선정 프로세스를 진행할 때에는 미국 내에서의 프로세스와 동일한 요소를 점검해야 하는 것은 물론이고, 현실적으로 존재하는 명백한 차이까지도 감안해야 한다. 예를 들어 고속도로가 얼마나 혼잡한지를 묻는 대신 고속도로가 있기나 한지 여부를 물어야 할 수도 있다.

저자인 Douglas Long은 많은 역사적으로 중요한 도시들이 유리한 지리적 위치 때문에 중요해진 것이며, 특히 천혜의 항구 지역에 위치한 경우 더더욱 그러하다는 점을 지적한다. "지리적인 위치가 좋더라도 도로, 항구 또는 공항 등 기반시설이 없다면 도움이 되지 않는다"고 그는 말한다. "공공 기반시설은 회사의 운영 능력에 엄청난 차이를 가져다 준다. 어느 업체든 지리적 위치에 따라 좋든 나쁘든 영향을 받지 않을 수 없다." 그러한 공공 기반시설 중에는 교량과 도로와 같은 주요 프로젝트뿐 아니라 도로 표지판과 같은 것까지도 포함된다.

전술한 바와 같이 제조 또는 유통 시설을 기존의 항구 가까이에 두고자 하는 경우의 단점은 그러한 지역에 이미 빈 공간이 없기 때문에 시설 확보 비용이 엄청나게 비싸질 수 있다는 것이다. 더욱이 대부분의 항구와 공항 지역에 대해서는 외국 회사의 토지 소유가 제한 또는 금지되어 있다. 일부 항구 지역에 부동산을 확보하는 유일한 방법은 항구로부터 직접 임차하는 것뿐이라고 Holland International Distribution Council의 부사장인 Edgar Kasteel은 말한다. 항구 지역 부동산을 확보하는 방법의 어려움과 비용에 대한 대가는 운송 기반시설을 가까이에 둘 수 있다는 것이다.

해외진출 지역의 선정은 물리적 기반시설의 문제에서 끝나는 일이 아니다. "현대의 비즈니스는 교역 규칙, 통관 당국자 및 비즈니스 계약에 대한 법적 집행이 포함된 법적 시스템을 요구한다"는 점을 Long은 지적한다. "또한 은행을 통한 금융 지원이 제공되어야 한다. 통상과 물류는 다른 업체와 정부로부터 다양한 종류의 서비스를 받아야만 가능한 일이다. 이러한 서비스가 없다면 기반시설이나 항구가 아무리 좋더라도 비즈니스를 통해 수익을 올릴 수 없을 것이다."

특히 관세와 통관 비용에 대해서는 세심한 관심을 기울여야 한다고 Carmichael은 덧붙여 말한다. 이러한 수수료는 기본적 여건에 심대한 영향을 미칠 수 있다. "기본적으로 원자재의 원산지 국가, 어디를 통해 국내로 반입되는지(미국 또는 멕시코 등을 경유), 그리고 어떠한 형태를 취하는지 등이 중요한 요소가 된다. 자유무역 협정으로 인해 특정 국가에서는 법적 지침에 따라 취급되는 자재에 관세가 매겨지지 않을 수 있다." 각국은 상이한 통관 비용을 부과하며 각국의 통관 자재 분류 방식에 따라 법률에 빈 틈이 발생한다는 점을 그는 지적한다. "많은 경우, 원자재와 부분 조립 자재가 이와 관련하여 중요한 요소로 작용한다."

때로 "낮은 비용"은 "낮은 서비스"를 의미한다

여러 회사들이 자사의 생산 활동을 해외로 소싱하는 주된 이유는 노무비가 훨씬 또는 말도 안되게 싸기 때문이다. 미국의 대다수 기업의 입장에서 최대 50%까지 노무비와 관련 비용을 절감할 수 있는 기회는 그것 하나만으로도 생산 활동을 해외로 옮기기에 충분한 이유가 된다. 물론 운송 비용은 즉각 증가하겠지만 노무비 절감액에 비하면 지구의 한 쪽에서 다른 쪽으로 제품을 더 많이 옮기는 비용 정도는 충분히 지불할 수 있을 것처럼 생각된다. 미국을 향해 운송되는 대부분의 해외 소싱 재화가 가장 저렴한 운송 모드인 선박에 실려 대양을 건너기 때문에 물류는 회사가 오 프쇼어링의 장단점을 평가할 때 고려 대상 순위에서 저만치 아래로 밀리 게 마련이다(적어도 초기에는 그러하다).

그러나 1-2년 이내에 노무비 절감의 장점은 서서히 사라지게 되고, 많 은 회사들은 보통(그리고 뒤늦게) 자사의 제조 활동이 전체주의적이며 착 취적인 정부가 다스리고 있고, 도로 상태가 엉망이고, 물류 기반시설이 아직 계획 단계에 불과하고, 항구가 엄청나게 붐비고, 대다수 국민이 미 국의 지적 자본을 자기 것으로 여기는 국가로 옮겨져 있다는 현실에 눈을 뜨게 된다. 오프쇼어링의 중심지 중국이 바로 그러한 경우로서, 이 나라 의 노무비는 정부가 미국의 투자를 활용하여 자국의 제조 기반을 급속히 확대함에 따라 상승하고 있는 중이다. 그러나 중국이 동부 해안을 따라 전례 없는 속도록 성장을 하고 있는 반면 내륙의 대부분 지역은 거리도 먼데다가 물류 측면에서 매우 어려운 곳으로 남아 있다.

분석 전문 회사인 Aberdeen Group에서 실시한 어느 연구에 의하면 미국 회사의 91%가 세계화를 통해 애초 희망했던 비용 절감 효과를 과 연 얻었는지에 대해 확신하지 못하고 있는 것으로 나타났다. 예상치 못했 던 공급망 비용은 노무비의 잠재적 절감 효과를 순식간에 잠식할 수 있 다. 회사가 부적절한 국내 운송 문제로 인해 급배송에 의존해야 하거나 서류상의 오류로 인해 통관상의 벌금을 물어야 할 때마다 오프쇼어링 은 무조건적인 선택이 아니라 "우리가 무얼 생각하고 있었던 것인가" 쪽으로 기울어 간다.

그럼에도 미국의 회사들은 계속해서 해외에서 비용 절감 기회를 찾고 있으며, 몇몇 회사들이 오프쇼어링을 통해 최상의 결과를 얻고 있는 것은 보다 큰 물류 네트워크의 유연성을 확보했기 때문이었다. Aberdeen Group의 기업 리서치 담당 부사장인 Beth Enslow는 "이러한 회사들은 절대 저비용을 노린 고정된 네크워크를 구축하기보다는 일부 비용 요소를 희생하더라도 더 큰 민첩성과 유연성을 확보하는 쪽에 비중을 두고 있다"라고 설명한다. "이렇게 함으로써 프로세스 도중 및 운송 도중의 재고를 훨씬 더 공격적으로 관리할 수 있다."

"기업은 해외 소싱을 통한 절감을 추구하고 있으나 내부 구조의 문제로 인해 그러한 절감 효과를 완전히 누리고 있지 못할 가능성이 높다"라고 컨설팅 회사 A.T. Kearney의 부사장인 John Blascovich는 덧붙여 말한다. "이 새로운 시장에 대해서는 더 자세한 내막을 알아보아야 한다. 올바른 전략이나 기술을 개발하기 위해 많은 시간을 기다려야 한다면 희소하고 유용한 자원을 활용할 수 있는 기회와 그로 인한 경쟁력을 모두 잃을 수밖에 없을 것이다."

Blascovich는 조달 방법론에 대한 자신의 연구 결과에 기초하여 2009년까지 북미의 기업 중 72%가 중국으로부터 소싱을 할 것으로 예측하고 있다. 이러한 수치는 1999년 당시 30%에도 미치지 못하던 수준에 비해 현저하게 늘어난 것이다. 또한 그는 2009년까지 모든 회사의 59%가 동유럽에서 소싱을 하게 될 것이며, 50%는 인도에서 소싱을 할 것이라는 예측을 제시하고 있다. A.T. Kearney의 연구 결과는 2009년까지 전체적으로 더 많은 북미의 기업들이 재화 및 용역을 캐나다, 서유럽 또는 멕시코에서보다 중국에서 소싱할 것으로 예상하고 있다.

그러나 Blascovich가 자신이 발견한 바에 대해 놀랍게 생각하는 점은 이러한 회사들이 해외 소싱을 관리하는 부분에 있어 너무나도 준비가 되어 있지 않다는 사실이다. 단지 53%만이 현재 대안으로 떠오르고 있는 신흥 시장의 공급망과 물류 비용을 명확히 알고 있다는 징후가 보이는 전략을 가지고 있다. 예를 들면, 소싱 조직의 시장 접근 기술과 언어 능력을 중요한 사항으로 인지하고 있는 기업의 비율은 단 41%에 불과하다. 또한 단지 39%만이 자사의 공급자 기반을 전세계적 원천을 이용해 확대한다는 공식적 계획을 가지고 있다.

평평한 세계에서 살아가는 법

세계화 전문가인 Thomas Friedman이 보기에, 중국과 관련하여 회사가 저지를 수 있는 최대의 실수는 중국이 품질과 생산성의 향상 없이 오로지 저가의 노동력만으로 경쟁에서 이기고 있다고 가정하는 것이다. Friedman은 미국 컨퍼런스 보드의 연구를 인용하여 1995년에서 2002년 사이에 미국이 제조업 부문에서 2백만 개의 일자리를 잃는 동안 중국은 1천 5백만 개의 일자리를 잃었다는 사실을 지적한다(아마도 임금이 더 낮은 국가로 이전된 것 같다).

Friedman은 The World Is Flat이라는 저서를 통해 "대부분의 기업은 단지 미국이나 유럽에서 판매될 자사 제품의 제조를 위한 값싼 노동력을 얻기 위해 해외 공장을 짓는 것이 아니다"라는 점을 역설하고 있다. "또 다른 동기는 무역장벽을 걱정할 필요 없이 해외 시장에 진출할 수 있다는 점과 현지에서 시장을 선점(특히 중국과 같은 거대시장의 경우)하고자 하는 욕구이다. 미국 상무부(Commerce Department)에 의하면 미국이 소유한 해외 공장의 산출물 중 거의 90%가 해외 소비자에게 판매된다. 그러나 이는 실제로 미국의 수출을 자극하는 요소이다."

회사가 해외 공장에 투자하는 모든 자금은 국내적으로 볼 때 또 다른 수출을 창출하는 요인이라는 점을 Friedman은 설명한다. "General Motors가 상하이에 공장을 세운다고 가정할 때, 많은 재화와 용역을 자사 공장에 수출할 수 있고 이를 통해 결국 미국에서 고용이 창출되며, 한편 미국의 공장은 중국의 낮은 부품 가격으로부터 이득을 얻게 된다."

아마도 Friedman은 수십만개의 일자리가 사라지고 있는 GM보다 좀 더 나은 사례를 예로 들었어야 했다는 생각이 들기는 한다. 그러나 전술한 연구 결과는 계속해서 중국을 21세기의 기회의 땅으로 바라보고 있는 미국의 기업들에게 진실을 알리는 역할을 하고 있다.

중국에 대한 관심

중국에서 비즈니스를 영위하는 회사들은 중국의 물류망 상태를 예의 주시해야 할 뿐 아니라 그 곳에서 비즈니스를 한다는 것이 본질적으로 얼마나 다른지를 인식해야 한다. "중국은 빠르게 달려 나가는 동시에 변화하고 있으며, 그 환경 조건은 서구의 회사들이 구조상 경쟁하기 어렵게 되어 있다"라는 것이 One Billion Customers의 저자이자 한때 Wall Street Journal의 중국 지사장이었던 James McGregor의 견해이다. "기업의 중국 비즈니스 모델은 비즈니스와 정치의 모든 측면에서 끊임없는 변신이 가능하도록 구성되어야 한다." 중국은 마치 끝이 보이지 않는 기회의 보고이자 값싼 노동력의 원천인 것처럼 보이지만 "절대로 중국 시장을 회사의 생존을 건 마지막 수단으로 사용해서는 안 된다. 중국은 절망적 상황을 감지하는 즉시 회사의 약점을 이용하려 할 것이다"라고 McGregor는 경고한다.

EFT Research Service에 의하면 중국의 물류 시장은 "단편화되어 있고 미개발 상태이며 물리적 시설 및 커뮤니케이션 기반시설과 관련된 서비스가 열악한 실정이다. 중국에서는 물류 비용이 기업의 부담으로 부과되며, 그 액수는 많을 경우 제품원가의 21%에 달할 수도 있다. 이는 선진국의 평균치에 비해 두 배가 넘는 수준이다." 비록 중국의 물류 기반시설이 빠르게 성장하고 있기는 하지만 운송 시스템에 대한 투자 중 대부분은 동부 해안을 따라 집중되어 있다. 고속도로와 철도 노선이 놀라운 속도로 건설되고 있는 반면(EFT의 보고에 의하면 중국은 2020년까지 15,500마일(25,000km)의 새로운 철도를 건설하기 위해 2천 5백억 달러를 투자할 계획을 추진하고 있다), 이 나라의 철도는 현재의 수요량 중 단지 30%만을 처리할 수 있는 수준에 머물러 있다.

중국에 소싱 또는 제조 거점을 가지고 있는 대부분의 다국적 기업은 중국과의 수출입에 있어 이미 전세계적으로 기반을 갖추고 있는 물류 제공자를 사용하는 쪽을 선호하는데, EFT에 의하면 그 주된 이유는 국제적 수준의 계약 및 서비스 신뢰성을 바탕으로 비용을 낮출 수 있기 때문이다. Harris Interactive에서 미국과 유럽의 고위 기업 책임자를 대상으로 자사의 전세계적 공급망의 효용성을 평가하기 위한 질문을 하였을 때, 응답자 중 66%는 북미의 기반시설을 높게 평가하였고 47%는 서유럽의 기반시설에 대해 동일한 평점을 부여하였다. 그러나 중국에서 운영되고 있는 자사의 공급망이 매우 효과적이라는 답을 제시한 응답자의 비율은 단지 16%에 불과하였다. 그럼에도 조사 대상자 중 80%는 중국이 자사의 2008년도 성장 목표 달성을 위해 중요한 역할을 할 것이라는 답을 제시하였다.

다른 방면에서는 합리적인 사고를 하는 최고임원들 중에서도 유독 물류에 있어서는 추종자적 사고를 하는 수가 있다고 컨설팅 회사 Chainalytics의 J. Michael Kilgore와 Jeff Metersky는 말한다. 즉, 판매가 감소할 때마다 오금이 저린 나머지 저비용의 유혹을 떨쳐 버리지 못하는 것이다. 그러나 중국 또는 아직 기반시설이 완전히 갖추어지지 않은 그 외의 국가로 생산 기지를 옮길 때의 잠재적 절감 효과를 계산할 때 많은 회사들은 총 배송 비용을 감안해야 한다는 사실을 순간적으로 잊는 경향이 있다. 국가간 운송 시간은 항구에서 지역의 제조 및 유통 거점으로 제품을 이동하기 위한 공장간 운송 비용과 더불어 물류 비용이 예상치 못하게 증가하는 결과를 부를 수 있다.

Kilgore와 Metersky는 물류 전문가들에게 "단순히 항구까지 물건을 운송할 때의 비용이 아니라 고객에게 물건이 인도될 때까지의 총 비용을 기준으로 계산을 해야 한다"고 조언한다. 이는 조달 지점이 달라짐으로 인해 나타나는 대내, 대외 및 시설간 물류 비용의 변화를 평가해야 한다는 뜻이다." 또한 Kilgore와 Metersky는 기업이 자사의 아웃소싱 전략을 계속적으로 분석해야 한다고 권고한다. 그 이유는 환율, 자본비용 및 운송비용의 상당한 변화가 있을 경우 작년에 내린 해외 소싱 결정이 갑자기 어리석은 일처럼 보일 수도 있기 때문이다.

공급망의 가시성이 중요한 이유

의류회사 Limited Brands는 미국 의류업계의 추세에 따라 자사의 제조 활동을 오프쇼어링하였으나, 그렇다고 해서 이 회사가 공급망에 대한 모니터링 책임까지 아웃소싱한 것은 아니었다. 이 회사의 물류 회사인 Limited Logistics Services는 자사의 직원들을 아시아 공장에 배정하여 공장의 운영 및 미국으로 흘러 들어오는 물품의 흐름을 감독하도록 하고 있다.

Limted Logistics Services의 사장 겸 CEO인 Nick LaHowchic에 의하면 이 회사는 주요 물류 공급자들과 협력하여 필요한 용량이 확보되도록 하고 있으며, 특히 성수기 중의 조달 문제에 큰 관심을 기울이고 있다. "우리는 공장으로부터 그리고 아시아 지역 담당 통합 관리자로부터 끊임없이 피드백을 받고 있으며, 해상운송 선박으로부터 일일 보고를 받고 있다"고 그는 설명한다. "우리는 속도와 신뢰성을 유지하기 위해 물품이 공장을 떠나기 전에 공급망 관련 사건을 평가한다." 예를 들어 만일 해상 운송 일정이 계획되어 있는 특정 제품에 대한 긴급 주문이 필요할 경우에 정확히 어느 선적품이 급배송되어야 하는지를 파악할 수 있을 정도로 공급망에 대한 Limited의 가시성은 그 폭이 넓다.

"물품이 회사 내에 오래 머물러 있는 경우는 절대 없다"라고 LaHowchic는 말한다. 물품을 홍콩에서 Limited의 오하이오주 유통 센터로 이동하는데 소요되는 시간은 모두 72시간이다. 그 곳에서 제품은 36시간 이내에 완성되고, 이어 2일 반 이내에 미국 전역에 산재한 5,000여개의 소매점으로 배송된다. "우리는 어느 제품을 배송할 것인지를 생각하느라 많은 시간을 소비하고, 시스템 정보를 수신하는데 어느 정도 시간을 소비하며, 예외적 사건을 처리하는데 약간의 시간을 소비한다"라고 그는 말한다.

오피스 용품 공급업체 Ricoh Corp.의 공급망 담당 부사장인 Mike Duciewicz는 전세계적으로 기업을 운영함에 있어 전체 공급망에 대한 가시성이 절대적으로 필요하다는 말에 전적으로 동의한다. 이 회사는 운송 서비스 제공자로부터 적시적인 온라인 상황 보고서를 제공받을 수 있는 통합된 글로벌 시스템을 운영하고 있다.

"구매 주문을 시스템에 입력하기만 하면 제품의 일정, 출발항과 도착항에 물품이 도착할 것으로 예상되는 시점(ETA), 컨테이너 하역 시점 및 여타 유통센터의 ETA를 알 수 있다"라고 Duciewicz는 말한다. Ricoh가 사용하고 있는 비선박운항업자(NVOCC)는 회사의 해외 운송을 조정하는 역할을 담당하며 운송업체로부터 온라인 정보를 수집하여 제공한다. "중요한 것은 대부분의 제품이 우리의 계열사에서 만들어진다는 점이다."

서부 해안의 혼잡에 대처하는 방법

미국 기업이 앞으로도 중국에서 생산된 제품을 계속 수입해야 할 것임에는 틀림이 없는 듯하다. 끝으로 언급할 사항은 미국의 기업이 아직까지도 내부적으로 엄청난 병목 현상에 직면해 있다는 것이다. "화물을 중국에서 내 오는 일은 화물을 미국 국내로 반입하는 일에 비하면 상대적으로 용이한 편이다"라고 Jon Monroe Consulting의 Jon Monroe 대표는 자신의 견해를 밝힌다. 그렇게 말하는 이유는 운송 수요가 가장 높은 가을철 성수기 중 미국 서부 해안 지역 항구에서 미국의 공급망을 멈춰 세울 수 있을 정도로 혼잡한 상황이 전개되기 때문이다. 보고된 바에 의하면 중국에서 미국으로 반입되는 모든 물품 중 70%는 미국의 서부 해안 항구 중 하나를 통과하며, 대부분이 캘리포니아주 Los Angeles항과 Long Beach항을 통과하는 경로를 거친다.

문제는 서부 해안 항구를 거치는 화물의 수가 현재 매년 14%의 속도록 늘어나고 있으며 장기적 차원에서 항구의 개선은 거의 기대하기 어렵다는 사실이다. 아시아의 항구는 미국 서부의 항구에 비해 최소한 2-3배는 더 생산성이 높은 것으로 알려져 있으며, 그렇게 된 주된 이유는 항구에 신기술을 적용하는데 대한 미국 노조의 완강한 저항 때문이다. Monroe는 일부 선박의 경우 서부 해안 지역의 항구에서 도크에 배를 대기까지 최장 8일간 대기해야 하는 경우도 있다는 점을 지적하면서, 수입업체의 입장에서 배송 일정을 계획할 때에는 추가로 3-4일을 더 감안해야 할 것이라고 조언한다.

이는 희망이 보이지 않을 정도로 막혀 있는 공급망 문제를 풀어 나갈 대안이 없다는 뜻이 아니다. 지금까지 필요에 의해 발견된 몇 가지 모범적 방법론을 여기에 소개한다.

- 일부 회사는 Los Angeles항과 Long Beach항에서 시행되는 피어 패스(Pier Pass) 제도를 활용하고 있다. 즉, 혼잡이 적은 시간(예 : 저녁 및 주말)에 항구 시설을 사용함으로써 우선적 대우와 할인된 요금을 적용받는다.

- 몇몇 회사는 화물을 다른 항구로 이전하거나 주로 Seattle, Tacoma

또는 Oakland 등의 북서 지역 항구 또는 Lazaro Cardenas 및 Manzanillo와 같은 멕시코의 항구를 통하는 방법을 사용함으로써 Angeles/Long Beach항을 완전히 우회한다. 상기한 항구에 도착한 화물은 선박에서 하역되어 열차에 옮겨 실리고, 이어 철도를 통해 미국으로 운반된다.

• 더 적은 공간에 더 많은 양을 싣는다. 패키지의 크기를 줄인다면 같은 컨테이너 내에 더 많은 수량을 채워 넣을 수 있을 것이며, 따라서 가용 용량을 늘릴 수 있을 것이다.

• 추가 비용을 지불한다(간혹 사용). 컨설팅 회사 Accenture의 파트너인 Al Delattre는 경우에 따라 화물선 대신 급배송 등 값이 더 비싼 운송 수단을 사용하는 것이 타당할 수도 있다는 점을 지적한다. 물론 이 전략은 꼭 필요한 경우에 한해 사용되어야 한다. 패션 제품이나 중요한 산업용 부품과 같이 시기를 놓쳐서는 안 될 중요한 고가 화물의 경우, 제품이 제 시간에 이상 없이 도착하도록 하기 위해 더 많은 비용을 지불하는 것이 나을 때도 있다.

고객서비스 : 고객 만족의 유지

대부분의 미국 어린이들에게(그리고 대부분의 미국 식품점주에게) 할로윈이란 말은 사탕을 의미한다고 보아도 무방할 것이다. 의상, 호박 그리고 기괴한 장식용품들은 모두 이차적인 것들일 뿐이다. 사탕이 없다면 할로윈이라 할 수 없을 것이다.

만일 여러분이 세계에서 가장 큰 사탕 제조업체에서 일하고 있으며 할로윈 시즌이 다가오고 있는 상황에서 소매점의 주문을 만족시킬 만큼 충분한 양의 사탕이 없다면 어찌 할 것인가? 그리고 이러한 악몽 같은 상황이 다름아니라 자사 공급망 내부의 장애 때문이라면?

The Hershey Company가 1999년에 겪었던 상황이 바로 이와 같았다. 이 회사가 겪었던 일은 공급망 분야에서 하나의 유명한 일화로 회자되고 있으며, 자사의 시장 진출 전략을 개발하는 과정에서 빠르고 편한 길을 찾으려는 유혹에 마음이 쏠리는 젊은 공급망 전문가들을 겁주기 위한 일종의 최악 시나리오 내지 괴담으로 사용되고 있다. "규모가 40억 달러나 되고 최고의 인재와 프로세스를 갖추고 있는 것을 정평 있는 업계의 리더 기업 Hershey에서 일어날 수 있는 일이라면 여기서도 일어날 수 있을 것이다"는 것이 바로 이 사례를 통해 전하고자 하는 핵심 요지이다.

그렇다면 Hershey는 1999년 당시 왜 그렇게 끔찍한 할로윈을 맞아야 했던 것이었을까? 간단히 말해 이 사탕회사는 통합에 실패하였다. 즉, 자사의 주문 처리 시스템이 전사적 자원관리(ERP) 시스템과 정보를 원활히 전달할 수 없는 상태였던 것이다. Hershey는 고객으로부터 계속 주문을 받고 있었으나, 누가 주문을 보낸 것인지를 정확히 알 수 없었기 때문에 접수된 주문을 적시적인 방식으로 처리할 수 없었다. 그리고 그러한 상황에서 Hershey는 판매 기회의 상실로 인해 무려 1억 5천만 달러의 손실을 입는 재난을 겪어야 했다.

Hershey가 안고 있었던 기술상의 문제는 분명 의도적인 것은 아니었으나, 진열대를 채우기 위해 다른 회사의 초콜릿 바를 찾아 헤매야 했던 소매점들의 입장에서나 Hershey 초콜릿 대신 Milky Way 제품으로 아이들의 주머니를 채워 주어야 했던 소비자의 입장에서는 Hershey의 물건이 부족하게 된 이유를 상관할 바가 아니었다. 중요한 것은 수많은 고객이 불만을 겪었다는 것이다. 그리고 공급망 관리에 있어 문제를 일으키는 것은 최악의 방법론이 아니다. 단 한 번의 잘못이면 모든 것이 망가질 수 있는 것이다.

완전한 주문

오늘날 상거래의 속도는 극적으로 빨라지고 있으며, 그에 따라 고객의 인내심도 그만큼 빠른 속도로 줄어들고 있다. 이제는 "더 빠르고 더 싸게"만으로는 충분하다 할 수 없다. 오늘날의 고객은 완전한 주문의 처리를 원하고 있다. 즉, 1분의 오차도 없이 정시에 물품이 배송되고, 자그마한 실수도 허용되지 않을 정도로 빠듯한 가격이 제시되어야 한다. 모든 제조업체는 하나같이 이와 같은 중대한 문제에 직면해 있다. 고객은 매번 완전한 주문과 배송을 원한다. 우리 회사의 공급망은 매번 그러한 요구를 충족할 수 있는가? 만일 그렇게 할 수 없다면 회사는 가격 할인, 판매 기회의 상실, 그리고 심지어 고객의 기대가 충족되지 못함으로 인해 고객이 이탈하는 결과를 감내할 수밖에 없을 것이다.

오래 전부터 University of Wisconsin의 공급망 프로그램 담당 이사를 맡아 온 Edward Marien은 "고객 권리 헌장"을 통해 완전한 주문이란 것이 정확히 어떠한 모습이어야 하는지를 이렇게 기술하고 있다. Marien의 말에 의하면 고객은 다음과 같은 사항을 기대할 권리가 있다.

1. 올바른 제품
2. 올바른 수량
3. 올바른 원천
4. 올바른 목적지
5. 올바른 상태
6. 올바른 시간
7. 올바른 문서
8. 올바른 비용

이러한 권리 중 어느 것이라도 충족되지 못할 경우 큰 손실이 발생할 수 있으며, 위에 열거된 권리 계층구조의 위쪽에서 문제가 발생할수록 실패의 물결 효과는 더욱 재앙적으로 나타날 것이다. 올바른 제품을 올바른 수량만큼 제공(권리 1과 2)하지 못한 Hershey는 그로 인해 많은 고객들로부터 권리 3에서 8까지를 역시 박탈한 셈이었다. Hershey는 모든 소매 고객의 주문을 충족할 만큼 충분한 사탕을 가지고 있지 못했으며, 이한 가지 이유 때문에 기타의 모든 권리(제품의 상태 또는 문서화의 정확성 등)는 언급될 여지조차 없는 상황이었다.

Hershey는 결국 재고 문제를 시정하였으나 회사가 입은 1억 5천만 달러의 손실은 너무나도 값비싼 교훈이었으며, Hershey의 고객이 겪은 고통은 위의 수치에 포함되어 있지 않기 때문에 실제 손실은 그보다 훨씬 더 컸다고 보아야 할 것이다. 사실을 직시하자면 이렇다. 할로윈 당일에 자녀에게 Hershey의 Kit Kat 바를 사 주려고 가게를 찾았던 사람들은 물건이 없다는 사실을 알게 되었을 것이며, 아마도 차를 타고 가까운 Wal-Mart로 달려가야 했을 것이다. 특히 어린 아이가 특정한 종류의 사탕을 고집한다면 더더욱 방법이 없었을 것이다. 결국 Hershey 제품이 판매되기는 하겠으나, Hershey는 사탕가게와 거래를 하지 못했고 또한 Mr. Goodbar나 Twizzler 그리고 Reese's Peanut Butter Cup과 같은 그 외의 Hershey 제품을 찾고 있던 수많은 다른 고객과도 거래를 이루지 못했다.

요는 기업고객의 성향이 일반 소매고객과 다르다는 점이다. 기업고객은 매 번 완전한 주문과 완전한 배송을 책임질 수 있는 회사와 비즈니스를 하는 쪽을 선호한다. 이 기준에 미치지 못하는 모든 회사는 한마디로 낙제점을 받게 될 것이다.

불완전함의 비용

오늘날의 기업은 얼마나 자주 완전한 주문을 처리할 수 있는지, 그리고 완전함을 기하기 위해 얼마만큼의 비용이 소요되는지를 기준으로 자사의 공급망 성과를 측정하고 있다. 예를 들어 소비자용 포장상품 거대기업인 Procter and Gamble Co.의 정의에 따르면 완전한 주문이란 정시에 완전한 상태로(주문 내용대로) 도착하고 정확히 청구된 제품을 말한다. 10년 전 P&G는 자사의 상태가 이 기준에 얼마나 가까운지를 측정하기 시작하였으며, 이를 통해 불완전한 주문 1건 당 200달러의 비용이 발생한다는 사실을 알게 되었다. P&G는불완전한 부분이 너무도 많아 주문품이 늦어짐으로 인한 재배송 비용, 배송된 물품의 파손으로 인한 교체 비용, 수량 조정을 위한 처리 비용, 가격 및 할인으로 인한 매출 감소 등 불필요한 비용이 이곳 저곳에서 발생하고 있다는 것을 발견하였다.4 그 후로 이 회사는 소비자중심 공급 네트워크를 구성함으로로써 고객을 중시하는 태도를 견지해 왔다(제 2장 참조).

작가인 Robert B. Handfield와 ErnestL. Nichols Jr.는 Supply Chain Redesign이라는 저서를 통해 다음과 같은 공식을 제의하고 있다. 이 공식을 이용하면 제품이 공급망을 통과할 때의 총 비용을 계산할 수 있으며, 이어 서비스 수준을 떨어뜨리지 않고 비용을 최대한 절감할 수 있는 방법을 판단할 수 있다.

```
단가
+        컨테이너 수송 비용
+        화물운송 비용
+        관세 및 프리미엄
=        납품가
+        반입 물품의 품질관리
+        창고 비용
=        도크-재고 비용
+        재고 보유 비용
+        결함 자재
+        공장의 수율
+        Field Failure(현장에서의 고장)
+        제품 보증
+        서비스
+        일반관리비
+        지역판매세 및 영업권
=        총 비용
```

반품 관리 방법

미국의 소비자 문화는 이제 제품 반품 비용이 1천억 달러에 이를 정도로 변덕스러워졌다. 이는 구매되었다가 반품된 제품의 매출 취소, 운송, 취급, 처리 및 처분 등을 통해 미국의 제조업체와 소매업체들이 그만큼의 손실을 입고 있다는 의미이다. 고객의 반품은 소매업체의 수익성을 4.3% 저하시키고 제조업체의 수익성을 3.8% 떨어뜨릴 수 있는 것으로 추정된다.

제품의 진부화는 하이테크 업계의 고질로, 소비자용 가전제품의 가치는 제품이 설계 현장을 떠나는 순간부터 떨어지기 시작한다고 보아야 할 것 같다. 마우스, 조이스틱 및 키보드와 같은 컴퓨터 기기 제조업체인 Logitech의 세계 공급망 담당 부사장인 Gray Williams는 "제품의 감모는 조용한 살인자"라고 말한다. 반품은 많을 경우 모든 대외 발송 제품의 10%에 이를 수도 있기 때문에 Williams로서는 공급과 수요를 동기화하여 재고가 끊임없이 움직이도록 해야 하며, 이 때문에 한시도 주의를 게을리할 틈이 없는 실정이다.

전술한 동기화는 Progressive Dispositioning(점진적 처분)이라는 프로세스를 필요로 하며, 그 목표는 "과다 재고를 계속적으로 파악하여 가능한 한 제품 생명주기 초반에 처분하는 것"이라고 Williams는 설명한다. 여기서 처분이란 수리, 개장, 정리 및 재활용/폐기 등을 모두 포함한 개념이다. 또한 반품 프로세스 중에는 온라인 웹 사이트를 통한 과다 재고의 경매 처분이 포함되어 있다. "재고가 계속 움직이도록 해야 한다"는 것이 그의 주장이다. "따라서 어디에 보관되어 있든, 즉 공장에 있든 유통센터에 보관되어 있든 아니면 채널이 가지고 있든, 과다하거나 진부화된 재고를 계속 처분해야 한다."

역물류는 종종 그냥 주어 버릴 수도 없을 정도라고 생각되는 제품을 처분하여 단 한푼이라도 건지기 위한 행동에 불과하다고 잘못 해석된다. 그러나 Logitech는 반품 프로세스를 측정하는 방식을 체계적으로 수행하고 있다. 이 회사는 과다 재고 지수를 사용하여 아무 것도 하지 않을 때의 비용을 계산한다(예 : 반품/과다 제품을 적절히 처리하지 않음으로 해서 손해 보는 비용을 어느 정도까지 감수할 것인가).

기간 비용 + [가격 침식 요인 X (창고의 과다 재고 + 채널의 과다 재고)]

기간 비용에는 창고, 표준 수정 비용, 과다하거나 진부화된 잉여재고 유지비용 및 자본비용 등이 포함되어 있다. 가격 침식 요인은 회사 및 제품에 따라 달라지지만, 일단 예시용으로 1%라 가정하기로 한다. 만일 어느 회사가 현재 4천만 달러의 과다 재고를 가지고 있고 채널에 3천만 달러 상당의 과다재고가 있다면 모두 합해 7천만 달러어치의 재고를 갖고 있는 셈이다. 이 금액에 1%를 곱하면 700,000달러가 된다. 이제 여기에 총 기간 비용을 더한다(월 130만 달러라고 가정한다). 이 가상적 회사의 경우, 아무 것도 하지 않음으로 인해 발생하는 비용은 월 2백만 달러로 계산된다.

역물류를 통해 이득을 얻으려면 우선 실제 반품 비율이 어느 정도인지를 알아야 하며, 그 다음으로 어느 정도까지의 반품 비율을 수용할 수 있는지를 판단해야 한다. University of South Florida의 교수인 James Stock은 제품의 반품 실태를 조사한 결과, 많은 회사들이 무엇이 반품되고 있고 얼마나 많이 반품되고 있고 어느 정도의 복원 비율을 기대할 수 있는지를 알지 못하고 있다는 사실을 발견하였다. "연구 결과, 정말 잘 하고 있는 회사들은 80-90% 정도의 복원 비율을 보이고 있다. 평균적인 회사의 비율은 약 60% 정도로 관찰되었다. 잘 하지 못하고 있는 회사의 경우 40%가 대체적 수준이다"라는 것이 Stock의 조사 결과이다.

역방향의 공급망

대부분의 회사들이 반품의 처리를 핵심 역량으로 보고 있지 않기 때문에 역물류의 과제는 흔히 3PL의 몫으로 넘겨지곤 한다. 예를 들어 자동차 제조업체Hyundai Motor America는 변속기와 기타 부품에 사용되는 재사용 가능한 구성품을 회수하기 위한 목적으로 3PL을 사용한다. "반품을 아웃소싱하는 이유로는 여러 가지가 있을 수 있다"라고 현대의 공급망 및 물류 담당 이사 George Kurth는 설명한다. "무엇보다 창고 프로세스를 하나 없앨 수 있다. 또한 제삼자는 부품을 통합하여 컨테이너 단위로 배송하기 때문에 운송 비용이 절감될 수 있다. 제삼자 서비스 제공자는 다른 자동차 업체하고도 거래를 하기 때문에 우리가 갖지 못한 전문성을 제공하기도 한다."

비록 현대가 제삼자를 사용하고는 있기는 하나, 역물류는 자동차 업계에서 극히 중요한 사항이라는 점을 Kurth는 인정한다. "자동차 제조업체들은 모두 딜러가 사용할 수 없는 부품을 반품할 수 있도록 하고 있다. 우리는 그러한 부품을 또 다른 딜러에게 판매하거나 재고로 보관한다. 우리는 전용 대외 배송 서비스를 사용하여 최소한의 추가 비용으로 부품을 반품할 수 있다."

재고의 역방향 흐름을 관리할 경우 상당한 절감 기회를 얻을 수 있다고 Kurth는 덧붙여 말한다. 현대의 목표는 반품의 흐름을 별개의 수요 흐름으로 관리하는 것이며, 이를 위해 총 반품 수량을 예측한다. "예를 들어640개에 달하는 현대의 딜러가 부품 A를 매월 100개씩 주문하고 각 딜러가 매월 4개씩을 반품한다면 연간 기준으로 30,000개가 넘는 반품이 발생하게 된다. 만일 반품될 수량을 예측할 수 있다면 재고 관리에 반영하여 활용하는 것이 가능할 것이다." 그리고 일단 반품 흐름의 실태가 파악되면 재고관리 시스템에 입력하여 새 부품의 주문을 줄일 수 있을 것이다.

> **간단히 살펴보기**
>
> **역물류**
>
> 역물류란 반품된 물품을 가치의 회수 또는 적절한 처분을 위해 소비자가 소재한 장소로부터 회수하는 프로세스를 말한다. 여기에는 손상, 계절적 재고, 반품, 해난구조, 리콜 및 과다재고로 인해 반품된 상품, 그리고 최종 사용자 또는 재판매 업자로부터 회수된 포장 및 배송용 자재의 처리가 포함되어 있다.

전문품 소매업체 Best Buy Co. Inc. 또한 현대와 마찬가지로 역물류 기능을 내부적으로 개발하기보다는 3PL을 사용하는 쪽을 선택하였다. 이 소매업체는 자사의 역량을 벤치마크한 결과 반품의 처리에 있어 업계 최고의 성과를 구현하려면 시스템, 프로세스 및 물리적 기반시설에 대한 상당한 투자가 필요하다는 것을 알게 되었다. 그러한 투자를 하는 대신 Best Buy는 이미 그러한 역량을 갖춘 3PL과 협력을 하는 방안을 택하였다. Best Buy의 물류 담당 이사 John Jordan의 말에 의하면 그러한 결정이 큰 성공을 가져다 주었으며, 그로 인해 이 소매업체의 내부 프로세싱 비용이 약 50% 가까이 떨어졌다고 한다.

역물류 프로세스는 고객이 불량 제품을 판매점에 반품하는 순간부터 시작된다. 판매점에서는 고객이 반품한 불량 제품을 한데 모아 15개소에 위치한 집결 지점으로 발송한다. 점포로부터 반품된 물품은 이곳에서 차급운송단위만큼의 수량으로 통합되어 2개 반품 장소 중 한 곳으로 발송된다. Best Buy가 단 2개의 반품 장소만을 두고 있다는 사실은 3PL을 사용하는 방안이 모범적 방법론으로 대두될 수 있었던 이유를 예증하고 있다. Best Buy는 3PL의 도움을 받아 반품되는 불량품의 대내 및 대외 발송 부분을 모두 평가하기 위한 네트워크 분석을 실시하였다. 이 소매업체는 이러한 프로세스를 통해 4개의 반품 센터 중 2개를 점차적으로 없앨 수 있었다. 현재는 3PL이 나머지 2개 반품 센터로부터 불량 제품을 수령하여 통합하고 종국적으로는 반품 제품을 제품 제조업체로 발송하여 반품 승인을 요청하는 작업을 수행한다.

Best Buy는 반품 비용을 낮추는 이외에도 3PL의 사용을 통해 공급망에 대한 관리 수준을 높일 수 있었다. "우리는 반품 프로세스의 관리를 위해 10여 명으로 구성된 내부 팀을 운영해 왔으나, 이제는 단지 몇 명만이 3PL과 긴밀한 업무 관계를 유지하면서 반품 프로세스를 모니터링하고 있다"라고 Jordan은 말한다. "우리는 공급망의 개선을 위한 많은 프로젝트를 재배치하고 목적을 변경할 수 있었다." (3PL에 대해서는 제 12장에서 보다 자세히 다루기로 한다.)

관계의 관리

과거 10년간 가장 성공적이었던 회사 중 하나로 Siebel Systems라는 소프트웨어 회사가 있다. 이 회사는 1993년에 설립된 이래로 성장을 거듭하여 2005년에는 10억 달러가 넘는 매출을 기록하였으며, 결국 2006년 초에 Oracle Corp.에 의해 58억 5천만 달러에 인수되었다. Siebel의 성공 비결이라면 거의 모든 회사가 필요로 하는 것, 즉 고객과 보다 효과적으로 커뮤니케이션할 수 있는 수단을 제공했다는 것이었다. 그것은 다름아니라 고객관계관리(CRM) 솔루션, 즉 판매, 마케팅, 주문 입력, 고객 서비스, 현장 지원 등 회사의 모든 일선 작업을 통합해 주는 솔루션이었다. CRM 소프트웨어는 중앙 데이터베이스와 통합되어 제조, 창고 및 배송 프로세스를 통과하는 제품의 상태를 판정하는 기능을 수행한다. 기본적으로 CRM 솔루션은 고객의 요구에 맞는 서비스의 제공을 위해 회사의 모든 기능을 통합해 준다.

> **간단히 살펴보기   고객관계관리**
>
> 고객관계관리(CRM)란 소프트웨어 도구를 사용하여 수익성, 매출 및 고객 만족도를 최적화하려는 일종의 고객 중심적 전략을 말한다. 이 전략은 회사의 다른 모든 기능 및 공급망 시스템에 통합되며, 전반적인 회사의 운영 실태를 조망하기 위한 목적으로 사용된다.

다음은 CRM을 사용하여 고객 서비스 운영 방식을 개선해 온 몇몇 회사의 예이다.

- Ingersoll-Rand는 다양한 산업용 제품 및 기후관리 제품을 생산하는 제조업체이다. 이 회사의 글로벌 판매 인력은 새로이 발견되는 모든 교차판매 기회를 효과적으로 활용할 수 있는 방법을 모색하고 있었다. 30개의 서로 다른 운영 단위로 구성되어 있고 골프 카트, 건설용 차량, 냉장장비 및 보안 시스템 등 다양한 제품군을 생산하는 회사의 입장에서 이는 결코 간단한 과제가 아니었다. Ingersoll-Rand는 CRM 기술을 사용하여 2,600명에 달하는 판매 전문인력을 지원하기 위한 웹 기반의 콜센터를 개발하였다. 모든 판매 인력은 이 웹 사이트에 접속하여 판매 기회를 공유할 수 있다(예: 골프 코스 관리자는 토공 차량의 구매자가 될 수 있다). 1년도 채 되지 않아 이 회사는 6백만 달러가 넘는 교차판매 매출을 추가로 창출할 수 있었다.

- 25,000명이 넘는 고객을 두고 있는 네트워킹 및 커뮤니케이션 장비 공급회사 Enterasys Networks Inc.는 자사의 고객 서비스를 개선하는 동시에 전화지원 담당 직원들이 더 나은 결정을 내릴 수 있도록 권한을 이양해야 할 필요성을 느끼고 있었다. 상황이 특히 어려웠던 이유는 이 회사가 30개가 넘는 국가에 사무소를 두고 있는 동시에 필요한 제품 및 고객 정보가 서로 연결되지 않은 데이터베이스에 분산 보관되어 있기 때문이었다. Enterasys는 온디맨드 기능이 있는 셀프서비스 포털을 구축하여 각종 정보의 사일로가 하나의 공통 플랫폼으로 통합되도록 하였다. 이 회사는 이제 고객의 불만을 초래할 수 있는 조기 경고 신호를 보다 효과적으로 감지할 수 있게 되었다. 이제 Enterasys는 매월 3,000건의 사건을 처리하는 동시에 사건

당 약 10분의 시간을 단축하고 있으며, 이를 통해 매년 500,000달러를 절감하고 있다.

- Williams-Sonoma Inc.는 450개가 넘는 점포와 소매 웹 사이트를 운영하고 있음에도 여전히 가정용 신제품의 홍보를 위해 매년 거의 3억 부에 이르는 카탈로그를 고객에게 발송하고 있다. 이러한 상황에서 개인별 맞춤 우편물을 통해 대고객 홍보 효과를 높이는 동시에 비용을 절감할 수 있는 솔루션이 있다면 그것이 무엇이든 이 소매업체의 경쟁력 강화를 위해 도움이 될 수 있을 것이다. 그러나 한편으로 그러한 솔루션은 불가피하게 많은 작업을 요구할 것이며, 단순히 새 소프트웨어를 설치하고 스위치를 켜기만 한다고 척척 작동하지는 않을 것이다. Williams-Sonoma는 데이터마이닝 소프트웨어, 비즈니스 분석 및 기타 CRM 어플리케이션을 사용하여 수백만의 고객을 십여 개의 범주로 분류하였다. 이제 고객이 보다 관리하기 용이한 집단으로 분류되었기 때문에 이 소매업체는 각각의 범주별로 특정한 캠페인 또는 우편물에 대해 어떠한 반응이 나타날 것인지를 보다 정확히 예측할 수 있게 되었고, 그에 따라 우편물의 초점을 맞출 수 있게 되었다. 복수의 브랜드와 채널을 통합함으로써 Williams- Sonoma는 수백만 달러의 마케팅 비용을 절감할 수 있었다.

조사기업 Gartner Inc.에 의하면 성공적인 고객 중심적 전략을 위한 4대 원칙은 다음과 같다.

1. 더 많은 고객 관계를 이룰 수 있도록 관계의 깊이와 폭을 확대한다.
2. 배송 채널 비용을 축소한다(예: 고객을 인터넷과 같은 저비용 채널로

유도하는 등).
3. 브랜드를 강화 및 보강한다.
4. 고객 만족과 충성도를 창출한다.

은행 잔고와도 같은 고객

The Value Profit Chain이라는 제목의 책이 있다. 이 책에는 Domino's Pizza 매점의 어느 체인 관리자가 종업원들에게 고객을 일회성 8달러짜리 판매 기회로 볼 것이 아니라 그 고객이 제공하는 평생 가치를 생각하도록 가르친다는 이야기가 실려 있다. 만일 누군가가 주당 1판씩 10년간 피자를 주문한다면 4,000달러의 총 매출이 발생하는 셈이 된다. 그 관리자는 종업원들에게 이렇게 말한다. "고객의 이마에 4,000달러가 붙어 있으며, 여러분이 한 번에 8달러씩 떼어 낸다고 생각하라. 그리고 그러한 사고방식에 기초하여 적절한 행동을 취하라." 이러한 메시지를 실천하는 차원에서 그는 고객 불만 사항을 가장 적게 일으키는 종업원들에게 보너스를 제공한다.

비록 주먹구구식 추정치를 사용하고 있기는 하지만 이 피자 매장 관리자는 올바른 개념을 제시하고 있다. 고객과 성공적이고 장기적인 관계를 구축할 수 있는 열쇠 중 하나는 고객의 평생가치를 계산할 수 있는 능력이다. 이는 회사와의 관계가 지속되는 동안 고객이 얼마를 소비할 것인지를 말해 주는 지표이다. 이 값을 얻으려면 얼마나 많은 정규 고객을 가지고 있는지(1,000명이라고 가정하자), 고객이 일반적으로 얼마나 오랜 기간동안 충성고객으로 남아 있는지(5년이라고 가정하자), 그리고 동 기간 중 회사가 얻을 수 있는 전형적인 순이익은 얼마인지(5,000,000달러)를 파악해야 한다. 순이익 총계를 고객의 수로 나누면 5,000달러라는 수치를 얻을 수 있다. 따라서 정규 고객 하나하나는 5년간 5,000달러에 상당하는 가치를 제공하는 것으로 볼 수 있다.

이 간단한 예제를 통해 우리는 왜 기업이 우량고객을 글자 그대로 은행에 예금된 잔고처럼 생각하는지를 알 수 있다. 또한 업계 최고의 공급망이 하나같이 고객과의 관계를 키워 나가고 지속 기간을 연장하는 일에 중점을 두고 있는 것도 바로 그러한 이유에서이다. "영웅 고객", "충성고객" 및 "전도사"과 같은 다양한 명칭으로 불리기도 하는 우량 고객은 회사가 고객에게 제공하는 약속을 구매하는 사람들이며 더 많은 구매를 위해 자사를 다시 찾는 사람들이다. 회사의 입장에서는 전체 고객 중 이러한 "영웅" 계층을 구성하는 20%를 정확히 식별해 내는 것이 중요하다. 왜냐하면 이러한 고객이 모든 수익의 원천이기 때문이다.

제 6장에서도 보았듯이, Dell은 비록 주문된 부품보다 더 비싼 부품을 끼워 줄 수밖에 없는 상황이 간혹 벌어지더라도 고객이 원하는 시점에 원하는 물건을 제공하는 것이 비용관리 면에서 훨씬 효과적이라는 사실을 발견하였다. Dell은 고객과의 비즈니스 관계를 유지하는 것, 특히 수년간에 걸쳐 관계를 유지하는 것이 같은 가격으로 약간 더 나은 시스템을 제공함으로써 발생하는 사소한 손실을 벌충하고도 남는다는 사실을 잘 알고 있다. Dell은 자사의 공급망을 너무나도 잘 운영하고 있기 때문에 재고 부족 사건은 애당초 거의 발생하지 않는다. 그러나 만일 고객을 잃을 것인지 아니면 약간의 이익을 포기할 것인지를 선택해야 할 기로에 놓인다면 Dell을 비롯한 업계 최고의 기업은 당연히 고객을 선택할 것이다. 그것이 바로 현명한 비즈니스 방식이다.

공급망을 통해 얻을 수 있는 이득

수리용 부품의 관리는 회사의 재고 비용의 절감은 물론 고객 관계의 강화를 위해 모범적 방법론이 필요한 또 하나의 영역이다. "효과적인 서비스 부품 관리 시스템의 완전한 장점을 십분 구현할 수 있는 능력을 갖춘다면 상당한 기회와 측정 가능한 이득을 얻을 수 있다"는 것이 컨설팅 회사 BearingPoint의 이사인 Joe Parente와 Robert Ticknor의 생각이다. "최고의 서비스 부품 관리 시스템은 고객의 평생가치를 완전히 활용하고자 하는 회사에게 분명 큰 힘을 부여한다." 효과적인 서비스 조직은 제품 판매 조직의 수익 창출 능력을 최대 두 배까지 높여 준다는 것이 그들의 관찰이다.

자동차 제조업체 현대의 경우, 서비스 부품 운영의 대상 고객은 딜러이며 딜러는 부품 재고를 필요로 하고 있다. 제 2장에서 이미 살펴보았듯이 딜러에게 계속 부품을 공급하는 일이야말로 고객 중심적 공급망의 핵심 연결고리이다. 만일 딜러가 필요한 부품을 조달받을 수 없다면 현대자동차 소유자의 만족 수준은 떨어질 수밖에 없을 것이다. 만일 그러한 경험이 반복된다면 현대는 고객과의 비즈니스를 아마도 영원히 잃어버릴 가능성이 매우 높다.

딜러 고객의 만족도를 유지하기 위해 현대는 Smart Stock이라는 이름의 재고관리 프로그램을 실행해 왔다. 현대의 George Kurth는 이에 대해 이렇게 설명한다. "우리는 딜러 재고 시스템에 부품 분류 코드와 업계 최고의 시스템 파라미터를 입력하였다. 이 시스템을 통해 우리는 전세계적 수요를 파악하고 주문량을 계산할 수 있다. 만일 딜러가 우리의 권고에 따라 제품을 비축할 경우, 우리는 모든 과다 재고를 일시에 회수한 후 분기 당 1회의 주기로 재고를 재조정할 수 있다." 이 프로그램이 제대로 작동할 수 있는 것은 "건실한 딜러가 팔리는 재고를 구매하기 때문"이라는 것이 Kurth의 설명이다. "과다재고를 쌓아 둔 상태에서는 딜러의 건실성이 유지될 수 없다. 따라서 우리는 사용되지 않고 있는 부품을 회수하여 다른 딜러에게 재판매한다."

서비스 부품의 관리를 중시하는 제조업체들은 재고 회전율과 배송 시간을 개선하는 동시에 비효율을 제거하는 것이 가능하다는 사실을 종종 발견하곤 한다. 이러한 간소화된 서비스는 제조업체와 고객에게 모두 이득이 된다는 것이 Parente와 Ticknor의 지적이다. 제조업체는 재고 투자를 최적화할 수 있고 고객은 더 높은 수준의 서비스를 받을 수 있기 때문이다.

고객 만족의 문화

J.D. Power and Associates는 수십 년간 고객 만족에 관한 연구와 측정을 실시해 왔으며, 고객의 목소리를 귀담아 듣는 회사를 찬미해 마지 않고 있다. 업계 최고라는 칭송을 받는 회사들을 살펴보면 다음과 같은 3가지를 일관성 있게 수행하고 있다는 것을 알 수 있다.

1. 고객으로부터 올바른 정보를 수집한다.
2. 수집된 정보를 적절히 분석하고, 사용 권한을 가진 사람들에게 전달되도록 한다.
3. 정보에 기초하여 행동한다.

웹을 통한 설문과 콜 센터가 고객으로부터 합목적적인 정보를 수집하는데 있어 매우 가치 있는 수단이라는 것은 이제 모든 회사가 알고 있는 사실이다. 또한 이렇게 수집된 모든 고객 데이터를 비즈니스 분석 및 CRM 프로그램을 통해 처리하면 일종의 실행 가능한 지침을 도출할 수 있다. 하지만 그러한 정보에 기초하여 정확히 무엇을 해야 할지를 어떻게 알 수 있을까? J.D. Power의 조언에 따르면 모든 회사는 다음의 4개 질문에 답을 할 수 있어야 한다.

1. 경쟁사의 고객에 대비한 자사 고객의 만족도가 어느 정도인지를 알고 있는가?

2. 자사의 개개 지점 또는 부서가 고객에게 얼마나 큰 만족을 주고 있는지
   를 측정하고 있는가?
3. 고객의 요구를 이해하고 있는가(즉, 고객에게 만족을 제공하기 위해
   필요한 것은 무엇이며, 고객이 자사와 비즈니스 관계를 맺도록 하기 위
   해 필요한 것은 무엇인가)?
4. 고객의 만족이 회사의 기본적 역량과 얼마나 깊은 연관성을 가지고
   있는지를 파악하고 있는가(예 : 충성도에 대한 영향, 입소문 등)?

　J.D. Power의 저서 Satisfaction에 의하면 질문 3이 가장 중요하다. "그 이유는 고객의 요구를 이해할 때 모든 의사결정을 걸러 낼 수 있는 필터를 얻을 수 있기 때문이다. 새로운 제품 또는 서비스를 개발하고 있는가? 프로세스의 모든 단계는 고객의 요구에 기초하여 시작되고 끝나야 한다. 특성, 옵션, 가격 전략 등은 모두 고객의 요구, 희망 및 우려사항에 따라 결정되어야 한다."

　J.D. Power가 수년간 수없이 많은 연구를 실시하면서 알아 낸 궁극의 모범적 방법론은 톱다운 방식으로 고객 만족의 문화를 구축해야 한다는 것이다. 즉, 조직의 모든 종업원에게 반드시 고객을 최우선시할 것을 요구하고 이어 그들에게 권한을 부여해야 한다. 전술한 Hershey의 사례에서도 보았듯이 고객 만족의 유지에 실패할 경우 고객은 다른 어딘가를 찾아 떠날 것이다.

PART III
공급망 전략

3PL : 직영이 바람직하지 않은 경우

디지털 카메라가 "없어서는 안 될" 소비자용 기기로 새로이 각광을 받기 시작했을 때, 세계 제일의 카메라 제조업체 Nikon의 입장에서 물건의 부족은 걱정할 일이 아니었다. 극동의 생산시설을 확장하는 일은 별 문제될 것이 없었다. Nikon이 안고 있던 문제는 북미 지역에서 수요가 발생할 때마다 제품이 공급 내지 보충될 수 있도록 할 수 있는 방법이 쉽지 않다는 것이었다. Nikon은 공급망의 길이를 줄여야 했으며, 이를 위해서는 도움이 필요한 상황이었다.

Nikon은 일본 동경에 본사를 두고 있으며, 일본, 한국 및 인도네시아에서 제품을 제조하고 있다. 그렇지만 미국의 소매상, 유통업체 및 소비자의 입장에서 볼 때 Nikon의 공급망은 실제로 켄터키주 Louisville을 중심으로 짜여져 있다. Nikon의 카메라는 아시아에서 기본적인 내부 구성품이 조립된 후 Louisville로 직접 운송되며, 배터리 및 충전기 등의 액세서리와 함께 최종 제품으로 포장되거나 특정 소매점의 요구에 따라 재포장되는 곳은 다름아니라 Louisville이다.

켄터키주는 경마나 프라이드 치킨을 비롯한 여러 가지로 유명한 곳이기는 하나, 켄터키의 디지털 카메라에 대해서는 별로 들어본 적이 없을 것이다. 그렇다면 왜 Nikon은 북미 공급망 전략의 중심지로서 Louisville을 택한 것일까? 그 이유는 Nikon의 공급망 파트너인 United Parcel Services(UPS)가 그곳에 있기 때문이다. 그리고 UPS의 전세계 항공 운영 거점이 이곳에 있는 것도 결코 우연한 일만은 아니다.

UPS는 Louisville 공항에 위치한 Worldport 기지에서 매일 1백만 개가 넘는 소포를 취급하며, 또한 매일 평균 135편의 항공기를 통해 이곳으로 물품이 반입된다. 4백만 평방피트의 부지에 100마일이 넘는 컨베이어 시설을 가지고 있는 UPS의 포장 시스템은 물리적인 운영 규모 면에서 그 위용이 상당히 인상적이다. 그러나 이 모든 것을 가능하게 해 주는 것은 다름아닌 기술력이다. Louisville의 Worldport에서는 매 시간 5천 9백만 건의 데이터베이스 트랜잭션이 처리되며, 바로 이곳에 Nikon의 북미 공급망 허브가 자리잡고 있다.

따라서 Nikon의 제품 유통 거점이 Louisville에 자리잡게 된 것은 결코 우연이 아니다. Louisville은 3PL 서비스를 제공하는 UPS 한 부서인 Supply Chain Solutions가 2백만 평방피트 규모의 캠퍼스를 운영하고 있는 곳이기도 하며, 이 캠퍼스는 70개가 넘는 회사의 본거지로 사용되고 있다. 외부의 간판은 UPS라 쓰여 있을지 모르나, 이 캠퍼스의 내부에는 그 용도를 금방 알아 보기 힘든 6개의 시설이 들어서 있으며, 하이테크 진단 및 수리, 중요 부품의 배치, 반품 관리, 크로스도킹 시설, 제품 구성 및 테스트, 그리고 품질 보증과 같은 기능이 수행되고 있다.

공급망을 향한 중심 이동

Louisville에서 벌어지고 있는 일은 별난 사건이 아니다. 즉, 이와 똑같은 이야기가 미국 전역에서 들려 오고 있다. 일반적으로 주간 고속도로 및 공항 진입이 용이하면서도 대도시의 혼잡과 기반시설 제약으로부터 자유로운 Memphis(테네시주), Indianapolis(인디애나주), Cincinnati(오하이오주) 및 Reno(네바다주)와 같은 중형 도시에서 이러한 일이 벌어지고 있다. Northeastern University의 공급망 관리 교수인 Robert Lieb의 말에 의하면 미국 내에서 최소 50개의 도시가 구역 내에 산업화된 도시를 조성하는 일을 최우선 사업으로 추진하고 있다.

"만일 린 제조 또는 주문생산 방식을 실현하고자 할 경우 특정 제조업체들을 중심으로 관련 활동을 클러스터 형태로 구성한다면 기반시설 또는 물품의 이동에 관한 문제점이 없어질 것이므로 매우 유리한 환경을 조성할 수 있을 것이다"라는 점을 Lieb는 지적한다. 이러한 협력적 공급망 특화 지역의 조성을 가로막는 가장 큰 장벽은 자금의 부족이다.

정치적 장벽은 종종 물리적 장벽보다 해결하기가 더 어려운 경우가 많다. 일부 정치인들은 아웃소싱이 미국인의 직업을 빼앗아 간다고 주장하나, Nikon의 사례는 그와 반대로 아웃소싱이 미국 국내의 고용 증진에 확실한 기여를 하고 있다는 것을 말해 주고 있다. 비록 절망의 날 스토리에 빠져 있는 미국 내의 언론이 아직 깨닫고 있지는 못하지만, 미국에서 공급망 쪽으로의 무게중심이 이동하고 있다는 것은 확연한 사실로 드러나고 있으며, 3PL의 등장만 해도 흥미거리의 토막뉴스로 치부할 수 있는 가벼운 사건이 결코 아니다. 3PL의 등장은 오늘날 업계 최고의 기업이 누리고 있는 경쟁 우위가 "솔직히 말해, 내가 직접 하는 것보다 나을 것"이라고 말해야 할 때가 언제인지를 알 수 있는 능력에서 비롯되었다는 것을 말해 주는 증거이다.

다른 누군가에게 위임하기

앞 장에서도 살펴보았듯이, 오늘날 높은 평판을 가지고 있는 많은 수의 제조업체들은 사실 브랜드 관리자이다. 이는 이러한 회사들이 더 이상 실제 물품을 제조하지 않는다는 것을 보더라도 알 수 있다. Dell, Nikon, Cisco Systems와 같은 회사들은 모두 자기 스스로 제품을 만들지 않는 제품 중심적 회사의 예이다(적어도 전통적인 견지에서 볼 때). 그와 마찬가지로 종전까지 자사의 종업원에게 창고의 운영과 대외 화물 운송을 의존해 온 회사들이 이제 이러한 종류의 물류 작업을 3PL측에 위탁하고 있는 추세이다.

간단히 살펴보기

제삼자 물류 서비스 제공자

제삼자 물류 서비스 제공자(3PL)는 다른 회사를 위해 한 가지 이상의 물류 프로세스 또는 운영 단계(전형적으로 운송 또는 창고)를 관리하는 자산 기반 또는 비자산 기반의 회사이다.

사실 대부분의 기업(북미의 경우 80%, 그리고 기타 전세계의 산업화된 지역의 경우 최소 70%)이 최소한 주요 공급망 업무와 관련하여 이미 아웃소싱 업체를 활용하고 있다. 시장조사 기업인 Armstrong & Associates (8,000건이 넘는 개별 서비스 관계를 연구하였음)에 의하면 공급망 종사자들 사이에서 3PL이라는 이름으로 통하는 이러한 아웃소싱 업체들은 2005년 당시를 기준으로 미국 내에서 거의 1천억 달러 규모의 시장을 형성할 정도로 지난 10년간 급성장을 구가해 왔다. 상기한 액수 중 거의 1/3(321억 달러)은 General Motors나 Daimler Chrysler와 같은 자동차 회사에서 지출되는 비용이다. 이 두 회사는 각각 30개사 이상의 3PL을 사용하고 있다.

Northeastern University와 컨설팅 회사 Accenture의 공동 연구 결과에 의하면 3PL에게 가장 빈번히 아웃소싱되는 서비스는 다음과 같다.

- 직접 운송 서비스 (응답 회사의 67%)
- 통관 브로커 (58%)
- 운임 지불 서비스 (54%)
- 화물운송 대행 (46%)
- 창고 관리 (46%)
- 배송 통합 (42%)

Robert Lieb의 말에 의하면 주요 3PL과의 협력 기간은 평균적으로 6년을 넘어서고 있다. 또한 많은 회사들이 자사의 주요 공급자와 고객 역시 주요 3PL로부터 서비스를 제공받고 있는 것으로 보고하고 있다. 그와는 대조적으로 설문 대상 기업의 30%는 3PL 서비스를 사용한 것이 자사의 공급망 통합 활동에 부정적 영향을 미쳤다고 응답하였다. 따라서 단지 3PL과 계약서에 서명을 했다고 해서 모범적 방법론의 충분조건을 갖추었다고는 할 수 없다는 것을 분명히 알 수 있다. 3PL을 사용하는 회사들은 그 정의상 3PL과의 관계 관리를 위한 모범적 방법론을 개발해야 하며, 이에 대해서는 이후에 살펴보기로 한다.

공급망의 필수적 요소와 부수적 요소

공급망이 점점 더 정교해짐에 따라(회사의 부서 및 국가의 경계를 넘어) 공급망 전문가들은 자사의 범위를 넘어선 영역까지를 바라보고 생각하지 않을 수 없게 되었다. 이러한 상황은 전략적 차원에서 회사의 활동 범위를 넓게 보고 모든 작업, 프로세스 및 운영 실태를 보다 면밀히 연구할 것을 요구한다. 실제로 이러한 전문성을 사내적으로 갖추고 있는 회사는 거의 없는데다가 전략적 부문이 아닌 곳에 자원을 투자하고자 하는 회사는 더더욱 없기 때문에, 누군가 실제 작업을 대신 해 주기를 바라는 기업을 대상으로 서비스를 제공하는 새로운 부류의 제삼자 공급망 전문가들이 등장하게 되었다.

이러한 추세가 나타나게 된 배경으로는 회사의 입장에서 핵심 역량에 집중해야 할 필요성이 점점 더 커지고 있다는 사실을 들 수 있다. 기업의 입장에서는 다음과 같은 질문을 끊임없이 제기할 수밖에 없는 실정이다. 우리 회사는 자사가 영위하는 비즈니스의 모든 측면에서 어느 정도의 성과를 보이고 있는가? 예를 들면 제품의 설계에 있어서는 업계 최고의 수준에 도달해 있으나, 실제 제품을 만드는데 있어서는 평균 수준을 벗어나지 못하고 있는 회사들이 많이 있다. 이전 세대까지만 해도 이러한 상황에 처한 회사는 낙제점을 받았겠지만 오늘날 자사의 강점과 약점을 정확히 평가할 수 있는 능력은 그 자체로 모범적 방법론이라 할 수 있다.

종전까지 모든 제조업체는 의당 그래야 하는 것으로 알고 제반 부수적 작업을 일상적으로 수행해 왔으나, 이제는 그러한 업무 중 많은 부분이 좁은 범위의 틈새 서비스를 제공하는 회사에 아웃소싱되고 있다. The World Is Flat의 저자인 Thomas Friedman은 이 프로세스를 일컬어 인소싱이라 하였다. 그 이유는 제삼자 회사의 종업원이 "우리 회사로 직접 들어 와서 제조, 포장 및 배송 프로세스를 분석하고 전반적인 글로벌 공급망을 설계, 재설계 및 관리하는 작업을 수행하기 때문이다."

분석가, 컨설턴트 및 비즈니스 저술가들은 "3PL"이라는 용어가 명료하지 못하다고 믿고 있는 것이 분명하다. Friedman의 경우에도 인소싱이라는 말을 선호하고 있으며, 아울러 물류 서비스 제공자(LSP) 및 운송 서비스 제공자(TSP)와 같은 다른 용어들을 간혹 대안으로 제시하고 있다. 그러나 공급망 현장에서는 3PL이라는 용어가 가장 널리 사용되고있다.

공급망 컨설턴트 Jim Tompkins의 말에 의하면 전형적인 제조업체가 수행해야 하는 모든 활동은 다음과 같은 4개 범주의 필수 및 부수 작업으로 분류될 수 있다.

1. 일차적 필수 작업 : 시장에서 자사를 차별화하기 위해 필요한 작업
   (예: 제조, 제품 설계, 생산 계획 및 일정 수립)
2. 이차적 필수 작업 : 잘 해 내야 하나, 고객의 눈에는 보이지 않는
   작업 (예: 조달, 물류, 인적자원, 유지보수)
3. 일차적 부수 작업 : 잘못 수행될 경우 고객 관계에 부정적 영향을
   미칠 수 있는 작업 (예: 정보기술, 금융 및 회계, 판매 및 마케팅)
4. 이차적 부수 작업 : 해야 할 필요는 있으나 비즈니스의 성공에 중대
   한 영향을 미치지는 못하는 작업 (예: 부동산, 음식 서비스, 조경)

핵심 역량의 발견

이름난 배관 제품 제조업체인 Moen Inc.의 사례를 한 번 살펴보기로
하자. 이 회사는 씽크와 수도꼭지에 관한 한 업계 최고임을 자부하고 있
으나, 자사의 핵심 역량을 벗어난 부분에 대해서는 기꺼이 외부의 도움을
받고자 하고 있다. 이 회사는 언제 그리고 어디서 도움이 필요한지를 알
수 있는 내부 평가 시스템을 개발하였다.

- 이 프로세스 또는 기능은 우리 조직이 전략적으로 갖추어야 할
  요소인가?
- 이 프로세스 또는 과제가 우리에게 경쟁 우위를 제공하는가?
- 이 영역에서 경쟁사와 차별화될 수 있도록 성과를 개선하기를 원
  하는가?

Moen의 공급망 담당 부사장인 Scott Saunders의 설명에 의하면
위의 질문에 대해 하나라도 "아니오"라는 대답이 제시될 경우 Moen
은 그 프로세스를 아웃소싱할 것을 고려한다. 예를 들어 Moen은 주

요 소매 고객의 파렛트 규격 요구사항에 맞는 올바른 종류의 포장 방법을 개발하는 작업을 3PL에 의뢰하고 있다. 포장 설계에 대한 전문성은 내부적으로 갖추어야 할 역량으로 간주되지 않았기 때문에 Moen은 이 작업을 아웃소싱하기로 결정하였다.

이 모든 것의 기본은 '우리 회사가 본연의 비즈니스를 얼마나 잘 해내고 있는가?'라는 질문으로 집약될 수 있다. 공급망의 일부를 3PL에게 아웃소싱할 것인지 여부는 자사 뿐 아니라 3PL의 상황에 따라 충분히 고민해 볼만한 가치가 있는 일이다. "자체적으로 투자를 하기 곤란한 영역이 있을 경우, 우리는 3PL로 하여금 그러한 투자를 하도록 할 방안을 모색한다"라고 Saunders는 말한다. "우리는 '우리가 이 기능에 있어 세계 최고인가? 이것이 전략적 역량과 관련된 영역인가?'라는 질문을 제기한다. 만일 그 대답이 '아니오'라면 아웃소싱을 고려한다."

그러나 3PL을 선택하는 일은 디렉토리를 뒤지고 몇 군데 전화를 하면 될 정도로 간단한 문제가 아니다. 오늘날 Moen을 포함한 대부분의 회사들은 자사의 아웃소싱 파트너로부터 상당한 부가가치를 기대한다. 예를 들어 Saunders는 3PL이 Moen의 제품을 배송하는 문제에 있어 사전 대응적으로 움직이기를 기대한다. 이는 3PL이 Moen의 과거 프로세스를 답습하기보다는 창의적 솔루션을 제안해야 한다는 것을 의미한다.

"우리는 운송 관리가 우리의 핵심 역량이 아니라고 판단하였으며, 이 기능을 아웃소싱할 경우 시간과 자원을 절감할 수 있을 것이라는 생각을 하게 되었다"라고 Saunders는 말한다. 그러나 틈새시장을 파고들어 선두 주자로 발돋움한 Moen도 초기에는 올바른 3PL을 찾는 문제에 있어 그리 운이 좋은 편이 아니었다. 주요 3PL로 하여금 입찰에 응하도록 요구하기에는 이 회사의 운송비 지출 규모가 너무 적었던 것이다. "큰회사들은 우리와의 비즈니스가 충분히 매력적이지 못하다고 생각하였으며, 따라서 우리 회사가 한 차원 발전할 수 있을 만큼 충분한 가치를 제시하지 못하였다"라고 그는 말한다.

결국 Moen은 3PL 파트너를 찾았으나, 그것은 단지 프로세스의 시작에 불과했다는 것을 Saunders는 곧 알게 되었다. 3PL과의 관계를 관리한다는 것은 그 자체로 특별한 기교를 요하는 일이다. 즉, 여러 측면에서 실제 작업을 관리하는데 필요한 것과는 다른 기술이 필요하다는 말이다. "그 일은 마치 구매 또는 조달 기능을 관리하는 것과 유사하다"라고 그는 말한다. "운영 담당자에게 3PL과의 관계 관리를 맡길 경우 그리 잘 해 내지 못할 수도 있다."

네모난 못과 둥근 구멍

Saunders는 3PL과의 관계를 맺기 전에 먼저 자사를 평가해야 한다고 충고한다. 자사의 성과를 측정하지 않는다면 3PL이 과연 자사의 물류 기능을 개선해 주고 있는지 여부를 알 수 없을 것이다. 실제적인 기대를 가지고 자사의 조직을 들여다 보아야 하며, 내부적으로 올바른 지표를 측정하고 있는지 확인해야 한다. 만일 잘못된 것들을 측정한다면 기대가 왜곡될 것이라고 그는 경고한다.

Moen은 Ohio State 대학에서 아웃소싱 회사의 효용성을 평가하기 위한 목적으로 개발한 3PL 파트너십 모델을 사용한다. "이 모델은 공급자 계약을 포함하고 있으며, 제반 공급자들과 공동으로 시간을 투자하여 양자 모두를 위한 목표와 기대를 개발하도록 유도한다. 우리는 기대치를 스코어카드에 연결하며, 스코어카드는 성과와 연계되어 있다. 우리는 이러한 스코어카드를 월별로 점검하여 기대치에 대비한 성과를 측정한다"라고 Saunders는 설명한다. "만일 처음부터 올바로 시작을 하지 못했을 경우, 우리는 당연히 관계를 재평가하고 기대치와 스코어카드를 조정한다."

이 때 중요한 것은 일종의 안심 수준을 찾아내야 한다는 것이다. 안심 수준이란 3PL이 자기 직무를 적절히 수행하고 있다는 신뢰를 고객이 가질 수 있는 성과 수준 내지는 3PL이 다른 고객과 다른 업종에서 습득한 모범적 방법론을 자유로이 공유할 수 있을 정도로 자사의 능력을 충분히 확신할 수 있는 성과 수준을 말한다. 하지만 그러한 안심 수준에 도달하기까지는 좌절감이 들 정도로 오랜 시간이 걸릴 수도 있다.

트럭 제조업체 International Truck and Engine Corp.의 서비스 부품 물류 담당 관리자인 Stephan Erb는 이렇게 말한다. "부가가치를 창출할 만한 서비스 제공자를 찾지 못한 회사는 한마디로 네모난 못을 둥근 구멍에 맞추어야 할 상황에 처해 있다고 볼 수 있다. 3PL은 특정 역량과 산업에 전문화되는 경향이 있다. 만일 여러분이 아웃소싱을 원한다면 이루고자 하는 바를 명시하고, 갭을 파악하고, 교차 기능 팀을 통해 3PL을 평가해야 한다. 또한 서비스 제공자가 자사의 희망사항을 지원하기에 충분한 인력과 프로세스를 갖추고 있는지 확인해야 한다."

전략적 사고

Moen과 마찬가지로 네트워크 컴퓨터 제조업체인 Sun Microsystems 또한 몇 가지 범주로 구분된 스코어카드를 사용하여 3PL의 순위를 매긴다. 이 하이테크 회사는 지속적인 발전을 위한 매우 명확한 기대사항을 가지고 있다고 Sun의 고객주문처리 담당 이사인 Randy Louie는 말한다. "우리는 매 분기마다 3PL에게 적용할 목표를 설정하고 매 분기마다 성과를 측정한다. 개선이 이루어진다 하더라도 달성해야 할 목표는 점점 더 높아진다." 또한 분기별 스코어카드의 결과에 대한 검토를 통해 모든 문제의 근본 원인을 파악하고 이러한 문제를 시정하기 위해 취해야 할 행동을 파악하는 과정이 진행된다.

Louie는 상기한 스코어카드 프로세스에 있어 가장 중요한 부분이 비용이라고 설명한다. 일관성 있는 수익성은 회사가 지향하는 최고의 목표이므로, Louie의 팀은 시장의 가격 결정 구조를 평가하고 이에 대조하여 공급자에 대한 측정을 실시한다. 품질은 또 다른 중요한 고려사항이다. "3PL이 제공하는 모든 제품과 서비스는 우리가 제공받는 서비스의 품질을 기준으로 측정된다"라고 Louie는 말한다. 운송 중 얼마나 많은 제품이 손상되는가? 자재명세서와 청구서는 얼마나 정확한가? Sun의 3PL은 이러한 기대를 충족할 수 있는 능력을 책임지고 갖추어야 한다.

가용성은 또 하나의 주요 측정 지표이다. Sun이 3일 배송 서비스에 대해 비용을 지불하는 상황에서 해당 제품이 실제로 3일만에 도착하고 있는가? Sun은합격점을 높이 설정하고, 모든 배송 건의 서비스 수준 충족도가 99%에 이를 것을 요구한다.

그러나 한편으로 Sun은 3PL로 하여금 전략적으로 사고할 것을 권장하고 있다. "우리는 회사의 전략을 직접 3PL에게 전달한다"고 Louie는 말한다. "우리는 목표 달성의 가능성이 높다고 판단되는 이니셔티브 또는 프로그램에 대해 합의를 이끌어 낸다." Sun은 해당 지역에서의 직배송 실행 성과 등의 목표에 대비하여 자사의 공급자를 평가하고 점수를 매긴다. 이 회사는 3PL이 이러한 목표를 얼마나 성공적으로 달성하고 있는지를 정의하고 측정하는 한편 그러한 측정 결과를 성과 점수에 반영한다.

아웃소싱의 재무적 영향

회사가 자사의 물류 또는 생산 과제 중 일부를 아웃소싱했다고 해서 그러한 역할에 대한 궁극적 책임까지를 아웃소싱할 수 있다고 보는 것은 잘못이다. 실상은 그와 정 반대이다. 회사의 공급망 전문가는 3PL의 운영의 모든 특면을 예의 주시함으로써 제품주기의 모든 단계별로 자사의 제품이 어느 위치에 있는지를 알 수 있어야 한다.

위험관리 컨설팅 회사 Marsh의 고위 부사장 Greg Meseck은 아웃소싱 프로세스를 엄격하게 관리하지 않음으로 인해 나타날 수 있는 결과에 대해 이렇게 설명한다. 어느 세계적 제약회사가 주요 의약품의 생산을 제삼자에 아웃소싱하였다. 그 제약회사는 전술한 신약에 대한 마케팅 권리를 가지고 있었다. 그런데 아웃소싱 제조업체가 중대한 조업 중단 사태에 빠졌고 그 결과 계약 기간 내에 약품을 공급할 수 없었다. 배송이 지연됨으로 인해 이 제약회사와 아웃소싱 제공자는 모두 시가총액의 축소 및 매출의 감소로 인한 상당한 금전적 손해를 겪게 되었다.

대부분의 기업은 아웃소싱에 내재된 위험과 그로 인해 나타날 수 있는 잠재적 결과를 모델링할 능력도 없고 또한 그러한 결과를 재무제표 상에 매핑할 능력도 가지고 있지 못하다는 것이 Meseck의 생각이다. 그러나 업계 최고의 몇몇 회사들은 아웃소싱의 재무적 영향을 계산할 방법을 찾아 냈다. 위험이라는 측면에서 공급망을 분석함으로써 회사는 잠재적인 조업 중단의 원인 및 조업 중단으로 인해 나타날 수 있는 잠재적인 재무적 영향을 보다 잘 이해할 수 있다는 것이 그의 생각이다.

Meseck은 재무적 체계를 구성하는 것으로부터 일을 시작할 것을 권고한다. 이렇게 하면 주요 공급망 위험 영역은 물론 핵심적 위험 인자를 파악할 수 있다. 이러한 인자 중에는 리드타임, 단일 소싱 공급자, 통관 시간, 자재의 가용성, 고객의 맞춤화 수준, 제품의 반품, 주요 공급자의 재무적 강점 또는 항구의 위치 등이 포함되어 있다. 그 다음 단계는 각 범주별로 총 위험의 백분율을 평가하고 이러한 정보를 재무 모델에 통합하는 것이다.

Meseck의 설명에 의하면 "위험의 범주를 재무제표 상에 매핑함으로써 경영진은 위험을 평가하고 계량화할 수 있는 사실적 접근 방법을 얻을 수 있다." 또한 이렇게 함으로써 회사는 3PL으로 하여금 운영, 재무 및 위험 요인에 기초하여 결정을 내리도록 할 수 있다. 그 결과, 회사는 "비용, 품질및 적시성에 관한 고객의 요구를 충족하는 동시에 아웃소싱과 관련된 근본적 위험을 효과적으로 관리할 수 있을 정도로 자사의 아웃소싱 능력을 십분 활용할 수 있다"라고 그는 말한다.

관계의 유지

제조 기업이 3PL 대상 회사에 대해 던지는 첫 번째 질문 중 하나는 "서비스를 귀사에 아웃소싱한 후에도 우리가 고객과의 관계를 유지할 수 있는 방법은 무엇인가"일 것이다. 질문자가 듣고자 하는 답은 아닐지 몰라도 3PL로서는 "우리에게 물을 일이 아니다"라고 대답할 권리가 충분히 있다고 본다. 회사가 자사의 공급망 기능 중 일부를 아웃소싱한다고 해서 고객과의 교류를 단절해야 하는 것은 결코 아니다. 전 장에서 논의된 바와 같이 고객이 원하는 바를 이해하고 고객의 만족을 유지하는 것은 회사의 핵심 역량 중 하나이다. 따라서 번거로운 작업을 3PL에 위탁한 후 회사는 그 여력을 이용해 고객에게 더욱 가까이 다가갈 수 있는 기회를 가질 수 있어야 한다.

"고객의 입장에서 우리가 제삼자를 사용한다는 것은 합당한 일이 아니다"라고 하이테크 제조업체 NCR Corp.의 글로벌 물류 담당 이사 John Mascaritolo는 말한다. "우리는 항상 NCR과 고객이 얼굴을 마주할 수 있도록 노력한다. 만일 소매 고객에게 전달할 물품을

1,000개의 점포로 배송해야 할 경우, 우리는 프로젝트 관리자로 하여금 우리가 약속을 지키고 있는지를 감독하도록 한다.”

NCR의 고객은 파손되지 않은 물품이 완전한 상태로 정시 배송될 것을 기대한다. 달리 말해 “완전한 주문”을 기대하고 있다(제 11장 참조). NCR이 물류를 관리하든 3PL이 물류를 관리하든, 주문 관리를 얼마나 잘하고 못했는지에 대한 모든 평가는 궁극적으로 NCR의 몫으로 돌아온다. 고객의 기대를 변함없이 충족하기 위해 NCR은 프로젝트 관리자 및 판매 인력을 배정하여 제품이 배송되고 설치된 후에도 고객과 정기적으로 만남을 갖도록 하고 있다. 그 외에도 Mascaritolo와 그의 요원들은 3PL과 빈번히 모임을 갖는다. “우리는 약간의 문제 또는 이상이 발생할 것으로 예상하고 범위 외의 문제와 새로운 비즈니스 문제를 그들에게 제시한다. 우리의 비즈니스와 관계는 항상 변화하고 있다. 우리의 파트너는 변화에 발맞출 수 있을 만큼 유연해야 한다”고 그는 말한다.

이와 관련하여 냉동식품회사인 Rich Products의 고객서비스 및 물류 담당 부사장 Gary MacNew는 이렇게 말한다. “작업을 아웃소싱하더라도 조직의 성과에 대한 책임은 우리가 져야 한다. 우리는 우리가 직접 하는 것과 같거나 더 나은 성과를 3PL로부터 기대한다.” MacNew의 휘하 직원 중에는 Mascaritolo의 경우와 마찬가지로 3PL의 감독에 대한 직접적 책임을 담당하고 있는 인력이 포함되어 있다.

3PL 모델을 넘어서

3PL이 일반적으로 특정한 서비스를 책임지는 것과는 대조적으로 일부 회사는 소위 주도적 물류서비스 제공자(LLP)에게 더 많은 책임 관계를 아웃소싱하는 쪽을 선호한다. LLP는 회사의 모든 물류 활동을 관리한다는 점에서 마치 일반 계약자와 같은 기능을 한다. LLP는 종종 1개사 이상의 3PL에 대한 감독 업무를 수행하기 때문에(그리고 공급망 관련자들

이 약어 만들기를 좋아하기 때문에) 때로 제4자 물류서비스 제공자(4PL)라고도 불린다.

가장 먼저 활동을 시작했고 가장 잘 알려진 LLP 중 하나로서 Vector SCM이라는 회사가 있다. 이 회사는 자동차 제조업체 General Motors와 3PL 기업인 Menlo Worldwide에 의해 설립되었다. "우리 회사는 공급망 내부의 신경계와 같은 작용을 하며, 주로 주문 처리, 제조, 물류 및 공급망에 엔드투엔드 방식으로 연결된 설계, 엔지니어링 및 창의적 솔루션을 제공한다"라고 Vector SCM의 사장 겸 CEO인 Greg Humes는 설명한다. 이 조인트 벤처는 GM의 모든 3PL 관계를 총괄 관리하는 동시에 연간 60억 달러가 넘는 GM의 물류 비용 중 80%가 넘는 부분을 관리하고 있다.

간단히 살펴보기 **주도적 물류서비스 제공자(Lead Logistics Provider)**

주도적 물류서비스 제공자(LLP)는 3PL의 관리를 포함하여 회사와 관련 있는 모든 물류 활동을 관리한다. LLP는 다른 제삼자에 대한 제삼자 감독자로서의 기능을 하기 때문에 때로 제4자 물류서비스 제공자(4PL)라고도 불린다.

LLP는 회사의 경쟁력 제고에 도움이 될 수 있는 반면, 그에 대한 대가로 회사는 공급망에 대한 일부 통제력을 포기해야만 한다. 예를 들어 트럭 제조업체International Truck and Engine Corp.의 공급망에는 1개사의 LLP가포함되어 있으며, 이 회사는 제조 공장을 직접 지원하는 3PL에게로 대내 반입용 부품이 유입되는 과정을 관리하고 있다. Stephen Ern이 설명하듯이 International은 전략적 차원에서 관리를 책임지는 한편 LLP는 일일 운영 차원에서 관리를 하고 있다. "LLP는 다른 고객과의 업무를 통해 습득한 지식과 더불어 양질의 자원과 프로젝트 전문가를 지원해 주며, 이러한 전문 인력을 통해 우리

회사의 프로세스를 점검하고 직원을 교육하고 공동 작업을 수행하고 기회를 찾아 주는 역할을 수행한다"고 Erb는 말한다.

LLP의 종업원들은 종종 International의 직원들과 동등한 입장에서 프로세스 개선의 기회를 찾는 작업을 수행한다고 그는 설명한다. 이러한 방식을 통해 LLP는 이 트럭 회사의 물류 프로세스를 개선할 수 있는 구체적인 방법을 발견해 낼 수 있었다. "LLP 측에서 공급자로부터 직접 배송되는 차급화물을 평가한 결과 일부 공급자들이 트레일러 용량을 십분 활용하고 있지 못하다는 것을 발견하였다"라고 Erb는 말한다. 이러한 분석 결과에 따라 LLP는 해당 공급자들과 함께 트럭 적재 방식을 개선하는 작업을 수행하였다.

"공급망의 모습이 수시로 변하는 고성장 환경에서 4PL 모델은 누가 보더라도 적합한 방안임이 틀림없을 것이다"라고 우주항공업체 Honeywell International의 공급망 및 물류 담당 이사인 Victor Guzman은 말한다. 그러한 이유에서 Heneywell은 성장 속도가 빠르고 물류 기반시설이 결여되어 있는 사업 부문으로 하여금 4PL 관계를 수립하도록 하고 있다. "우리에게 있어 3PL 위에 4PL을 두는 구조는 일일 운영의 원활한 조정을 보장할 수 있는 방안이 된다"라고 Guzman은 말한다. "또한 그들은 한 발 뒤로 물러서서 우리의 전체 활동을 분석함으로써 고객 서비스와 재무 성과 분야에서 개선의 기회를 찾아 낼 수 있다."

Honeywell은 프로젝트를 통해 개선된 물류 성과를 달성한 4PL에 대한 보상으로 재무적 인센티브를 제공하고 있다. "우리는 아이디어가 아니라 수익에 대해 보상을 한다"는 점을 Guzman은 지적한다. "즉, 효과가 있는 프로젝트를 수행한 4PL에게 혜택이 제공된다."

경쟁에서 앞서가기

공급망 프로세스를 아웃소싱하는 회사는 몇 가지 이익을 기대할 수 있다. 특히 회사의 핵심 비즈니스에 집중할 수 있다는 것은 크나큰 이익이 아닐 수 없다. Cap Gemini Ernst & Young의 컨설턴트William Frech와 Ben Pivar가 지적하듯이 제삼자 아웃소싱 업체는 전술한 내용 이외에도 다음과 같은 측면에서 회사에 도움을 줄 수 있다.

- 전사적인 지출 상황을 활용하여 실현되지 않은 비용 절감 기회를 탐색한다.

- 결과의 달성을 가속화한다.

- 주요 운영 부문에 대한 추적 기능을 강화한다.

- 경비만 지출되던 운영 활동을 경쟁 요소로 변환하여 추가적 가치를 창출한다.

- 수량 할인, 객관성 및 사이클타임 단축을 활용하여 공급자의 비용을 줄인다.

- 정책 준수도를 개선한다.

- 정교한 통계 기법을 통해 재고의 성과를 개선한다.

- 첨단 기술 및 모범적 방법론의 사용을 통해 경쟁에서 앞서 나간다.

13

협 업 : 기업의 확장

3대 자동차 제조업체인 Chrysler Corp.의 구매 총책임자로 있을 당시 Thomas Stallkamp는 항상 주요 공급망 파트너와의 협력에 대해 생각하고 있었다. 자체 공급망 허브의 중심이었던 Chrysler는 공급자에게 무엇이든 요구할 수 있는 위치에 있었다. 다른 주요 자동차 제조업체들처럼 Chrysler도 시장에서 군왕과 같이 군림하던 소수의 미국 회사(Chrysler, Ford, General Motors) 중 하나였으며, 공급망 계층을 따라 층층시하 연결된 회사들을 거느리고 있었다.

자동차 산업계에서 그러한 신분 체계는 비밀이라 할 것도 없다. Big Three(3대 자동차 회사)는 OEM(주문자상표 부착 생산자)이라는 이름으로 불리고, OEM에 대한 주요 공급자들(타이어, 냉각장치 또는 섀시 등의 완제품을 공급하는 회사)은 Tier One(1단계)라 불린다. 이어 OEM이 아닌 Tier One에 직접 물품을 판매하는 제조업체들을Tier Two(2단계)라 하며, 이런 식으로 공급망의 계층구조가 기초상품 생산업체(볼 베어링, 너트, 볼트 등의 제조업체)에 이를 때까지 계속 이어진다.

이러한 신분 체계는 수십 년간 존속되어 왔으며, 그 주된 이유는 이러한 체계가 OEM의 입장에서 유리하기 때문이었다. 그러나 1990년대 들어 Chrysler는 연이어 경제적 위기를 겪기 시작하였고 공급자 관리에 관한 새로운 방법이 필요하다는 것을 명백히 깨닫기 시작하였다. 이러한 연유에서 Stallkamp는 가장 중요한 공급자를 중심으로 밀접한 파트너십을 형성한다는 신흥 컴퓨터 제조업체 Dell의 접근 방법, 즉 확장기업(Extended Enterprise)이라는 접근 방법을 면밀히 관찰하기 시작하였다. 이러한 종류의 협력적 파트너십은 목표와 보상의 공유, 명확히 정의된 역할 및 책임, 그리고 개방된 커뮤니케이션 통로라는 특징을 가지고 있다.

수년간 미국의 OEM들은 일본 자동차 업체로부터의 위협이 점점 높아만 가는 상황에 직면해 있었으므로 Stallkamp는 2차 대전 이후 일본이 채택했던 개념인 Keiretsu(계열사)의 개념을 다시 끌어다 쓰기로 하였다. Keiretsu는 공동 파트너십으로 기능하는 통합된 회사의 집단으로서, 일종의 공급망과도 같다. Stallkamp는 Toyota의 사례 및 Toyota의 Tier One 공급자인 Denso와 Seiki의 관계를 인용하여 이렇게 설명한다. "서로 동떨어진 독립적 실체로서 위협을 가하는 대신 Toyota는 제품 계획과 사내용 원가 정보를 이 두 개 회사와 공유한다. 이 두 회사는 Toyota 프로젝트를 통해 배정받은 부품의 개발 문제에 대해 완전한 책임을 진다." 또한 이 3개 회사의 종업원들은 종종 상대방의 시설에 파견되어 협력 작업을 수행한다.

위의 사례에서 Stallkamp가 강조하는 부분은 공급자가 개발 및 생산 기일을 충족할 것이라는 믿음을 Toyota가 가지고 있다는 점이다. "Keiretsu를 통해 밀접한 협력 관계를 형성하고 공동 작업을 수행하는 방식이야말로 Toyota가 자사의 신제품 개발 능력을 활용하고 미국의 자동차 회사들보다 신속히 제품을 출시할 수 있었던 한 가지 이유이다"라고 그는 본다. 이에 따라 Stallkamp는 Chrysler의 공급자들과 보다 밀접한 관계를 형성하고 육성한다는 개념을 도입하였고,

Chrysler가 도입한 Keiretsu의 미국판 버전은 Extended Enterprise 라는 이름으로 세상에 알려지게 되었다.

호혜적 관계

"Extended Enterprise는 우리가 엄선된 공급자들을 하나의 일원화된 공급망으로 통합한다는 철학에 기초하고 있다"라고 Stallkamp 는 설명한다. "우리는 공급자가 사슬을 구성하는 하나하나의 개별 고리라는 관념을 버리고, 그 대신 공급망 자체에 초점을 맞추었으며 전술한 개념을 관리하는 일에 관심을 집중하였다. 즉, 공급망을 작은 부분으로 나누어 관리하는 대신 전체적인 관리를 시도하였다."

이러한 노력의 결과 Chrysler의 SCORE(공급자 비용 절감 노력) 프로그램이 탄생하게 되었다. 자동차 업계에서 SCORE는 실제로 학계에서 수년간 개념적으로 주장해 온 바로 그것, 즉 공급망 파트너와의 전략적 협력이 실제로 구현된 살아 있는 모델이라 할 수 있었다. 전체적인 비용 삭감을 요구(당시 General Motors와 Ford가 사용하던 전술)하는 대신 비용 절감 솔루션을 공급자들로부터 추구한 Chrysler는 SCORE 덕분에 1990년대 초기의 경제 위기를 극복했을 뿐 아니라 실제로 동 기간 중 55억 달러의 누적 절감 효과를 얻을 수 있었다. 제 3장에서 논의되었던 Supply Chain Council의 SCOR 모델과 혼동해서는 안될 것이다

작은 승리

어려움에 처했을 때 적대적으로 태도가 바뀌는 것은 모든 회사의 일반적인 경향일 것이다. 그러나 Stallkamp는 그와는 정 반대의 접근 방법, 즉 공급자와 협력하여 협력적 관계를 구축하는 방법이야말로 최선의 방책이라고 믿고 있다.

많은 사람들은 SCORE가 단지 비용 절감 프로그램이라고 잘못 알고 있다고 그는 말한다. "SCORE는 실제로 아이디어 창출 프로그램이다." 예를 들어 Chrysler의 연구개발(R&D) 비용이 총 매출에서 차지하는 비중은 모든 자동차 OEM 중최저 수준이나, 그럼에도 이 회사는 경쟁사보다 더 많은 신차를 소개할 수 있었다. 어떻게 그것이 가능했을까? 공급자의 R&D 능력을 파악하고 있었기 때문이었다. Chrysler는 정해진 목표를 달성할 수 있는 공급자에게 장기 계약의 혜택을 제공하고 있었기 때문에 이러한 회사들은 Chrysler를 제한된 R&D 자원을 투자하기에 최적인 회사로 간주하게 되었다. 이렇게 됨으로써 모두가 이길 수 있는 상황이 조성될 수 있었다.

그렇다면 어떻게 해야 협력을 통해 원하는 결과를 이룰 수 있는 위치에 다다를 수 있을 것인가? Stallkamp는 "자사의 고위 경영진이 반드시 이러한 개념을 받아들이도록 하는 것으로부터 시작해야 한다"는 점을 강조한다. "약간만 뒤로 발을 빼거나 신실하지 못한 것으로 인식될 경우, 실패를 면할 수 없다. 성공을 거두기 위한 유일한 방법은 회사의 최고 경영자가 협력의 가치를 인지하는 것뿐이다."

그 다음으로는 작은 사례를 통해 공급자와 고객 사이의 신뢰 관계를 사전적으로 구축해야 한다. "매일 이 문제와 관련하여 무언가를 해 내고 작은 승리를 거두어야 하며, 어떠한 부분에서 회사가 공급자의 목소리를 듣고 있는지를 실례로써 보여 줄 수 있는 성공담을 홍보해야 한다." Stallkamp는 미국의 제조업체들이 공급망 파트너와의 갈등 관계를 버리고 협력적 관계에 기초한 공급자 관리 행태를 채택할 것이라고 조심스럽게 낙관론을 펼친다. "종래의 적대적 방식 모델은 종말을 고했다"고 그는 선언한다. "따라서 나는 이제 이 방법밖에는 없다고 생각한다."

역설적으로 Chrysler는 Daimler Benz를 인수하면서 자사가 이루어 낸 성공의 희생자가 되었다. 이 독일계 회사의 경영진은 Stallkamp이 주

창했던 협력적 스타일에 크게 반발하였다. 합병이 있은 얼마 후 DaimlerChrysler라고 개명된 이 회사는 과거의 적대적 방식으로 되돌아갔고, Stallkamp는 다른 벤처 기업으로 자리를 옮겼다. 그러나 이야기는 여기서 끝나지 않는다.

2005년 가을, Ford는 파산보호신청을 제출해야 할 상황을 피하기 위해 소위 상생협력프로그램(Aligned Business Framework)이라는 것을 발표하였다. 이 프로그램은 협력이라는 개념에 기초하여 몇몇 Tier One 공급자와 일련의 장기 계약을 맺는다는 구조로 설계되어 있다. Ford는 엔지니어링 및 개발 비용을 공급자에게 선지급할 것을 제의하고, 그에 대한 대가로 공급자가 Ford에 기술 혁신을 가져다 줄 것을 요구한다. 이 프로그램과 관련하여 주목할 점은 Ford가 공급자와의 이러한 관계를 통해 자사의 비즈니스 규모를 크게 늘릴 수 있었으며 또한 부품 및 기초상품의 조달을 위한 공급자의 수를 반으로 줄일 수 있었다는 것이다. 현재 Ford가 적극 추진 중에 있는 이 상생협력프로그램의 성패 여부는 향후 수 년 이내에 미국의 자동차 산업에 지대한 영향을 미칠 것이다.

구강세정제를 판매하는 더 좋은 방법

Chrysler가 SCORE 프로그램을 통해 자동차 업계에 Tier One 공급자들과 협력할 수 있는 새로운 방법을 제시했던 1995년에 소매거대기업인 Wal-Mart는 전혀 모양새는 별개이나 벤더 업체와 보다 밀접한 관계를 수립한다는 목적 자체는 동일한 어떤 활동을 전개하고 있었다. 그리고 Chrysler와 마찬가지로 Wal-Mart가 이러한 활동을 전개하게 된 것은 현 상태를 타파하지 못함으로 인한 좌절감 때문이었다.

의약품 공급업체인 Warner-Lambert(2000년 중 Pfizer에 의해 인수됨)는 인기 상품인 Listerine 구강세정제 제품을 Wal-Mart의 매점에 공급하는데 있어 문제를 안고 있었다. 그 문제란 다름아니라 전통적인 소매상의 딜레마, 즉 재고 고갈 비율이 너무 높다는 것이었으며, 이로 인해 Warner-Lambert는 소매 고객의 요구를 충족하기 위해 상당한 양의 안전재고를 유지할 수밖에 없었다. Warner-Lambert의 대고객 보충 담당 이사 Jay Nearnberg는 재고고갈 문제가 수백만 달러의 매출 손실을 초래한다는 사실로 인해 압박을 받고 있었다. 또한 이로 인해 회사는 소매점과 고객으로부터 모두 신뢰성을 의심받고 있었다.

Wal-Mart의 규칙은 이러했다. Warner-Lambert는 재고 유지 비율을 98% 이상으로 유지해야 하며, 그렇지 못할 경우 응분의 조치가 취해질 것이었다. 그 "응분의 조치" 중에는 진열대 공간의 축소, 판촉 지원 중단 그리고 해당 회사의 신제품 반입 거부라는 무서운 처벌도 포함되어 있었다. 따라서 Nearnberg의 입장에서 98%를 맞추지 못한다는 것은 도저히 감내할 수 없는 일이었다.

당시 Wal-Mart의 IT 관리자였던 Ronald Ireland의 기억에 의하면 Nearnberg는 Wal-Mart의 담당자들과 만나 자동 보충 시스템인 Retail Link에 대해 논의를 가졌고, Warner-Lambert가 그 시스템을 사용할 경우 다른 공급자와 마찬가지로 POS 판매 기록에 접근할 수 있고 65주 예측치를 조회할 수 있다는 것을 알게 되었다. 그 때까지 Warner-Lambert는 자사의 예측치를 산출할 때 Wal-Mart의 Retail Link를 사용하지 않고 있었다. 그 문제에 관한 한 Wal-Mart의 다른 공급자들 중 대부분도 같은 실정이었다.

"Wal-Mart의 수요 예측 및 보충 일정이 부정확하다는 것은 잘 알려진 사실이었다"라고 Ireland는 말한다. "또한 다른 고객과 관련된 중요한 물량을 포함시키지 않고 단일 고객의 예측치를 생산 계획에 통합한다는 것도 문제였다." 그러나 Wal-Mart는 자사의 거래 파트너들이 예측의 품질 개선에 도움이 될 유용한 피드백을 제공할 것이라는 믿음을 가지고 있었다. Ireland의 말에 의하면 Wal-Mart의 진정한 목표는 공급자들이 자사와 예측 및 보충 일정의 정확성 개선을 위해 협력하도록 하는 것이었다. "보충 계획은 예측에 기초를 두고 있기 때문에 수요를 가능한 한 정확히 예측하는 것이 필수적이었다. 예측이 정확할수록 보충 일정도 정확해질 것이다."

결국 이 두 회사는 협력적 예측 및 보충(CFAR)이라는 파일럿 프로그램을 시작하였으며, 이 프로젝트를 통해 양사는 판매 및 주문 예측치를 공유하고 비교할 수 있게 되었다. 이제 Warner-Lambert는 Wal-Mart가 언제 판촉 행사를 실시할 계획인지를 정확히 알 수 있다. 종전까지 이 의약품 회사는 그러한 판촉 활동이 언제 실시될 것인지를 알지 못했던 관계로 재고 고갈을 방지하기 위해 충분한 재고를 쌓아 두는 전략을 사용할 수밖에 없었다.

고객의 수요를 보충 요구사항과 연결시킨 후 Listerine의 재고유지비율은 85%에서 98%로 높아졌다. 아울러 인상적이었던 것은 파일럿 테스트 기간 중 판매가 850만 달러나 폭증했다는 것이었다. 이로써 Wal-Mart와 Warner-Lambert는 공급망 파트너와의 정보 공유가 좋은 생각이었다는 확신을 얻었을 뿐 아니라, 1996년부터 협력적 계획, 예측 및 보충(CPFR)이라는 새로운 명칭의 활동을 새로이 구성된 VICS (Voluntary Interindustry Commerce Standards) 협회의 후원 하에 완전한 규모로 전개할 수 있는 계기를 마련할 수 있게 되었다.

간단히 살펴보기　협력적 계획, 예측 및 보충

협력적 계획, 예측 및 보충(CPFR)은 공급망 파트너가 역사적 데이터를 공유하고 제품의 제조 및 유통을 위한 계획을 개발할 수 있도록 해 준다. 이렇게 공유된 정보는 수요를 예측하고 판촉 일정을 수립 및 수정하고 언제 재고 및 용품을 보충해야 할지를 판단할 때 사용된다.

CPFR을 위한 9단계 프로그램

1990년대 후반에 VICS는 다음과 같은 9개 단계를 중심축으로 하는 CPFR 프로세스 모델을 개발하였다.

1. 사전 협약 사항의 개발. 소매업체/유통업체 및 제조업체가 상호 관계에 관한 가이드라인과 규칙을 수립한다.
2. 공동 비즈니스 계획. 제조업체와 소매업체가 파트너십 전략을 개발하고 카테고리별 역할, 목표 및 전술을 정의한다.
3. 소매업체의 POS 데이터 및 기타 정보에 기초하여 판매 예측을 실시한다. 이렇게 도출된 판매 예측치는 주문 예측을 위해 사용된다.
4. 판매 예측의 예외 사항을 파악한다. 파트너는 소매업체/유통업체와 공동으로 판매 예측 제한 사항을 벗어나는 항목을 파악한다. 그 다음 예외 항목의 목록을 작성한다.
5. 예외 항목에 대한 문제 해결/협력. 파트너가 조정된 예측치를 제출한다.
6. 주문 예측치의 도출. 파트너는 POS 데이터, 우연 정보 및 재고 전략을 통합하여 공유된 판매 예측 및 공동 비즈니스 계획을 뒷받침하는 구체적인 주문 예측치를 도출한다. 이렇게 함으로써 제조업체는 수요에 맞추어 생산 용량을 할당하는 동시에 안전 재고를 최소화할 수 있다. 또한 소매업체로서도 주문품이 정확히 배송될 것이라는 확신을 얻을 수 있다.
7. 사전 협약에 규정된 소정의 기준에 따라 주문 예측의 예외 사항을 파악한다.
8. 예외 항목에 대한 문제 해결/협력. 5단계에서와 마찬가지로 파트너가 또 다른 조정된 예측치를 제출한다.
9. 주문의 생성. 주문 예측치가 확정된 주문으로 변환된다.

엄청난 기대와 미미한 결과

자신에 대해 솔직해지는 것은 자기 개선을 위한 중요한 첫 번째 단계이다. 소비자용 포장상품(CPG) 거대기업인 Unilever는 자사의 공급망 상태에 대해 솔직한 태도를 취하였으며, 이에 기초하여 2000년에 Path to Growth(성장을 위한 길)라는 이름의 활동을 시작하였다. "우리는 '세계적 수준'이란 것이 무엇인지를 놓고 말싸움을 벌이기보다는 자사의 현 공급망이 세계적 수준에 못 미친다는 사실을 인정하는 것이 훨씬 빠른 길이라고 판단하였다"는 것이 Unilever의 Home and Personal Care(가정용품 및 개인위생용품) 부문의 물류 담당 이사 Fred Berkheimer의 설명이다.

2000년 이전까지만 해도 Unilever는 예측을 할 때 내부적으로 초점이 맞추어진 고립된 방법론을 사용하고 있었으나, 고객이 더 많은 서비스를 요구하는 상황에서 그러한 재래식 방법으로는 더 이상 효과를 볼 수 없었다. 그리고 Unilever의 고객 중에 Wal-Mart, Target 및 Kroger와 같은 소매 거대기업이 포함되어 있다는 점을 고려할 때 그저 그런 공급망을 가지고는 더 이상 버티기가 힘든 상황이었다. 1990년대를 거치는 동안 제조업체들은 소매업체의 상품 기획 및 판촉 활동에 발맞추어 수많은 신제품을 출시하였고, 그에 따라 CPG 업체와 주요 소매기업 사이의 관계는 점점 더 복잡해질 수밖에 없었다. 물류 전선에서 소매 기업들은 무재고 정책을 채택하고 있었으며, 이는 유통의 교차점에서 크로스 도킹이 등장하게 된 토양이 되었다.

세계 최대의 CPG 업체 중 하나인 Unilever는 자사의 자산 활용도를 높이고 재고를 줄이고 고객 서비스를 개선해야 한다는 과제를 안고 있었다. Berkheimer는 계획 및 예측 프로세스를 개선하는 것으로부터 작업을 시작하는 것이 최적이라는 판단을 내렸다. 그리고

Warner-Lambert와 Wal-Mart가 공동 실시한 CPFR 파일럿 테스트의 사례에서도 보았듯이, 소매 업계에서는 예측할 수 없는 요소와 예측 불가능한 사건이 너무나도 많이 일어나기 때문에 제조업체의 예측 정확도는 소매업체와 협력적 관계를 수립할 때에만 개선이 가능하다. 따라서 VICS CPFR 위원회의 창립 회원 중 하나로서 Unilever는 자사의 공급망 관계에 협력의 요소를 심어 넣기 위해 자체적인 파일럿 프로젝트를 시작하였다.

Berkheimer는 당시 이 회사의 공급망이 "수면 위에서 보면 조용한 것 같지만 물 밑에서는 정신없이 발을 젓고 있는 오리"와 같은 특징을 가지고 있었다고 말한다. 당시 Unilever는 Helene Curtis, Chesebrough Ponds, Lever Bros 브랜드 등 자사가 조달하는 어느 제품 라인에 대해서도 공통의 공급망 계획 시스템을 가지고 있지 않았다. "시장 진출 속도에 대해 말하자면 우리는 만만디라 할 수 있었다. 이전의 방식을 벗어 버린다는 것이 참으로 어려운 실정이었다."

보충의 정확성을 크게 높이려면 주문의 예측에 관한 협력 체제를 갖추는 동시에 공급망의 가시성을 높여야만 한다는 것이 Berkheimer의 설명이다. 그리고 그러한 맥락에서 CPFR은 내부 프로세스, 계획 및 예측의 개선을 위한 추진제라 할 수 있다. "모든 회사는 CPFR을 시행하고 있든 아니든 이러한 목표에 관심을 집중해야 한다."

Unilever의 Home and Personal Care 사업부의 모범적 방법론 계획 담당 이사 Raz Caciula는 가장 간단한 형태의 CPFR이 2개의 예측치를 비교하고 어느 것이 옳은지를 결정하는 일로 요약될 수 있다고 부연 설명한다. "내부적으로 2-3가지의 서로 다른 예측치를 가지고 있다면 고객과 협력하고 예측치에 합의한들 무슨 소용이 있겠는가?" 이 수준에 다다르기 위해서는 회사의 물류 및 판매 부서가 동일한 정보를 공유하고 있어야 하며, 또한 그러한 예측치를 소매 고객의 예측치와 비교할 수 있도록 해 줄 기술적 업그레이드가 선행되어야 한다.

CPFR을 처음 채택한 회사 중 하나인 Unilever는 초기 파일럿 프로젝트에 대해 상당히 높은 기대를 품고 있었으며, 따라서 그러한 기대가 현실화되기까지 긴 시간이 필요하다는 사실이 밝혀지자 실망과 좌절감을 감추지 못하였다. Caciula의 말을 통해서도 알 수 있듯이, 사실상 CPFR을 시행할 경우 제조업체에 앞서 소매업체가 이득을 보게 되며, 그 이유는 소매업체가 임계 물량(임계 물량은 예측치의 70 내지 80% 사이로 알려져 있다)에 더 빨리 도달할 수밖에 없기 때문이다. "이것은 단순한 수학적 계산이다"라고 Caciula는 설명한다. CPFR 프로젝트가 실행되면 소매업체는 개별 SKU별로 거의 즉시 임계 물량에 도달하게 되는 반면, 제조업체의 경우에는 소매업체와 협력적 관계를 수립한 후에야 임계 물량에 도달하게 된다.

어쨌든 초기의 성과가 예상했던 바에 미치지 못했음에도 Unilever는 10%의 재고 감축, 예측 정확도의 10%의 개선, 그리고 재고의 가용성 증진으로 인한 5%의 매출 증가라는 이득을 달성하였다. 이 회사의 물류 부서 또한 정시 배송 성과를 개선하였고 소매 고객의 판촉과 관련한 업무의 처리를 보다 효율적으로 개선할 수 있었다. 결코 마법 같은 수단은 될 수 없었으나, CPFR은 Unilever가 전체 공급망에 모범적 방법론을 채택할 수 있도록 도와 준 촉매였음이 입증되었다.

더욱 높은 신뢰성과 더 나은 서비스

어떤 면에서 CPFR은 결코 완전히 해결될 수는 없으나 보다 현명하게 예측을 할 수는 있는 문제, 즉 소비자가 얼마나 많은 제품을 언제 구매할 것인지를 예측하기 위한 소매 중심적 방법론의 최신판이라 할 수 있다. 예를 들어 수 십년 전에 등장한 공급자관리재고(VMI)는 제조업체로 하여금 자사의 제품 재고를 소매 현장에서 관리하도록 하는 보충 기법이다. 소매업체는 재고 정보를 정기적으로 제조업체에 제공하고, 제조업체는 필요에 따라 제품을 보충할 책임을 진다. 제조업체는 보다 신뢰성 있는 판매 데이터를 통해 예측의 정확성을 높일 수 있다는 이득을 활용할 수 있고, 소매업체로서는 재고를 유지할 필요가 없다는 이득을 누릴 수 있다.

> **간단히 살펴보기   공급자관리재고**
>
> 공급자관리재고(VMI)는 소매업체 대신 공급자가 소매업체에 의해 공유되는 거래 데이터에 기초하여 소매업체의 재고 수준에 대한 관리 책임을 지도록 하는 방식이다.

예를 들어 의류 및 개인위생용품 소매업체인 Limited Brands는 보유 재고를 관리하고 제품의 시장 출시 속도를 높이기 위해 VMI를 사용하고 있다. "우리는 대량유통업체가 아니다"는 것이 이 회사의 물류 서비스 운영 담당 사장 겸 CEO인 Nick LaHowchic의 지적이다. "우리는 새로운 것에 의존한다. 우리는 하나의 제품으로부터 빨리 손을 떼고 다른 제품으로 신속히 옮겨 타야 한다. 우리는 가장 먼저 시장에 제품을 출시해야 하며 고객이 원하는 바에 따라 대응해야 한다."

Limited Brands는 자사의 3,650개 점포로부터 매일 수집되는 거래 정보에 기초하여 공급자를 위한 주간 보고서를 작성한다. 모든 이례적 행동 또는 예외적 사항은 발생할 때마다 공급자에게 전달된다. LaHowchic은 재고를 공급망의 후방 쪽으로 더 멀리 밀어 내기 위한 수단으로서 VMI를 사용한다. "우리는 제반 단계를 어떻게 우회할 수 있을지 또는 우리의 제조 전략을 어떻게 변경할 수 있을지에 대해 생각한다"라고 그는 말한다.

Limited의 지연 전략 중에는 제품을 공장에서 매점으로 직접 옮기는 방법도 포함되어 있으며, 많은 경우 공급자가 보관하는 재고는 색칠이 되어 있지 않거나 커팅되지 않은 직물 또는 핸드크림과 비누용 기본 소재 물질 등과 같이 완제품과 거리가 먼 상태로 유지된다. "우리는 재고를 공급망 내에 일단 사전 배치한 다음, 세세하게 어떠한 종류의 의류 또는 패션 제품이 필요한지를 나중에 결정할 수 있다"라고 그는 설명한다.

Limited는 VMI를 사용함으로써 회사의 신뢰성과 서비스를 개선할 수 있었다고 LaHowchic은 말한다. 또한 VMI는 공급자에게도 이득을 제공하였다. "VMI는 공급자가 일관성 있는 방법으로 공급망을 관리할 수 있도록 해 준다"고 그는 말한다. "공급자는 VMI를 통해 고객이 무엇을 좋아하고 무엇을 싫어하는지를 보다 정확히 알 수 있으며, 또한 고객의 소비 행태를 보다 정확히 알 수 있다."

적절히 관리될 경우 VMI는 소매업체에게뿐 아니라 공급자에게도 이득이 될 수 있다. VMI와 CPFR을 조합하여 사용하는 또 다른 소매업체인 Ace Hardware는 자사의 공급자와 관련된 성공담을 몇 가지 가지고 있다. 이 회사의 재고 관리 부서 관리자인 Scott Smith는 이렇게 말한다. "매출 규모가 2백만 달러였던 어느 작은 제조업체가 성장하여 1999년에 Ace가 되었고, 이어 2003년에는 7백만 달러의 매출을 기록하였다. 주문 처리율이 높았던 것도 물론 그러한 성장의 일부 요인이었으나, 성공의 주된 원인은 공급망을 경쟁사에 비해 보다 효율적으로 운영했기 때문이었으며, 따라서 당연히 물량이 늘어날 수밖에 없었다."

공급망 관리의 난제

지금까지 본 책자를 통해 기업이 공급망 개선을 위해 개발 내지 적용해 온 다양한 모범적 방법론을 살펴보았다. 공급망 관리란 그 본질상 프로세스의 개선을 위해 자사의 범위를 벗어난 부분까지를 예의 주시하고 공급자 또는 고객과 밀접히 협력할 것을 요구하는 일이다. 또한 현실적으로 인간의 본성은 모범적 방법론이 실제로 성공할 것인지 실패할 것인지를 좌우하는 중요한 요소로 작용한다. 사실을 직시해 보자. 어느 누구도 자신이 이용당하고 있다는 느낌을 받고 싶어하지 않으며, 다른 어떠한 파트너십의 경우와 마찬가지로 상호 이득이 되는 관계를 달성하는 유일한 방법은 관련된 모든 당사자가 진심으로 참여하는 것뿐이다.

조사전문회사 Aberdeen Group과 Logistics Today지가 공급망 담당 임원을 대상으로 공급망 관리에 있어 가장 어려운 문제가 무엇인지를 질문했을 때 주로 제시된 장애 요소는 다음과 같았다.

- 주문을 정시에 완전하게 처리하는 문제에 있어 공급자를 항상 신뢰하기 어렵다.

- 프로세스 도중/운송 도중의 주문품에 대해 공급자가 항상 정확하고 적시적인 정보를 제공하지 못한다.

- 기술적 능력 때문에 공급자와 전자적으로 통합을 이루기가 쉽지 않다.

- 공급자의 리드타임이 원하는 수준에 비해 길다.

- 공급자가 항상 제조업체의 지침을 충족할 용의를 가지고 있는 것은 아니다.

컨설팅 회사 Accenture의 어쏘시에이트파트너인 Brooks Bentz가 지적하는 바와 같이 공급망 관리에 관한 한 "각자는 상대측이 공급하기 어려워하는(또는 꺼려하는) 무언가를 필요로 한다. 이는 기본적 사항에 관한 싸움이다." 예를 들어 물류 관리자는 운송 비용을 가능한 낮게 유지하려 하는 반면, 자동차 운송업체는 계속되는 연료비 인상,

트럭 운전기사 유치 및 급여 인상, 장비에 투자된 자본에 대한 회수 필요성 등으로 인한 운임 인상 압박을 끊임없이 받고 있다. 양자는 서로를 필요로 하며, 더욱이 그들은 서로를 필요로 한다는 사실을 알고 있다. 그러나 그렇다고 해서 그들이 가능한 한 최선의 거래를 성사시키기 위해 노력한다는 뜻은 아니다.

"만일 헤어지기는 어려운 상황에서 비용이 크게 떨어질 가능성도 없다면 어떠한 일이 벌어질 것인가?"라고 Bentz는 묻는다. "아마도 더 나은 협력, 즉 관계를 다시 설정함으로써 양자가 최고의 이득을 얻을 수 있는 방법을 모색해야 할 것이다." 협력은 결코 새로운 개념이라 할 수 없으나 여전히 많은 회사들, 심지어 최고의 공급망에 대해 언급하고 있는 회사들조차 이에 대해 잘 알지 못한다고 그는 지적한다.

완전한 조화는 아마도 현실적으로 불가능할지 모르나 "양자가 기꺼이 정보를 공유하기로 마음먹을 경우, 물량과 용량의 정확한 예측, 현재의 문제와 장벽의 해소, 물류의 효율성 개선 및 새로운 고객 개발을 위한 아이디어 등 종전까지 이룰 수 없었던 이득이 나타날 것이다. 우리는 일방적으로 비용을 삭감하기보다는 쌍방이 관계를 통해 비용을 줄일 수 있는 협력적 노력에 관해 이야기하고 있는 것이다"라고 Bentz는 덧붙여 말한다.

관계로부터 가장 많은 이득을 얻어내는 방법

협력이란 용어는 각자에게 다른 의미를 가지며, 또한 거래, 전술 또는 전략을 나타내는 용어와 상호 대체적으로 사용될 수 있다. 현실 세계에서 협력이 실제로 무엇을 의미하는지를 보다 잘 이해하기 위해 Accenture는 Logistics Today지와 함께 팀을 이루어 공급망 담당 임원을 대상으로 협력에 관한 연구를 수행하였으며, 이러한 연구 결과로부터 실무적 정의를 도출하였다. 협력은 공식적이든 비공식적이든 회사와 공급자, 공급망 파트너 또는 고객 사이의 협력적 공급망 관계를 지칭하며, 이러한 관계는 양측의 전체적인 비즈니스 성과를 증진하기 위한 목적으로 수립된다.

또한 이 설문을 통해 거래 파트너와의 협력을 가로막는 장벽이 무엇인지를 알아 낼 수 있었으며, 그 중에는 기술 및 데이터의 장벽, 성과 측정의 어려움, 불분명한 가치 제안, 데이터 보안에 관한 우려, 신뢰의 결여 등이 포함되어 있었다.

Unilever의 이야기가 말해 주듯이 협력 활동은 많은 시간과 노력을 요할 뿐 아니라 회사의 입장에서는 자사의 최대 고객이 이득을 실현한 한참 후에야 이득을 얻을 수 있는 것이 보통이다. 이러한 상황은 종종 "왜 우리가 이 고생을 해야 하나?"라는 식의 태도를 불러 오며, 이러한 태도는 불가피하게 협력 관계에 어둠을 드리운다.

그렇다면 어떻게 해야 협력을 이룰 수 있을 것인가? Accenture의 Supply Chain Management 부서를 담당하고 있는 고위 파트너 John Matchette과 Andy Seikel은 관계로부터 가장 큰 효과를 기할 수 있는 방법으로서 다음과 같은 지침을 제시한다.

- 관계의 성격이 자사의 전략에 부합하도록 한다. 전체적 전략과 협력 기회 사이의 연결 관계를 정의하고, 각 협력 관계의 목적을 파악하고, 전략 또는 환경의 변화에 신속히 대응할 수 있는 준비 태세를 갖춘다.

- 최고의 파트너를 찾아 낸다. 폭 넓은 범위의 경쟁 구도 및 시장 정보를 활용하여 잠재적 파트너를 찾아 내고 평가할 수 있는 정보력을 개발한다.

- 관계 포트폴리오를 최적화한다. 협력에 관하여 보다 빠르고 나은 정보에 기초한 의사결정이 가능하도록 적시적 보고 시스템을 개

발한다. 현재의 포트폴리오에 포함된 활동에 기초하여 새로운 기회를 찾아 낼 수 있는 방법을 알고 있어야 한다. 내부적인 활동과 제휴 관계 사이에서 합리적인 균형점을 찾도록 한다.

- 매일의 성과를 극대화한다. 조직의 전반적 비즈니스 목표가 반영된 성과 측정 지표를 사용함으로써 협력과 관련된 사람들이 모든 협력 관계의 "왜"와 "무엇"에 대해 커뮤니케이션을 실시하고 협력 상대방과 경험을 나눌 수 있도록 한다.

- 관계를 관리한다. 파트너 조직의 핵심 인력과 커뮤니케이션을 실시하고 계속적인 인적 접촉을 유지하기 위한 계획을 수립한다. 이 부분이 성공적으로 수행되면 기존의 관계로부터 새로운 기회를 개발하는 일이 용이해진다.

- 자사의 협력 자산을 활용한다. 모범적 방법론을 습득하여 활용한다. 모회사의 모든 부분에 정보가 공유되도록 하고 협력을 통해 창출된 자산을 활용한다.

보안 : 공급망의 폭풍을 피할 수 있는 피난처의 탐색

2001년 9월 11일에 벌어진 테러 공격은 공급망 관리자와 관련된 모든 것을 완전히 바꾸어 놓았다. 그 전까지만 해도 공급망 보안은 국지적인 모습을 띠고 있었으며, 기업의 주된 관심 분야는 재고의 감모, 도난, 방화와 같은 국지적 위험 요인으로 국한되어 있었다. 미국의 기업이 범죄로 인해 겪는 손실이 매년 500억 달러가 넘는다는 점에서 도난 방지에 대한 관심은 충분한 이유가 있다. 소매업계만 따져 보아도 매년 1-2%의 재고가 감모로 인해 사라지고 있다.

그러나 9/11 사건으로 인해 미국의 공급망 관련자들은 그동안 별 관심사가 아니었던 하나의 커다란 걱정거리를 떠 안게 되었다. 그것은 다름아니라 공포, 특히 경제적 공포였다. 정부회계감사원(GAO)의 보고에 의하면 만일 대량파괴무기가 미국에서 폭발할 경우 항구 폐쇄와 관련하여 1조 달러에 달하는 손실이 발생할 수 있다고 한다. 1조 달러가 어느 정도인지를 가늠하려면 한 해에 미국에서 물류 비용으로 지출되는 모든 액수를 합한 수치와 같다고 보면 된다.

한 개의 항구에 한 개의 폭탄이 터지기만 해도 미국 경제가 한 해의 공급망 활동에 상당하는 손실을 입을 수 있다는 점을 감안할 때, 그간 미국의 항구를 외부의 위협으로부터 보호하기 위한 활동이 의당 상당한 진전되었으리라고 보는 것이 타당할 것이다. 9/11 이후 수년간 미국을 비롯한 전세계의 여러 국가들은 전세계적인 차원에서 공급망을 보다 안전하게 지켜 주도록 설계된 수많은 관료적 점검장치 및 안전장치를 도입하였다. 예를 들어 미국에서는 2002년에 대통령 자문위원회 산하 기구로 국토안보부(DHS)가 설립되었으며, 제반 교역 및 보안과 관련된 활동을 조정한다는 구체적인 목표가 부여되었다. 또한 미 관세청은 2003년에 조직개편을 거쳐 미 세관 및 국경보호국(CBP)으로 개명되었다. 그리고 9/11 사태 이후로 항공기를 타고 미국에 입국하는 모든 사람은 무엇보다 먼저 운송 및 보안 관리국(TSA)에 의해 공항의 보안 체계가 달라졌다는 것을 한눈에 알 수 있을 것이다.

미국인 보호라는 차원에서 볼 때 이와 같은 각종 보안 관련 기구와 활동의 등장은 그 주된 목적을 달성했다고 볼 수 있다. 지금까지 미국의 영토에 대한 후속 공격은 없었으며, 이러한 바탕 위에 이 나라의 경제는 상당히 견실하게 재건될 수 있었다. 그러나 대부분의 미국인들이 생각하는 보안 수준이 현실이라기보다는 신기루에 불과하다고 믿을 만한 근거는 얼마든지 있다.

"여기서는 그런 일 절대 없어"

9/11 이후 거의 4년이 지난 2005년 여름, 두 명의 Baltimore Sun 기자들이 미국에서 8번째로 큰 항구인 Baltimore 항의 보안 활동을 조사하였다. 그들이 발견한 사실은 공급망이 안전하게 보호되고 있다는 일반 대중의 믿음과는 거리가 먼 것이었다. Michael Dresser와 Greg Barrett은 이렇게 보고하고 있다. "중요한 해상 터미널을 지키고 있는 한 쌍의 비디오 카메라로 보이는 물건이 실제로는 기둥 위에 매달린 나무 조각이었다." 하이테크 광섬유 경보 시스템은 너무나도

자주 오작동을 일으키기 때문에 보통 꺼 놓는 것이 상례이다. 또한 몇 명 되지도 않는 경찰 인력이 특정한 시간에 1,100에이커 면적의 항구를 순찰하는 것이 고작이며, 45마일에 달하는 이 항구의 해안선을 감시하는 두 대의 보트는 인력 부족으로 인해 하루에 몇 시간을 제외하고는 닻을 내리고 있다.

또한 Dresser와 Barrett은 독자들이 이러한 문제가 Baltimore에 국한된 것이라고 잘못 생각하지 않도록 미국해안경비대 및 DHS에서 수행한 연구 결과를 인용하여 제시하고 있다. 이 연구 결과는 미국의 항구 중 18%(359개 중 66개)가 테러 공격에 "특히 취약"한 것으로 결론을 내리고 있다. 7백만 개의 원양 컨테이너가 매년 미국의 항구를 통과하지만 그 중 검사를 거치는 비율은 약 5%에 불과하다.

Baltimore항에 대한 기사는 전국적으로 경종을 울릴 만한 내용이었으며, 적어도 전술한 66개의 항구에 대해 경고를 보내기에 충분한 것이었으나, 곧 이어 들려온 더 큰 기사에 묻혀 금방 잊혀져 버리는 불운을 겪어야 했다. 그 새로운 기사는 다름아니라 허리케인 카트리나에 관한 것이었으며, 이 사건은 미국의 공급망에 대한 재앙적 공격이 있을 시 DHS가 과연 효용이 있을 것인지에 대해 더 큰 의심을 불러 일으켰다. 그리고 2001년 9월에 있었던 알 카에다의 기습 공격과는 달리, 2005년 8월 미국 걸프만에 대한 허리케인 카트리나의 공격은 며칠 전부터 사전 예고되었던 바 있었다.

카트리나는 2003년에 DHS의 산하 부서로 흡수된 미 연방 비상관리국(FEMA)의 능력을 가늠할 수 있었던 최초의 실험대라 할 수 있었다. 그간 이 기구의 성과는 정치적 선전거리로 사용되어 왔으나, 카트리나 시험을 통해 FEMA는 대부분의 측면에서 낙제점을 받은 것으로 평가된다. "어떠한 국가적 사태에도 대처할 수 있는 연방 정부의 대응 태세와 복구 활동을 관리하기 위한" 구체적 목적으로 설립된 FEMA는 폭풍의 잠재적 파괴력에 대해 늑장 대응으로 일관하였고, 구난 활동의 조정에 있어 비효율을 드러냈으며, New Orleans 지역의 특색인 "여기서는 그런 일 절대 없어" 식의 안일무사주의 문화에 빠져 운신을 하지 못하고 있었다.

카트리나에 대한 정부의 대응이 모든 차원(현지, 주 정부 및 연방 정부)에서 분명히 부적절했던 것과는 대조적으로, 몇몇 기업의 대응 행동은 비길 데 없이 기민하였다. 이는 기업이 매일의 비즈니스 활동에 적용해 온 것과 같은 공급망의 모범적 방법론이 구난 활동에 그대로 적용된 결과였다. 지금부터 소매 거대기업 Wal-Mart가 어떻게 신속하고도 차질 없이 재난에 대응하였는지를 실례를 통해 살펴보기로 한다.

우리는 13장에서 Wal-Mart가 어떻게 POS 데이터를 사용하여 공급자와의 관계를 강화하였는지를 살펴보았다. 카트리나가 들이닥친 이후, 이 소매업체는 과거에 허리케인이 발생했을 당시의 판매 패턴을 참조하여 폭풍 이후의 복구 활동을 위해 고객이 어떠한 제품을 필요로 할 것인지를 정확히 판단할 수 있었다. 사내에 기후학자를 고용하고 있었던 Wal-Mart는 자사의 예측(정부의 예측이 아닌)에 의존하여 트럭과 공급품을 재난 지역에 수송하기 위한 계획을 수립하였다. 또한 이 회사의 전략 중에는 가장 피해가 큰 지역에 "미니 Wal-Mart"를 세우는 일이 포함되어 있었다. Wal-Mart는 이곳에 종업원들을 파견하여 의류, 기저귀, 개인위생용품, 음식 등을 배포하도록 하였다.

그와 마찬가지로, 또 다른 대형 소매기업인 Home Depot는 항상 재난에 대비하는 조직문화에 힘입어 폭풍 사태에 신속히 대응할 수 있었다. 이 소매업체는 사실상 남부의 허리케인, 북부의 폭풍설 또는 서부의 산불 등 지역별로 가장 빈발하는 재난의 유형에 따라 자사의 부서를 지리적으로 구조화하고 있다.

Home Depot의 남부 사업부 사장이자 이 회사의 "허리케인 책임자"인 Paul Raines에 의하면 이 회사는 무슨 일이 일어날 것인지를 정확히 예측할 수 있기 때문에(즉 기상 예보에 매우 세심하게 주의를 기울여 언제 매점의 문을 닫을 것인지 그리고 어떠한 제품을 비축할 것인지를 판단하기 때문에) 폭풍에 앞서 가는 관리를 할 수 있다. 예를 들어 이 소매업체는 허리케인 카트리나가 들이닥치기 전에 가장 시급히 물자를 필요로 하는 지역으로 제품을 신속히 옮길 수 있도록 유통센터의 트럭에 짐을 미리 실어 놓았다.

테러에 대비한 세관-업체 사이의 파트너십

한때 전세계적 통상에 대한 정부의 개입이라는 개념은 업계로부터 큰 반감을 불러 일으켰으나, 9/11 사태로 인해 기업은 각종 보안 이니셔티브에 협조해야 할 입장이 되었다. 비록 기업이 안전 규칙 및 기술을 통해 사내적으로 보안 조치를 강구하고 있기는 하나, 21세기의 공급망 보안과 관련된 모범적 방법론은 점점 더 이러한 산업/정부간 이니셔티브에 초점이 맞추어지고 있다.

미국에서 공급망 보안과 관련하여 가장 잘 알려져 있고 가장 중요한 모범적 방법론으로는 9/11이 있은 얼마 후 세관 및 국경보호국(CBP)에 의해 설립된 반테러 민관협력 프로그램(C-TPAT)을 꼽을 수 있다. (캐나다의 경우에도Partnership in Protection Program이라는 유사한 기구가 있고, 스웨덴에도 StairSec라는 활동이 진행되고 있다.) IBM Corp.의 Integrated Supply Chain의 보안 및 규제 준수 담당 부사장인 Theo Fletcher는 C-TPAT이 사내적으로 내지는 자사의 공급망 전체를 대상으로 보안 조치를 시행하고자 하는 기업을 위한 정부와 업계 사이의 관계 및 협력을 주축으로 하고 있다고 설명한다. "그러한 보안 조치를 실행하고 그러한 방법에 투자하는 기업은 그에 대한 대가로서 정부로부터 혜택을 받게 된다"라고 그는 설명한다.

그러한 주요 혜택 중 하나는 회사의 물품이 세관을 보다 신속히 통과할 수 있다는 것이다. 또한 참여 기업에 대해서는 보다 적은 회수의 검사가 실시되므로 보다 예측 가능한 글로벌 공급망을 유지할 수 있으며, 이에 따라 C-TPAT을 채택하지 않은 회사에 비해 경쟁 우위를 얻을 수 있다.

C-TPAT은 보안 절차에 대한 자체 평가 및 통관 감사와 검증을 통해 알려진 공급자들을 인증하는 역할을 한다. CBP로부터 승인을 받고자 하는 참여 기업은 다음과 같은 방법론을 준수할 것을 약정해야 한다.

- C-TPAT 가이드라인을 사용하여 공급망 보안 프로세스에 대한 종합적인 자체 평가를 실시한다. C-TPAT 가이드라인에는 절차상의 보안, 물리적 보안, 인적 보안, 교육 및 훈련, 접근 통제, 적하목록 작성 절차 및 운송수단의 보안과 같은 항목이 포함되어 있다.

- 공급망 보안 상황에 대한 설문 자료를 CBP에 제출한다.

- C-TPAT 가이드라인에 따라 전체 공급망의 보안 태세를 개선하기 위한 프로그램을 개발 및 실행한다.

- C-TPAT 가이드라인을 공급망에 속한 다른 회사에 전파하고, 이러한 회사들과의 관계에 가이드라인이 반영되도록 하기 위해 공동 노력한다.

국가간의 의사소통

C-TPAT과 병행적 노력의 성공을 위한 열쇠는 공급망 파트너를 포함한 모든 관련 회사들이 전세계적으로 공통의 프로세스를 실행하기로 합의할 수 있느냐에 달려 있다. 이에 대해 Fletcher는 이렇게 설명한다. "IBM은 160개가 넘는 국가에서 비즈니스를 수행하고 있다. 매일 우리는 7천만 달러 상당의 물품을 배송한다. 매일 우리는 747기 5대에 가득 채

울만큼의 화물을 전세계로 배송한다. 우리가 공급망과 관련하여 중요하게 생각하는 점은 공통의 프로세스를 가져야 한다는 것이다." 만일 IBM이 전세계적으로 일관성 있는 방식으로 운영을 할 수 있다면 공급망의 효율이 증진될 것이고 자사의 경쟁 우위가 더욱 높아질 수 있을 것이라고 그는 말한다. "따라서 우리에게 전세계적 프로세스를 운영한다는 것은 결정적으로 중요한 일이다."

산업 및 정부 차원의 소구점은 공급망의 보안과 교역의 촉진을 위한 세계관세기구(WCO) 체계가 되어야 한다고 Fletcher는 말한다. 공통된 전세계적 방법론 및 프로세스의 일습을 마련하는 것은 공급망 관리의 발전을 위한 필수 요소이다. 2006년 초 현재 전세계 무역 총액의 99가 넘는 부분을 차지하고 있는 168개 국가가 WCO 체계를 채택하고 있다.

WCO 체계는 다음과 같은 4대 원칙에 기초하고 있다.

1. 대내, 대외 및 이동 중 화물에 대한 진보된 전자적 화물 정보 요구사항을 조정한다.
2. 보안 위협에 대처할 수 있도록 일관성 있는 위험관리 방법을 적용한다.
3. 고위험 컨테이너 및 화물에 대한 통관 검사 효율을 높일 수 있는 비침투식 탐지 장비를 사용한다.
4. 최소한의 공급망 보안 표준 및 모범적 방법론을 충족하는 회사에 대해 이득을 제공한다.

"WCO는 통관 당국자들이 다른 나라의 통관 당국자와 정보를 소통할 것을 요구하며, 이는 비교적 새로운 방법론이라 할 수 있다"라고 Fletcher는 말한다. 통관 당국자가 수입화물 데이터를 접수하고 앞으로 수 일간 국내로 반입될 화물을 파악하는 과정에서 만일 위험 평가 결과에 빨간 불이 켜질 경우, 수출국에 대해 배송 이전에 재화를 검사

할 것을 요구할 수 있다. "이렇게 함으로써 무역 상대국간에 좋은 관계, 즉 데이터를 공유하고, 지식을 공유하고, 교역 상대국간에 신뢰를 주고 받을 수 있는 관계가 수립될 수 있으며, 이러한 관계는 예전에 존재하지 않던 것이었다. WCO 체계 내에서도 이러한 관계는 찾아 보기 힘든 것이었다."

때로는 로우테크도 하이테크만큼 효과적일 수 있다

IBM의 보안 최고 책임자로서 Fletcher는 미국 내로 반입되든 미국에서 반출되든 아니면 세계의 다른 지역 사이를 오가든 관계 없이 모든 재화의 이동을 책임지고 있다. 이는 모범적 방법론에 대한 준수를 요구하는 일이다. 그는 이렇게 지적한다. "우리는 공급망의 보안을 위해 시행되어 온 모든 정부-산업간 프로그램을 비롯한 모든 보안 프로그램에 참여함에 있어 얼리어댑터로서 행동해 왔다. 또한 나는 우리가 물품을 수입하는 모든 지역에 소재한 수입 담당 임원으로 구성된 수입 네트워크 조직을 관리한다. 그들은 우리가 해당 국가의 법률을 준수하는 범위 내에서 물품을 수입하고 있으며 우리의 공급망 프로세스가 안전하다는 것을 보장할 책임을 진다."

보안은 통관 규정을 준수하고 수출입 규제를 지킨다고 해서 끝날 일이 아니다. 보안이란 가장 기본적인 차원에서부터 시작된다. "예를 들어 우리는 빈 트레일러를 검사한다"라고 Fletcher는 말한다. "우리의 모범적 방법론 중 하나는 빈 트럭이 화물을 적재하기 위해 현장에 진입할 때 트레일러의 내외부를 물리적으로 측정하는 것이다. 이렇게 하는 이유는 세계의 다른 곳에서 문제를 일으킬 수 있는 무언가를 우리의 물품 속에 숨길 수 있는 감춰진 공간이 없는지 확인하기 위함이다." 그러한 모범적 방법론의 비용은? 단지 줄자 구매 비용 수 달러에 불과하다.

그는 이렇게 말한다. "이 방법은 매우 간단하지만, 우리가 실제로 멕시코 세관에서 사용했던 모범적 방법론이다. 우리는 이렇게 제안하였다. '줄자를 이용해 트레일러든 컨테이너든 모든 운송 수단의 내외부 치수를 재 보아야 한다. 내외부를 모두 재는 이유는 짐을 싣기도 전에 무언가를 숨겨 놓을 수 있는 비밀 공간이 없는지 확인하기 위함이다.' 이 방법은 큰 효과가 있었다." IBM 또한 다른 회사들처럼 모든 트레일러와 컨테이너에 보안 밀봉 장치를 사용하는 동시에 트레일러에 전자식 도어 센서를 장착하여 사용하고 있다. 특히 미국과 캐나다 사이를 오가는 화물의 보안에 만전을 기하고 있다.

국경을 넘는 화물에 대해 미국 회사들이 취하고 있는 또 다른 모범적 방법론은 캐나다와 멕시코 국경의 패스트(FAST) 차선을 이용하는 것이다. C-TPAT의 일부인 이 프로그램은 "공통적인 위험 관리 원칙, 공급망 보안, 산업 파트너십 및 공유된 국경에서 화물의 검사와 통관의 효율을 개선해 줄 진보된 기술을 사용"함으로써 교역을 촉진하는 역할을 한다. 전용 차선(가능한 경우)을 경유해 국경을 신속히 통과하고자 하는 회사는 사전에 C-TPAT에 가입되어 있어야 한다.

자사 공급망에 대한 책임

효과적인 공급망 보안 조치가 구현되려면 회사는 자사의 운영 실태뿐 아니라 공급망 파트너의 보안 절차까지도 전략적이고 고차원적인 관점에서 이해할 수 있어야 한다. 하이테크 제조기업 NCR의 글로벌 물류 담당 이사인 John Mascaritolo는 "공급자와 최종 인도 지점 사이의 모든 접촉 지점에 대해 정밀 검사가 이루어져야 한다"라고 권고한다. 또한 그는 이러한 개개의 접촉 지점에 대해 다음과 같은 구체적인 질문을 제기할 것을 제안한다. "누가 화물 보안 씰을 부착하는가? 증인이 입회하는가 아니면 씰을 운전기사에게 건네 주는가? 운송업체가 화물을 인수하고 사고가 발생한 경우에 대비한 회사의 프로세스는 무엇이며 운송업체는 어떻게 대처하는가? 만일 컨테이너의 씰이 파손된 상태로 도착했다면 어떻게 해야 하는가?"

회사는 이러한 모든 상황을 처리하기 위한 프로세스를 갖추고 있어야 한다고 Mascaritolo는 말을 잇는다. "C-TPAT 인증이 그러한 프로세스 중 하나이다. 자사의 공급망의 보안을 강화하기 위한 활동을 수행하는 것은 또 다른 프로세스이다. 여러분은 자사가 무엇을 통제할 수 있고 없는지를 자문해 보아야 한다."

공급망 보안에 대한 미국 정부의 전략은 기본적으로 두 부분으로 나뉘어 있다고 AMR Research의 분석가 Gred Aimi는 말한다. 첫 번째 부분은 기업이 C-TPAT에 자발적으로 참여함으로써 반드시 자사의 공급망의 보안에 대해 책임을 지도록 하는 것이다. 두 번째 부분은 Aimi가 지적하듯이 CBP에 의해 개발되었고 2010년 중 완성될 예정인 교역 처리 시스템인 자국 프로세스 자동화(ACE)에 초점이 맞추어져 있다. "ACE가 시행될 경우 수입업체는 국경에 도착하기 전에 매우 상세한 정보를 세관에 전송해야 한다"라고 Aimi는 설명한다. "그렇게 하지 않는 [수입업체들은] 상당한 시간적 지연을 겪어야만 할 것이다. 반면 요구사항을 적절히 이행하는 회사들은 세관을 통과할 때 급행로를 타게 될 것이다."

장난감 제조업체Hasbro Inc.는 C-TPAT에 가장 먼저 참여한 회사 중 하나이다. "우리는 정부의 프로그램에 매우 사전 대응적으로 대처한다"고 Hasbro의 글로벌 무역 및 세관 담당 이사인 Barry O'Brian은 말한다. "우리는 제품을 시장에 긴급히 출시해야 하며, 따라서 우리에게 속도는 매우 중요한 요소이다." 초기 인증 프로세스의 일환으로서 이 회사는 자사의 해외 공급자에게 공급자 시설의 보안 프로세스에 관한 긴 설문지를 보낸다. "만일 문제나 갭이 있다고 생각될 경우 우리는 공급자에게 시정을 요구한다."라고 O'Brian은 말한다. 그 외에도 Hasbro의 검수요원들은 공급자의 현장을 정기적으로 방문하여 검사를 실시한다.

이러한 프로세스는 그럴만한 충분한 가치가 있었다고 O'Brian은 말한다. 이 회사는 수입 컨테이너 검사 비율을 크게 줄일 수 있었다. 미국으로 반입되는 모든 컨테이너에 대한 검사 비율은 2001년의 7.6%에서 2003년에는 0.66%로 감소하였다. 초기 C-TPAT 준수 비용은 약200,000달러였으며, 회사는 인증의 유지를 위해 매년 112,500달러를 추가로 지출한다. 그러나 Hasbro는 자사가 검사 비용만으로도 매년 550,000달러를 절감하고 있는 것으로 추정한다. 이 회사의 궁극적 목표는 자사의 모든 공급자, 운송업체 및 3PL이 모두 C-TPAT에 참여하도록 하는 것이다.

공급망의 보안

컨테이너 안전협정(CSI)은 미국으로 반입되는 컨테이너 화물의 보안 표준을 수립하기 위해 CBP가 주관하는 또 다른 자발적 프로그램이다. CSI는 CBP의 검사 기능을 강화하고 화물이 출발하는 해외 항구에 인력을 파견함으로써 수입 화물의 보안성을 높일 수 있도록 설계되어 있다.

2006년 봄 현재 40개가 넘는 해외 항구가 CBP에 의해 CSI 항구로 지정되었다. CSI 항구로 지정되려면 다음과 같은 기준을 충족해야 한다.

- 해당 항구가 미국으로 정기적이고 직접적으로 반입되는 상당한 컨테이너 물동량을 가지고 있어야 한다.

- 세관당국이 자국에서 발송되거나, 운송되거나, 반출되거나 환적되는 화물을 검사할 수 있어야 한다.

- 비침투성 검사 장비(감마선 또는 엑스레이 장치 및 방사선 탐지 장치)를 CSI 항구 또는 그 근처에서 사용할 수 있어야 한다.

또한 CSI 항구는 다음과 같은 이행 요구사항을 충족해야 한다.

- 자동화된 위험관리 시스템의 수립
- 중요한 데이터, 정보 및 위험관리 정보를 세관 당국과 공유
- 항구에 대한 철저한 평가의 수행 및 항구 기반시설 취약성의 해결
- 무결성 프로그램의 유지 및 무결성의 침해에 대한 대처

CSI 항구를 떠나기 전에 자사의 배송 화물에 대해 실시되는 엄격한 검사 프로세스 덕분에 기업은 공급망에 대한 잠재적 위험을 크게 줄일 수 있게 될 것이며, 동시에 미국의 항구에서도 화물이 세관을 신속히 통과할 수 있을 것이다. 또한 CSI 항구를 통해 배송을 하고 C-TPAT에 참여하는 기업에 대해서는 낮은 자동선별시스템(ATS) 평점이 매겨질 것이다. ATS란 세관이고위험 수입품을 식별해 내기 위해 사용하는 의사결정 지원 도구이다.

C-TPAT는 현재 모든 회사를 3개 계층으로 구분하며, 각 계층은 회사의 프로그램 요건 이행 수준을 나타낸다.

- Tier 1 회사란 보안 계획을 제출하였고 최소 보안 기준의 충족을 약정한 회사를 말한다. 그 외에도 세관 기록이 깨끗한 회사(심각한 요건 준수상의 문제 또는 법 집행상의 문제가 없다는 것을 의미)는 컨테이너 화물에 대해 급행 검사 서비스를 받을 수 있다.
- Tier 2 회사란 CBP 당국자로부터 회사의 계획에 대한 검증을 받았고 이를 통해 양호한 ATS 점수를 받은 회사를 말한다.

- Tier 3 회사란 CBP 감사를 통과하였으며 요구사항의 수준을 넘어서는 모범적 방법론을 따르고 있는 것으로 판단되는 회사를 말한다. 또한 이러한 회사는 손상 및 침투 탐지 기술이 적용된 컨테이너를 의미하는 "스마트박스"를 사용한다.

효과적인 요건 준수를 위해 필요한 단계

미국의 각종 국내 보안 활동의 효용성(또는 효용성의 부족)에 대해서는 논란이 계속되고 있으나, 통계에 의하면 상당한 양의 불법 수입 및 수출 활동이 실제로 방지되고 있는 것으로 나타나고 있다. 2005년의 예를 들면 31건의 범법 사건에 대한 유죄 판결이 있었고, 770만달러의 벌금이 징수되었으며, 69건의 행정처벌 또는 민사처벌 판결이 있었고, 수출 입법 위반과 관련하여 680만 달러의 벌금이 징수되었다. 이러한 처벌을 받은 대상은 반드시 "악한"이 아닐 수도 있다. 이러한 불법적인 물품을 운송 또는 보관하거나 궁극적으로 책임을 지는 회사는 벌금, 처벌 및 또는 금고 등의 형에 처해질 수 있다.

JPMorgan Chase Vastera의 컨설팅 부서의 수출 관리 부사장이자 미 상무부 규제정책국(Office of Regulatory Policy)의 전직 이사인 Larry Christensen의 말에 의하면 회사든 개인이든 불법적인 상대방, 실체, 장소 및 최종 사용자와 관련된 비즈니스를 하지 못하도록 금지하고 있는 것이 9/11 이후의 분위기라 한다. "아울러 모든 회사와 개인은 그러한 위법행위를 범하지 않도록 보장할 조치를 취해야 한다."

보안 요건 준수 전문가(그는 수출관리규정(Export Administration Regulations)을 재작성한 장본인이다)로서 Christensen은 회사가 자사의 요건 준수 프로그램을 개발할 때 다음과 같은 모범적 방법론을 채택할 것을 제안한다.

- 위에서부터 시작하여 이사회 차원의 이행 약속을 확보한다. "어느 요건 준수 프로그램이든 성공을 거두려면 이사회 및 고위 임원들을 납득시켜야 한다"고 Christensen은 말한다. 미 정부판정지침(U.S. Government Sentencing Guidelines)에 의하면 모든 기업의 임원 및 이사회 구성원은 자사의 요건 준수 프로그램을 숙지해야 하고, 합리적 수준의 감독을 실시해야 하며, 규제준수 책임자(Compliance Officer)가 이사회에 직접 보고할 수 있도록 해야 한다.

- 자사의 보안 프로세스를 평가한다. Christensen은 "외부의 통상 전문가를 고용하여 자사의 현 요건 준수 프로세스에 대한 요건 준수 갭 분석을 실시하도록 한 다음 갭을 메울 것"을 제안한다. 예를 들면 자사의 요건 준수 기록이 어디에 그리고 어떻게 보관되고 있는지를 면밀히 살펴야 한다.

- 자사가 거래를 해서는 안 되는 엠바고 대상 국가의 목록을 작성한다. 물품이 그러한 국가로 직접적이든 간접적이든 배송되지 못하도록 효과적인 차단 장치를 마련한다.

- 마스터 고객/파트너 파일의 이름과 주소를 각종 정부의 "블랙리스트"와 대조하여 전자적으로 검사한다. 현재 국제적으로 교역이 금지된 대상자의 목록이 약 40개 정도 된다는 점을 Christensen은 지적하며, 따라서 이러한 목록을 매일 모니터링하고 업데이트해야 할 것을 권고한다. 아울러 계속적으로 이름과 주소를 검사하기 위한 프로세스를 수립해야 한다. 정부는 각종 제한 대상 목록에서 이름을 수시로 추가 또는 삭제하기 때문에 목록의 업데이트와 수정을 위해 필요한 최신 정보를 구득해야 한다.

- 고객 및 기타 공급망 파트너로부터 최종 사용 정보를 수집한다. Christensen은 자사의 제품이 소기의 목적에 따라 구매되고 있

는지를 확인할 것을 촉구한다. 또한 다른 용도로 유용될 위험에 대해서도 점검을 실시할 것을 제안한다. "고객이 영위하는 본연의 비즈니스에 관한 정보를 수집하여 자사의 제품 또는 서비스가 고객의 비즈니스와 부합하는지 확인해야 한다. 또한 자사의 고객이 제품을 제삼자에게 유출하지 않는지 확인해야 한다."이를 위해 회사는 각 공급자로부터 관할지역 및 분류 정보를 징구해야 한다고 그는 주장한다.

- 프로세스 및 절차를 작성한 후 각 비즈니스 기능의 일부로서 실행한다. 요건 준수는 회사의 전체 공급망은 물론 정보기술, 연구개발, 엔지니어링, 제조, 판매, 주문 입력, 주문 처리, 배송, 재무, 법률 및 규제준수 등 기타 기능 부문을 통틀어 핵심 관심사항이 되어야 하며, 이렇게 함으로써 수출을 통제하고 물품, 기술 및 소프트웨어를 재수출하기 위한 적절한 조치가 시행되도록 보장해야 한다.

- 교육, 교육, 교육하라. 단지 파일을 만들어 캐비닛에 보관하기 위한 목적으로 프로세스와 절차를 개발해서는 안 된다고 Christensen은 말한다. "각 직무 기능에 따라 차별화된 교육을 전사적으로 실시하기 위한 방법을 모색해야 한다. 효과적인 요건 준수 프로그램이 회사를 살릴 수도 죽일 수도 있다는 점을 전 직원이 이해할 때까지 자사의 직원을 교육한 후, 또 다시 재교육을 실시한다."

- 자사의 요건 준수 절차에 대한 연례 감사를 실시한다. Christensen이 지적하듯이 "나중에 후회하는 것보다 안전한 길을 택하는 것이 낫다. 그리고 감사를 실시하지 않을 경우 모든 프로세스는 시간이 감에 따라 고장나게 되어 있다."

위험에 노출된 공급망

매년 예측 불가능한 재앙이 전세계 어딘가를 덮치며, 전세계적으로 공급망은 마치 연례 행사와도 같이 극단의 시험대에 올라야만 하는 실정이다. 쓰나미, 지진, 허리케인, SARS(중증 급성 호흡기 증후군), 조류독감 등 그 종류가 무엇이든 이러한 재해는 예측이 불가능하며, 비교적 소수의 사람들이 신속하고 결단력 있게 대응할 수 있느냐에 따라 수천 명의 생명과 안녕이 결정되는 경우도 비일비재하다.

식품 유통업체 SYSCO Corp.의 창고 총 관리자인 Eugene Klein은 비상대응 계획을 가지고 있는 회사가 계획에 없던 사건에 보다 신속히 대응할 수 있다고 말한다. 또한 효과적인 위험관리 프로그램이 수립되어 있을 경우 공급망 중단 사태를 크게 줄일 수 있다. Klein은 비상 관리 팀 내에 고위 경영진, 운영 부서, 유통 및 물류 부서, 법률 부서, 품질관리 부서, 엔지니어링 부서, 판매 및 마케팅 부서, PR 부서 등 회사의 모든 부서의 대표가 포함되어야 한다고 제안한다. "모든 위험을 제거한다는 것은 불가능할 뿐더러 비용 효율적인 면에서도 타당하지 않기 때문에 기업은 운영 부문에서 가장 취약한 부분을 찾아 내고 더 많은 자원을 가장 긴급한 부분에 투입해야 한다"고 그는 덧붙여 말한다.

MIT Center for Transportation and Logistics(운송 및 물류 센터)의 Yossi Sheffi는 조업 중단에 대한 취약성을 줄임으로써 일일 시장 변동에 대한 취약성을 줄일 수 있으며 따라서 전반적인 재무 성과를 높일 수 있다는 것을 자신의 저서 The Resilient Enterprise를 통해 제안하고 있다. 그가 제의하는 취약성 저감을 위한 모범적 방법론은 다음과 같이 요약될 수 있다.

• 행동을 위한 조직 구조를 갖춘다. 이를 위해 기업은 수석 위험관리 임원을 지정해야 한다. 위험관리 임원은 보안에 대해 책임을

지는 동시에 중단 사태 발생시 신속히 상황을 복구할 수 있도록 유연성을 확보해야 한다. Sheffi의 말에 의하면 이러한 유연성은 "운영 프로세스의 재설계, 기업 문화의 변화, 제품 설계의 변화, 회사 내의 조직 변화, 그리고 고객, 공급자 및 기타 이해 당사자와의 여러 가지 관계와 관련이 있다."

- 취약성을 평가한다. 이는 다음과 같은 3개의 질문으로 압축될 수 있다. 무엇이 잘못될 수 있는가? 잘못될 가능성은 얼마나 되는가? 잠재적 영향의 심각성은 어느 정도인가?

- 조업 중단의 가능성을 낮춘다. 비정상적인 활동을 분리하는 일에 초점을 맞추어야 한다고 Sheffi는 조언한다. 이 중에는 어느 컨테이너를 검사할 것인지, 어느 종업원에 대해 특별한 관심을 두어야 할 것인지, 또는 정해진 기간 내에 얼마나 많은 제품의 실패가 발생해야 사보타지를 의심할 수 있는지에 대한 결정 등이 포함되어 있다. 그는 보안을 위해 단일 방어 메커니즘을 택하기보다는 계층별 접근 방법을 취할 것을 제안한다. 단일 방어 메커니즘은 설령 가능하다 하더라도 비용이 너무 많이 소요될 것이다.

- 산업 협회, 회사가 활동하는 지역 공동체의 시민감시단체, C-TPAT등을 주관하는 정부 부문과 보안을 위해 협력한다.

- 예비용 중복 구조를 만든다. 너무 타이트한 공급망은 "위험의 지표일 수 있다"라고 Sheffi는 경고한다. "'예비' 종업원의 수가 너무 많이 줄어들었을 때, 용량의 활용도가 '너무 과다'하게 높아졌을 때, 그리고 단일 공급자로부터 모든 것을 조달하고 있을 때 위험관리 경보가 울려야 한다." 린 비즈니스 프로세스를 포기하라는 뜻이 아니라 공급망을 너무 얇게 분할할 때의 위험을 알아야 한다는 뜻이라고 그는 말한다.

- 사람과 문화에 투자한다. 간단히 말해 회사의 가장 중요한 자산은 종업원들이다.

9/11로 인해 일어났던 소란이 가라앉은 이후로 북미 대륙의 분위기는 비교적 평온하게 유지되어 왔으며, 아울러 이로 인해 자기만족의 경향이 자연스럽게 대두되고 있다. 그러나 법률회사 Bracewell & Patterson의 Homeland Security 부서의 자문역이자 백악관 마약단속국의 전직 전략적 계획 담당 이사보인 Rob Houseman은 이렇게 경고하고 있다. "전문가들은 미국에 대한 또 다른 공격이 단지 시간 문제라는 점에 대해 이례적으로 만장일치의 견해를 보이고 있다. 과거 20년간 미국에서는 민간 부문에 대한 테러가 꾸준히 증가해 왔다. 미국 내의 테러는 9/11때 처음 시작된 것이 아니며 거기서 끝난 것도 아니다. 철저히 대응하지 못하는 회사는 그러한 위험에 처하게 될 수 있다."

15

RFID : 태그 게임

자사의 연간 매출이 웬만한 나라의 국내총생산(GDP)을 넘어설 정도가 되면 못 할 것이 없게 마련이다. Wal-Mart가 공급업체에 대해 공급망의 개선을 의무화한다는 결정을 내렸던 것도 바로 이러한 맥락에서 이해될 수 있을 것이다. 예를 들면 1980년대 초반 이 소매기업은 자사의 매점에 POS 스캐너를 설치한 후, 공급업체에 대해 모든 제품에 바코드를 인쇄할 것을 요구하였다. 또한 Wal-Mart가 자사의 공급업체에 대해 전자적 데이터 교환(EDI) 기술을 사용하여 주문 및 청구 등의 거래 정보를 송수신하도록 요구했던 것도 그러한 경우 중 하나였다. 아울러 Wal-Mart가 모든 공급업체에 대해 전체 공급자의 제품 데이터를 동기화할 수 있는 UCCnet 글로벌 등록소에 가입하도록 촉구한 것도 같은 맥락에서였다.

바로 지금도 그러한 상황이 전개되고 있다. 현재 Wal-Mart는 무선인식(RFID) 기술의 적용을 강요하고 있다. 이 기술은 "다음 세대"의 바코드라고도 불린다. (앞으로 살펴보겠지만, RFID에 대해 논의를 하다 보면 그러한 계시적 언어가 영감처럼 떠오르는 경향이 있다.) Wal-Mart의 즉각적 목표는 공급자로 하여금 자사의 유통센터로 배송되는 모든 파렛트와 케이스에 RFID 태그를 부착하도록 하는 것이다. 그러나 그 궁극적 목표는 유통센터(DC)로 반입되는 모든 물품에 RFID 태그가 부착되도록 하는 것이다(이는 단지 Wal-Mart 뿐만이 아니라 모든 소매업체와 미 국방부가 추구하고 있는 목표이다).

때로 혁명은 총 한발 쏘지 않고도 성공할 수도 있으며, 소매업체가 RFID를 채택한 것도 바로 그러한 경우라 할 수 있다. RFID는 일찍이 1940년대에 군사용으로 개발되었고 1960년대 이래로 보안 통제 및 관련 비즈니스 업무용으로 사용되어 왔으나, 이 기술이 세간의 주목을 받게 된 시점은 Wal-Mart가 이 기술을 채택할 것을 발표함으로써 공급망 파트너와 공급자 사이에 "이제 어찌 해야 하는가"라는 반향을 불러 일으켰을 때였다. 대다수의 공급자로서는 놀랍기도 하고(RFID의 초기 비용은 만만치 않은 수준이다), 주저스럽기도 하고(이 기술은 아직 입증된 상태가 아니다), 또한 동요스럽다는 이유(RFID의 이득이주로 소매업체 쪽으로 편중되어 있으며, 공급자의 입장에서는 투자수익 회수의 전망이 불투명하다) 때문에 절대적으로 부정적 반응을 보일 수밖에 없는 입장이었다. RFID가 불러 일으킨 모든 소동과 흥분에 비해(최근 수 년간 이와 관련하여 컨설턴트, 분석가, 컨퍼런스, 웹 사이트를 비롯한 각종 움막산업(Cottage Industry)이 등장하였음은 물론 정치활동집단까지 구성된 상태이다) 이 기술의 목적과 잠재력에 대해서는 아직 알려지지 않은 부분이 많은 실정이다. 심지어 소매업체 고객의 강요에 의해 파일럿 프로그램을 시작한 회사들조차 이에 대해 잘 알지 못하고 있다.

RFID에 관한 기초 지식

RFID는 제품 정보를 무선파를 통해 수신 장치로 전달하는 방식의 데이터 수집 기법이다. 이 기술을 활용하려면 기본적으로 태그(안테나가 부착된 전자 칩)와 판독기가 있어야 한다. 판독기는 데이터를 수신한 후 데이터 프로세싱 컴퓨터 소프트웨어 어플리케이션(예 : 창고 관리 시스템)으로 전달하는 역할을 한다. RFID는 일반적으로 (1) 배터리와 같은 전원을 내장한 능동적 태그와 (2) 전원이 없는 수동적 태그(Wal-Mart가 요구하는 형태가 바로 수동적 태그이다)라는 2개의 범주로 구분된다.

RFID는 공급망의 가시성을 제공한다는 점에서 엄청나게 매력적인 물건이다. 이 태그와 라벨은 비아그라 한 팩이든 한 로트의 랩톱 컴퓨터이든 아니면 53피트급 트럭 전체이든 원하는 물건을 찾을 수 있도록 설계되어 있다. 그러나 RFID의 진정한 강점은 이러한 태그를 이용해 물건의 위치를 알아내는데 있는 것이 아니라(바코드와 GPS로도 이러한 기능은 가능하다) 이러한 태그에 저장할 수 있는 정보의 양이 종전의 바코드에 저장될 수 있는 양에 비해 기하급수적으로 크다는데 있다. 이는 태그에 내장되어 제품의 추적성을 크게 향상시켜 주는 전자적 제품코드(EPC) 덕분이다. 이러한 추적성은 제품의 리콜, 위조와 재고 감모의 방지 또는 창고 구석에 숨어 있는 콩조림 상자를 찾아 낼 수 있는 능력 등 다방면으로 활용될 수 있다.

1990년대 말 Messachusetts Institute of Technology(MIT)에서는 가정용 제품의 위치를 추적할 수 있는 기술을 개발하기 위한 씽크 탱크가 활동 중에 있었으며, Gillette, Procter & Gamble, Unilever와 같은 몇몇 주요 소비자용 포장상품 회사들과 Home Depot, Target, Wal-Mart 등 일부 대형 소매업체들이 여기에 합류하였다. 이들이 만들어 낸 작품이 바로 EPC였으며, 이는 RFID 기술의 개발에 있어 중요한 마일스톤이 되었다(당시까지 RFID는 대부분 고속도로 톨게이트, 도서관 및 건물의 보안 검색대에서 사용되고 있었다).

2003년 6월 미국과 해외에서 실시된 파일럿 테스트 결과에 고무된 Wal-Mart는 2005년 1월 자사의 100대 공급업체 모두가 텍사스주

Dallas 근처의 3개 Wal-Mart DC로 배송되는 모든 케이스와 파렛트에 RFID 태그를 부착할 것으로 기대한다는 내용의 보도자료를 발표함으로써 RFID의 새로운 시대를 고하였다. 이는 Wal-Mart의 모든 공급자들이 Wal-Mart와 계속해서 좋은 관계를 유지하기 위해서는 RFID의 도입에 적극 나서야 한다는 것을 의미하는 것이었으며, 그러한 종류의 기술 투자는 한두 푼이 드는 문제가 아니었다. 예를 들어, 조사업체 Forrester는 일반적인 공급자가 태그, 하드웨어, 소프트웨어 및 관련 서비스에 대한 초기 비용으로 9백만 달러 정도를 투자해야 할 것으로 추정하였다. 그럼에도 불구하고 Albertson's, Best Buy, Home Depot 및 Target과 같은 몇몇 기타 소매업체 그리고 미 국방부가 Wal-Mart의 뒤를 이어 자체적인 RFID 이니셔티브를 속속 발표하였다.

그러한 기술을 위한 비용이 상당하고 또한 RFID에 대한 작금의 열정이 전규모적 실행의 결과보다는 주로 소규모의 파일럿 테스트 결과에 기초하고 있다는 사실로 미루어, 많은 회사들은 과연 이에 대한 투자를 통해 현실적인 가치를 얻을 수 있을지(주요 소매업체 또는 국방부 고객의 공급자 자격을 유지하는 것을 제외하고)에 대해 회의적인 시각을 버리지 못하고 있다. 약속된 이득은 상당하나, 아직까지 실제 드러난 이득은 다소 덧없어 보인다.

사전 대응적 보충

Wal-Mart가 RFID 이니셔티브를 공급자에게 통지했을 때 많은 회사들은 당연히 난처한 입장에 빠졌다. 일반적인 반응은 "웬 RFID? 그리고 왜 지금?"이었다. 현실적인 상황을 들여다 보면 각종 협력 기술에 수백만 달러를 투자했음에도 불구하고(제 13장 참조) Wal-Mart의 공급망에는 아직 보이지 않는 부분이 존재하고 있다. 그리고 세계 최대 기업의 입장에서 이러한 맹점은 함정으로 보일 수 있다. Wal-Mart의 글로벌 RFID 전략 관리자인 Simon Langford의 설명에 따르면 특히 신경이 쓰이는 한 가지 기술적 갭은 이 소매기업이 재고창고에 대한 가시성을 전혀 확보하지 못하고 있다는 점이다. 예를 들어 재고로 보관된 모든 제품 중 창고의 수거 목록에 기록되는 품목은 4개 중 1개에 불과하며 3개 중 1개만이 적시에 소매점의 진열대에 전시된다고 Langford는 말한다. "어느 누구도 재고창고에 들어 앉아 있는 제품을 팔아 본 적이 없다."

Wal-Mart의 관점에서 볼 때 RFID는 사전 대응적으로 매점에 제품을 정기 보충하기 위해 필요한 정보를 얻을 수 있는 수단이 될 수 있다. 만일 이렇게만 된다면 Wal-Mart는 소비자에게 개선된 고객 서비스, 보다 신속한 쇼핑, 그리고 더욱 신선한 제품을 제공할 수 있을 것이라고 Langford는 말한다. "가장 깨끗하고 가장 잘 운영되는 재고창고를 가진 매점은 최고의 재고유지비율을 유지하는 소매점일 수밖에 없다"라고 그는 말한다. 따라서 Wal-Mart와 기타 모든 소매업체들의 입장에서 RFID는 재고창고에 대한 가시성을 높여 줌으로써 재고고갈 사태를 줄여 줄 수 있는 구세주가 될 수 있다. 이렇게 된다면 고객의 만족도가 개선될 수 있을 뿐 아니라 소매점의 입장에서 더 많은 판매 기회를 창출할 수 있을 것이다.

소매업체가 RFID로부터 기대하는 그 외의 이득으로는 다음과 같은 것들이 있다.

- 자동화된 반입 기능을 이용하면 소매업체는 상품을 보다 신속하고 정확하고 저렴하게(예 : 더 적은 인력을 사용하여) 인수하고 배치할 수 있을 것이다.

- 또한 RFID는 신속한 재고의 실사를 가능하게 해 줄 것이다. Kurt Salmon Associates에서 실시한 연구에 의하면 판매 현장, 보관 장소 및 재고창고에서 재고를 추적하는데 소요되는 시간이 최대 90%까지 단축될 수 있을 것으로 추정된다.

- 소매업체로서는 즉각적으로 재고감모가 줄어드는 효과를 얻을 수 있을 것이다. 이는 구매되지도 않은 제품이 누군가의 호주머니에 슬쩍 들어간 채로 매점이나 창고를 떠나는 경우를 점잖게 표현한 것이다. RFID가 도입되면 상품 대금을 지불하지 않고 매점을 나가려 하는 소비자를 즉각 발견할 수 있을 뿐 아니라, 종업원이 창고나 DC로부터 제품을 훔치려 할 경우에도 경보가 울리도록 할 수 있다.

- 또한 RFID가 도입되면 매일같이 재고를 전량 실사하는 것이 가능해질 것이다. 지금까지는 4주 내지 8주마다 재고를 파악하는 것이 고작이었다.

"RFID는 상품이 매점의 재고창고에 들어 있는지 아니면 매점의 진열대에 올라와 있는지, 그리고 그 상태는 어떠한지를 극히 간단히 알 수 있는 수단이 될 것이다"라고 Wal-Mart의 Information Systems Division의 Kerry Pauling 이사는 말한다. RFID가 도입되면 기존의 광학적 방식을 사용할 필요 없이 데이터를 읽을 수 있다. 종래의 프로세스는 스캐너 등의 장치로 직접 바코드를 읽는 과정을 필요로 했기 때문에 시간도 많이 걸리고 인력도 많이 소요된다.

보상을 찾아서

이러한 상황은 Wal-Mart, 기타 대형 소매업체 그리고 국방부의 입장에서 꿈 같은 이야기일 것이다. 그러나 공급자의 입장에 있는 소비자용 제품의 제조업체들은 수 년이 지나도록 RFID 투자에 대한 수익을 한 푼도 건지지 못할 것이라는 두려움을 조용히 감추고 있다. 조사 기업인 ARC Advisory Group의 공급망 관리 서비스 이사인 Steve Banker의 말에 의하면 현재 RFID에 투자하고 있는 대부분의 제조업체들은 투자 회수 기간이 최소한 2년은 될 것으로 생각하고 있다고 한다. Banker는 5천만 개의 상자를 매년 Wal-Mart로 배송하는 어느 회사의 예를 제시한다. 이 회사가 태그 당 지출하는 비용은 불과 20센트 정도이나 이만한 액수로도 전체 비용이 1천만 달러는 늘어나게 되며, 그 외에도 1백만 달러 정도를 기반시설 비용으로 투입해야 한다. 창고 운영 프로세스에 추가로 소요되는 노무비는 총 비용을 500,000달러 정도 높이는 요인으로 작용할 것이다. 이러한 시나리오 하에서 배송업체는 손익분기점을 맞추기 위해 1천 1백 50만 달러의 추가적 절감 효과를 창출해야 한다는 것이 Banker의 관찰이다.

"만일 Wal-Mart가 협조적으로 나온다면 이러한 업체들은 입금 취소 수수료의 인하를 통해 백만 달러를 창출할 수 있을 것이며 그 외의 다른 절감 효과도 기대할 수는 있을 것이나, 그 액수는 많아 봐야 50만 달러 정도일 것이다"라고 Banker는 말한다. 따라서 이 회사는 태그의 가격이 목표 범위인 5 내지 10센터 수준으로 떨어질 수 있도록 무언가 현저한 개선이 이루어지지 않는 한, 최선의 시나리오 하에서도 1천만 달러를 손해볼 수밖에 없을 것이다. 불행히도 현재의 가격 수준은 총 태그 구매량에 따라 다르기는 하지만 위의 목표 금액의 2-10배 수준에 머물러 있다.

그럼에도 불구하고 제품마다 고유한 ID를 부여할 수 있는 능력은 큰 장점으로 대두되고 있다. 예를 들어 의약업계에서는 위조품의 방지를 위해 RFID를 도입하고 있다. Pfizer는 환자의 안전을 위해 모든 비아그라 패키지, 케이스 및 파렛트에 RFID 태그를 부착하여 배송하고 있다(제 2

장 참조). 그와 마찬가지로 또 다른 제약회사인 GlaxoSmithKline은 미국 내에서 유통되는 모든 Trizivir(HIV 약품) 약병에 태그를 부착하고 있다. 도매업체나 약사들은 이 태그를 읽어 제품이 진품인지 여부를 검증할 수 있다.

하루 종일 태그 붙이기

또한 Wal-Mart의 Pauling은 RFID가 제품 리콜을 용이하게 해 줄 보다 효율적인 수단을 제공한다는 점을 지적한다. RFID를 사용할 경우, "모든 재고를 리콜할 필요가 없으며 리콜이 필요한 품목만을 대상으로 할 수 있다"라고 그는 말한다.

"식품 제조업체의 입장에서 품질과 안전은 무엇보다 중요한 요소이다"라고 육류 가공기업 ConAgra의 전직 통합 물류 담당 수석 부사장이자 현재 Council of Supply Chain Management Professionals의 사장으로 있는 Rich Blasgen은 설명한다. Blasgen의 말에 의하면 ConAgra와 같은 식품회사는 공급망의 보안성을 높일 수 있고 또한 오염된 제품을 신속히 식별하여 제거할 수 있다는 확신을 소비자에게 심어 줄 수 있는 기술의 도입에 특히 높은 관심을 가지고 있다.

Associate Press의 보도에 의하면 광우병에 대한 공포 및 소비자의 공포감이 업계에 미칠 수 있는 부정적 영향을 감안하여 National Cattlemen's Beef Association은 미국 전역의 목우장에 산재한 소의 위치를 추적할 수 있는 RFID 시스템을 채택하기로 하였다. "만일 어느 한 마리에서 문제가 발견될 경우, 해당 정보를 필요로 하는 관련 기구로 정보가 전송되도록 할 수 있다"라고 협회의 동물 ID 조정자인 Allen Bright는 설명한다. "원천의 검증은 앞으로 더욱 더 중요한 문제로 부각될 것이다."

그와 마찬가지로 캘리포니아의 쇠고기 생산업체인 Brandt Beef는 전후방을 추적할 수 있는 RFID 시스템을 사용하고 있다. 여기서 후방이란 소매점(식품점이나 식당)에서 특정한 동물까지의 경로를 의미하며, 전방이란 비육장에서 소매점까지의 경로(쇠고기 리콜의 경우)를 의미한다. 모든 가축의 귀에는 태그가 부착되고 비육장에서 도축장으로 이동할 때 태그가 읽혀진다. 처리가 끝나면 쇠고기에 해당 동물의 ID 번호와 연계된 바코드 라벨이 부착된다.

또한 리콜은 자동차 업계로서도 큰 문제이다. 예를 들어 2000년 당시 Ford Explorer에 장착하여 고속 주행을 할 경우 타이어가 파열되는 문제가 발견되면서 6백만개가 넘는 Firestone 타이어가 리콜된 적이 있었다. 오늘날 Ford는 제조업체에서부터 보관 현장 및 조립 현장에서 특정한 차량에 부착되기까지 타이어의 전체 수명주기를 추적할 수 있는 RFID 시스템을 사용하고 있다. 이러한 방식의 기술적 활용은 리콜 문제를 용이하게 해 줄 뿐 아니라 보다 적시적이고 정확한 주문과 배송을 위해서도 도움이 된다.

재고 감소는 단순히 슬랩앤쉽(Slap-And-Ship) 전략을 따르기보다는 RFID의 도입을 심각하게 고려하는 회사들이 얻을 수 있는 또 다른 잠재적 이득이다. 슬랩앤쉽(일명 "두고 보기"라고도 함)이란 단지 대형 소매기업 또는 국방부 고객이 지정한 최소한도의 적합성 요구사항을 충족하기 위한 목적으로 태그를 구매하는 것을 의미한다. 슬랩앤쉽은 "투자와 복잡성을 최소화한 상태로 RFID 적합성을 달성하기 위한 가장 간단한 방법"이라고 IBM Global Services의 RFID 솔루션 설계자인 Sandip Lahiri는 말한다. "그러한 어플리케이션은 비즈니스 프로세스 및 백엔드 엔터프라이즈 시스템과 완전히 별개로 구분되어 있거나 최소한도의 범위 내에서만 통합되어 있다. 결과적으로 이와 같은 방식으로 어플리케이션을 실행하는 업체는 해당 어플리케이션을 통해 전혀 또는 거의 이득을 얻을 수 없다"

하이테크 제조업체 Hewlett-Packard는 RFID를 심각하게 받아들이고 있으며, 이 기술에 대해 관심을 갖게 된 시점도 Wal-Mart에 비해 최소한 1년은 앞섰던 것으로 알고 있다. HP의 글로벌 공급망 운영 담당 제품 관리자인 Gregg Edds의 말에 의하면 이 회사는 자사의 제조 및 제품 완성 부문, 그리고 완제품 보관 및 배송 프로세스에 RFID를 도입하여 사용하고 있다. HP는 하나하나의 프린터 제품마다 고유의 일련번호를 배정한 후 프린터를 상자에 포장한다. "케이스와 파렛트에도 물론 태그를 부착하지만, 개별 포장상자에까지 고유한 EPC 코드가 내장된 고유한 RFID 태그를 부착하기 때문에 이론적으로 우리는 모든 품목 수준에서 각각의 제품을 구별하여 추적할 수 있다"라고 Edds는 말한다.

HP는 자사의 창고 기능 중 많은 부분을 3PL에 아웃소싱하고 있기 때문에, RFID 태그와 관련하여 가장 큰 역할을 수행해 온 주체는 사실 HP를 대리하여 작업을 수행하는 3PL이다. HP가 도입하여 사용 중인 모든 RFID 시스템은 3PL과의 협력관계 속에서 구현되었으며, 3PL은 전체 운영 활동을 하나로 통합하기 위해 자체적인 현장관리 시스템, 엔터프라이즈 소프트웨어 및 창고관리시스템(WMS)을 사용한다고 Edds는 말한다. 제 12장에서도 논의된 바와 같이, 자사의 핵심 영역이 아닌 분야에서 물류 전문가의 방법론을 참조하는 것은 선도적 공급망의 구축을 위해 빈번히 사용되는 하나의 모범적 방법론이다.

버그 잡아내기

수동형 RFID의 실행이 아직까지 대부분 파일럿 단계에 머물러 있는 관계로 유효성이 검증된 모범적 방법론의 사례는 극소수에 불과한 실정이다. 지난 2005년 University of Denver의 연구팀은 고위 공급망 임원을 대상으로 어느 회사가 RFID로부터 최대의 이득을 창출할 수 있을 것인지를 파악하기 위한 설문을 실시하였다. 이러한 면담 결과를 기초로 연구원들은 RFID에 관한 권장 방법론이라는 목록을 도출해 내었다(반드시 "모범적" 방법론이라 할 수는 없다고 본다).

- 가까운 시일 내에 사용할 계획이 없더라도 RFID에 대해 친숙해진다.

- 자사의 제조 시설 또는 공급자의 시설에서 상방향 쪽으로 태그를 적용한다. 이렇게 함으로써 생산 및 유통 프로세스 전반에 걸쳐 태그가 부착된 제품을 추적할 수 있을 것이다.

- 제품을 재포장해야 할 때에는 태그를 두 번 이상 붙이는 일이 없도록 특별히 주의를 기울인다.

- RFID 태그가 제공하는 능력 중 종래의 바코드를 통해 얻을 수 없는 기능을 활용한다. 특히 짧은 시간 내에 더 많은 양의 데이터를 수집하는 능력을 적극 활용한다.

- 가장 가치가 높은 품목에 일차적으로 관심을 집중한다. 태그의 비용만도 25센트가 넘기 때문에 제품의 가치가 높을수록 태그의 비용을 정당화하기가 용이하다.

- 실제 사용하기 전에 시스템 내부의 오류를 제거하기 위한 실험실 파일럿 테스트 절차를 수립한다.

RFID는 그 효용성을 저해할 수 있는 몇 가지 잘 알려진 기술적 문제들을 안고 있다. 그러한 문제로는 액체 및 특정 금속을 통해 정보를 읽을 때의 한계 등이 있다. 여러 업체에서 파일럿 테스트를 통해 새로운 사실을 밝혀내고 있으며, 이 하드웨어는 여전히 개발 도상에 있는 물건이다.

이는 태그와 시스템이 항상 광고된 바와 같이 기능하지 않을 수도 있음을 의미한다. RFID 실행에 관한 한 인내심이야말로 모범적 방법론이라 할 수 있다.

프라이버시의 문제

2003년 봄, 의류업체 The Benetton Group은 의류에 부착하기 위한 1천5백만 달러어치의 수동 태그를 주문하였다. 그러나 그로부터 불과 얼마 후 이 회사는 태도를 바꾸어 태그를 부착하려던 계획이 연기되었다고 발표하였다. 그러한 갑작스러운 방향 전환의 이유는 태그의 비용이나 Benetton의 공급망 프로세스 개선 능력과는 전혀 관계가 없는 것이었다. Benetton이 꺼린 부분은 이 의류회사가 "빅 브라더"와 같은 전략을 도입하고 있다고 비난하고 나선 프라이버시 옹호 집단의 반응이었다.

"스파이 칩"(즉, RFID 태그)을 우리의 일상생활 속에 심어 두는 일에 전문화된 움막산업이 급속히 성장하고 있는 오늘날의 환경에서 사람들은 대기업과 정부가 제품에 태그를 부착함으로써 소비자의 일상생활을 감시하려 한다는 인식을 갖고 있다. 예를 들어 Boston 지역의 어느 한 Wal-Mart 매장에서 모든 Gillette Mach3 면도기(흔히 도난 당하는 품목이다)에 태그를 부착하고 있다는 사실이 알려지자, 프라이버시 보호 단체가 들고 일어섰으며 Wal-Mart는 그 파일럿 테스트를 중단할 수밖에 없었다. Gillette은 결국 자사의 파일럿 테스트를 독일에서 실시하기로 하였다. 이곳의 소매업체인 Metro는 Wal-Mart 보다 한술 더 떠서 면도기를 집어드는 모든 사람을 촬영할 수 있는 소형 스파이 카메라를 매점의 스마트 셸프에 설치해 두고 있었다.

프라이버시 옹호자들은 현재의 기술을 가지고 무언가를 할 수 있다는 것뿐 아니라 차세대의 기술이 좋지 않은 의도를 가진 사람들에 의해 악용될 수 있다는 점을 우려하고 있다. Computer Sciences Corp.의 컨설턴트인 Charles Poirier와 Duncan McCollum이 지적하듯이, CASPIAN과 같은 프라이버시 옹호집단이 우려하는 부분은 악의적인 제삼자가 개인정보(슈퍼마켓 우량고객 카드를 통해 수집되든 아니면 RFID 태그를 통해 수집되든)를 해킹하거나 훔칠 수 있는 가능성이다. "스파이칩"을 운운하는 몇몇 사람들이 주장하는 조지 오웰 식의 악몽은 다소 황당무계한 이야기라고 생각되지만(혹자는 RFID 태그를 신이 계시한 악마의 표시라고까지 하고 있다), 정확히 무슨 이유에서 진열대에 미니 카메라를 설치해야 하는지에 대해 소매업체에 문의할 필요는 충분히 있을 것이다. 만일 누군가가 정말로 여러분을 하루 종일 지켜보고 있다면 편집증 환자가 아니더라도 가만 있을 수는 없을 것이다.

어떠한 경우에든 RFID를 지지하는 측에서 내세울 수 있는 최선의 항변은 진실을 밝히는 것뿐이다. 즉, 의복에 박음질된 RFID 라벨은 그 옷이 판매되기 전에 추적을 하기 위해 있는 것이지 판매된 후에 추적을 하기 위한 것이 아님을 사실대로 알려야 한다. 또한 이러한 RFID 태그는 POS 터미널에서 비활성화되도록 설계되어 있기 때문에 옷이 일단 구매되고 나면 그 태그는 실질적으로 죽은 것이나 다름 없다. 그리고 자신의 위치가 글자 그대로 옷을 통해 추적될 수 있다고 믿는 소비자들에게는 이러한 수동형 태그의 인식 가능 거리가 일반적으로 3피트 미만이라는 사실과 가장 강력한(그리고 가장 비싼) 초고주파 태그라 하더라도 불과 30피트 이내에서만 읽을 수 있다는 사실을 제시함으로써 세상의 어느 소매업체도 모든 쇼핑객의 일상생활을 모니터링할 능력은 없다는 사실을 설득력 있게(비록 확신은 주지 못하더라도) 설명해야 할 것이다. 심지어 Wal-Mart라 해도 그 정도의 돈은 가지고 있지 못하다.

능동형 태그

소매업체와 소비자 지향형 기업이 수동형 RFID 태그를 사용하여 측정 가능한 가치를 찾으려는 노력을 전개하고 있는 한편으로, 훨씬 보급 수준이 낮은 능동형 태그 또한 많은 회사로부터 이미 그 가치를 인정받고 있다. 예를 들어, NYK Logistics는 미국에서 가장 번잡한 항구인 동시에 소매기업 Target이 운영하는 전세계적 공급망의 주요 거점인 Los Angeles/Long Beach 항에서 70에이커 규모의 시설을 운영하고 있다. NYK는 능동형 RFID 태그를 사용하여 1,100개의 트럭 주차 공간과 250개의 도크 도어가 설치되어 있는 야적장의 모든 컨테이터를 추적한다. NYK의 야적장은 매년 50,000개의 대미 반입 해상화물 컨테이너 및 30,000개의 해외 반출용 트레일러가 드나드는 곳이다.

2002년 가을에 있었던 서부 해안의 항구 폐쇄 사태는 NYK로 하여금 야적장에 있는 각 컨테이너와 트레일러를 추적할 수 있는 기술적 역량을 갖춰야 한다는 확신을 갖도록 하는 계기가 되었다. NYK의 장비 통제 관리자인 Charles Kerr의 기억에 의하면 10일간의 항구 폐쇄 기간이 끝날 무렵 항구에 쌓인 화물이 어찌나 많았던지 첫 번째 배송 화물을 나르기 위해 모든 트레일러와 컨테이너가 동쪽을 향해 출발해야 했고, NYK는 트럭이 되돌아올 때까지 기다릴 수밖에 없었다. "그러한 사태에서 벗어나려 애쓰던 중 우리는 스스로에게 이렇게 다짐하였다. '이러한 일이 다시는 발생해서는 안 된다.' 따라서 우리는 문제의 해결을 위해 팔을 걷어 붙이게 되었다"라고 Kerr는 말한다.

그러한 프로세스 중 하나는 야적장으로 들어 오는 모든 컨테이너와 트레일러에 소형의 능동형 무선 송신기를 클램프로 부착하여 설치하는 것이었다. NYK는 실시간 위치추적 시스템과 야적장 관리 시스템 소프트웨어를 사용하여 태그가 보내 오는 모든 신호를 처리하고 관리한다. 이 솔루션에는 야적장 곳곳에 장착된 35개의 무선 위치추적 억세스 포인트(기본적으로 안테나를 말한다)가 포함되어 있다. 종전까지 NYK의 인력은 모든 컨테이너의 위치를 키펀치로 휴대용 장치에 입력해야 했으며, 이는 매우 노동집약적인 일이었다. "우리는 체크리스트를 들고 야적장에서 재고를 확인하고 컨테이너가 과연 운전기사가 말하는 발송지에서 온 것인지를 확인해야 했다"라고 Kerr는 말한다. RFID를 사용함으로써 NYK는 전적으로 실시간 데이터 환경으로 진입할 수 있었다.

전통적인 야적장의 경우, 야적장에 도착한 트럭 운전기사는 수위로부터 통행증을 발급받고 컨테이너를 지정된 장소에 하역한 후 서류에 서명을 받기 위해 접수 창구로 이동하는 과정을 밟는다고 Kerr는 설명한다. 만일 운전기사가 두 가지 작업(예 : 트레일러를 떼어 놓고 트랙터를 분리하고 다른 트레일러를 장착하는 방식의 드롭 앤 후크)을 처리하려면 야적장의 다른 장소로 이동하여 짐을 싣고 게이트로 이동한 후 서류를 수위에게 보여 준 다음 야적장을 빠져 나와야 한다. NYK는 RFID 덕분에 이 프로세스로부터 몇 단계를 없앨 수 있었다. 이제 운전기사는 접수 창구로 갈 필요가 없어진 것이다.

이렇게 간소화된 프로세스는 Hertz Gold Club 회원이 공항의 자동차 렌탈 지점에 도착하는 경우와 유사하다고 Kerr는 설명한다. "트레일러 또는 컨테이너를 끌고 게이트에 도착한 운전기사는 자신이 두 가지 작업을 수행해야 한다는 것을 알고 있을 것이다. 게이트의 해당 차선을 지키는 작업자는 공항의 경우처럼 인쇄기가 연결된 휴대용 스캐너를 가지고 있다. 운전기사는 더 이상 접수 창구에서 정차하거나 차에서 내릴 필요가 없다."

능동형 RFID를 사용함으로써 NYK는 현장의 운전기사가 작업을 완료하기 위해 소비하는 시간을 66% 단축할 수 있었다. 그와 마찬가지로 중요한 것은 야적장의 트레일러의 수를 줄임으로써 40-60개의 주차 공간을 추가로 확보할 수 있었다는 것이며, 이는 생산성과 처리율의 향상으로 이어졌다. 그 외의 혜택으로는 수작업 방식으로 야적장을 뒤지고 데이터를 수집하기 위해 소요되는 비용이 100% 제거되었고, 게이트 관리 인력의 생산성이 50% 증진되었으며, 아울러 한창 바쁜 시기인 가을에 야적장의 일일 처리율이 38% 증진되었다는 점을 들 수 있다.

공급망 전문직 : 밤잠을 못 이루는 이유는?

오늘날의 비즈니스 환경은 하루 종일 큰 위기 없이 넘어갈 수 있다는 것만으로도 공급망 종사자의 핵심 역량을 인정받을 수 있을 정도로 험난해졌다. 회사가 공급망 관리를 기업 전략의 시작이자 전부로 보고 있든 아니면 창고 및 운송 프로세스를 대부분 아웃소싱하기로 결정했든, 공급망 전문가들은 항상 모종의 논란이 개재된 상황의 중간에 위치하게 되는 것 같다. 아마도 이 직업이 원래 그런 모양이다.

지금까지 우리는 본 책자를 통해 과제, 프로세스 및 기술과 관련된 모범적 방법론을 살펴보았다. 이제 마지막 장을 맞이하여 우리는 공급망 성공의 궁극적 비밀을 공개함으로써 대단원의 막을 내리고자 한다. 그 비밀이란 다름아니라 여러분 자신이다. 그렇다. 기업이 공급망의 변화를 위한 기회를 적시에 포착하고 지속적으로 업계 최고의 성과를 이루어 나가려면 모든 활동의 중심점에 바로 여러분이 있어야 한다.

이 책자를 통해 우리는 현장의 입장에서 공급망을 살펴보았으며, 그렇게 한 이유는 공급망 관리라는 것이 이론과 스프레드시트만 가지고 할 수 있는 탁상공론이 아니기 때문이다. 공급망 관리란 매일매일 올바른 사람을 올바른 직무에 배정하여 회사가 가능한 한 효율적이고 예측 가능한 방식으로 운영되도록 하는 일이다. 공급망과 관련된 직업을 나타내는 직무 분류와 명칭은 수도 없이 많지만(예: 물류 관리자, 공급망 담당 이사, 조달 관리자, 유통 부사장, 운영 관리자, 글로벌 통상 담당 이사) 이러한 전문가들은 모두 공통의 목표를 지향하는 동시에 유사한 난제에 직면해 있다.

다행히도 공급망 공동체 내에는 서로에게 배워야 한다는 공통된 요구사항에 바탕을 둔 강한 친교의 정신이 자리잡고 있다. "우리는 모두 한배를 타고 있다"라는 연대감은 지속적 개선의 정신이 육성될 수 있는 바탕이 되었으며, 공급망 종사자들이 수많은 산업 이벤트에 참여하여 자신의 경험을 공유하고 타인의 모범적 방법론을 배우게 되는 동기가 되었다.

이 책을 읽고 있는 독자 중 학교에서 공급망에 대해 공부한 적이 있는 사람은 손을 들기 바란다. 아마 그리 많지 않을 것이다. Ohio State University에서 2004년에 실시한 연구에 의하면 모든 물류 전문가 중 16%만이 실제로 물류와 관련된 학위를 가지고 직업 전선에 처음 나선 것으로 조사되었다. 그러나 이 연구 결과는 한편으로 공급망 관련 교육이 기업 차원에서 어느 정도의 영향을 미치기 시작하고 있다는 것을 말해 주고 있다. 1999년 이래로 공급망과 관련된 학위를 가진 물류 전문가의 수가 6% 증가하였다는 사실도 이를 뒷받침하고 있다.

공급망 관리에 관한 한 제일의 모범적 방법론은 전사적으로 최고의 인력을 책임자 자리에 앉히는 것이다. 이러한 사람들을 찾아 내고 교육하고 생산성 높은 직원으로 육성하는 일은 공급망의 범위가 세계화됨에 따라 점점 더 중요하고도 어려운 문제로 대두되고 있다. 때로는 기업이 자사의 공급망 인력 집단을 개발하는 문제에 있어(공급망 인력 집단을 두고 있는 경우) 업무의 진행에 따라 이리저리 꾸려 나가는 경향이 있는 것처럼 보이기도 하는데, 그것은 어느 정도 사실이다. 공급망 내부에서 사람을 관리한다는 것은 기능적 프로세스를 관리하는 것만큼이나 어려운 일이다.

인재의 물색

무엇보다 이러한 최상급 인재들을 어디서 찾아야 할 것인가? 미국 최고의 공급망 인재 양성소라 할 수 있는 Ohio State University의 취업 및 기술 담당 이사 Mark Wilson은 최고의 공급망 관련 인재 중 많은 수가 현재 대학에서 학위를 막 마쳤으나 아직 고용시장에 진입하지 않은 상태라고 말한다.

대학 졸업자 채용 경험이 거의 또는 전혀 없는 회사의 입장에서 이러한 잠재 인력을 초급 보직에 충원한다는 것이 쉽지는 않은 일일 것이라는 점을 Wilson은 인정한다. 무엇보다도 만일 자사가 Fortune 1000에 속할 정도로 큰 회사가 아니라면 대부분의 대학생들로서는 회사의 이름을 들어보지조차 못했을 것이며, 과거에 해당 학교에서 채용을 한 적이 없다면 인지도는 더욱 낮을 것이다. 둘째, 대학 졸업자의 채용이란 대학생 채용 일정에 대해 잘 모르는 일선 관리자가 갖기 어려운 기술이다. 그리고 솔직히 말해 "대부분의 고용주들은 고용 활동을 체계화하기 위한 계획을 가지고 있지 못하다"는 것이 Wilson의 관측이다.

다행히도 공급망 프로그램이 인기를 얻게 됨에 따라 양질의 잠재 인력을 찾는 일이 보다 용이해졌다. "계속적인 채용 프로그램을 계획하고 있든 아니면 필요에 따라 수시 채용을 하든 다음과 같은 몇 가지 간단한 단계에 따른다면 성공을 거둘 확률을 높일 수 있다." Wilson이 제시하는 조언은 다음과 같다.

- 인력채용 서비스에 종사하는 사람을 알아 둔다. "이러한 전문가들은 대학 졸업자들을 언제 그리고 어떻게 채용해야 할 것인지에 대한 안목을 얻을 수 있는 자원이 될 수 있다"라고 그는 설명한다. "이들은 여러분이 대학 졸업자들을 면담해야 할 시기와 타이밍, 평균 급여 수준, 그리고 언제 채용 제의를 해야 할 것인지에 대해 정보를 제공할 것이다. 또한 그들은 학생들이 자사의 직무

기술서와 회사 개요를 보고 어떠한 부분에 관심을 가질 것인지를 알려 줄 것이다."

- 직접 탐색을 통해 최고의 인재를 파악한다. 많은 공급망 프로그램이 학생을 위한 전문가 조직을 포함하고 있다. "학생 조직의 리더는 일반적으로 학교생활의 모든 면에서도 리더이며, 대학 교수진, 학생 및 고용주로부터 높은 인정을 받는 경향이 있다"라는 점을 Wilson은 지적한다. "이러한 학생 리더를 점심 식사에 초청하여 어느 회사가 효과적으로 채용을 하고 있고, 회사가 학생 물류 조직을 어떻게 지원할 수 있는지를 문의한다. 아마도 회사의 채용 활동에 도움이 될 많은 귀중한 정보를 얻을 수 있을 것이다."

- 몇몇 학교를 선택하여 교내 홍보를 한다. 이러한 활동으로는 기업 후원 프로그램, 학생 조직과의 공동 활동, 최고 후보자들을 위한 정보 세션 지원 등이 있다.

- 선택된 학교의 공급망 관련 교수진과 연락 관계를 형성한다. "교내 면담을 위한 학교 방문을 실시하기 이전 또는 방문 도중에 교수진과의 회동을 주선하여 회사가 어떠한 도움을 제공하고 협력을 제공할 수 있는지를 문의할 것"을 Wilson은 제안한다. "이렇게 함으로써 연구 및 수업 활동을 지원할 수 있으며, 이를 통해 원하는 인재를 찾을 수 있다. 그 외에도 교수들이라면 최고의 학생들을 소개해 줄 수 있을 것이다."

문제 해결자의 고용

학생의 학교 성적이 좋다고 해서 반드시 직무 능력도 뛰어난 것은 아니다. 그렇다면 어느 채용 후보자가 회사에 입사한 후 사전 대응적 문제 해결자가 될 사람인지를 어떻게 예측할 수 있을까? 공급망 인력 채용 전문

기업인 SearchLogix의 임원 리크루터 Harry Joiner는 채용대상자가
입사 후 현실 세계의 공급망 문제에 직면했을 때 얼마나 효과적으로 상황
에 대처할 수 있을지를 추정할 수 있는 7단계 체크리스트를 사용할 것을
제의한다. 이 프로세스는 채용 대상자에게 이전의 작업 상황에서 자신에
게 닥쳤던 구체적 문제에 대해 기술할 것을 요구하는 것으로부터 시작된
다. 다음과 같은 능력을 입증할 수 있는 사람이라면 좋은 문제 해결자라
보아도 무방할 것이다.

1. 문제를 정의한다. "해당 대상자가 자신이 해결한 문제를 정의하고
   그 원인과 결과를 포함하여 무엇이 잘못되었는지를 파악하고 있는
   가?"라고 Joiner는 묻는다.
2. 목적을 정의한다. 채용 대상자가 문제 해결 이후에 달성된 결과에
   대해 상세히 설명할 수 있어야 한다.
3. 대안을 제시한다. 대상자가 얼마나 많은 대안을 제시했는지를 예의
   주시해야 한다는 것이 Joiner의 제안이다. "대안의 질에 큰 편차가
   있는가? 각각의 아이디어에 관련된 하드(그리고 소프트) 코스트에
   상당한 차이가 있는가? 이는 대상자가 문제 해결자로서 자신의 창
   의성과 기량을 입증할 수 있는 영역이라 할 수 있다.
4. 상세한 활동 계획을 개발한다. 대상자로 하여금 자신의 활동 계획을
   다시 말하도록 하고, 대상자가 누가 무엇을 언제 하였는지를 구체적
   으로 밝히는지 여부를 관찰한다. 문제는 세부사항 속에 숨어 있으
   며, 세부 사항을 제시하는 문제 해결자는 보통 제네럴리스트에 비해
   더 효과적이라고 Joiner는 말한다.
5. 문제를 해결한다. 대상자가 최악의 시나리오에 대해 알고 있는지 그
   리고 계획이 실현되도록 하기 위해 어떠한 조치를 취했는지를 확인
   해야 할 것이다.

6. 커뮤니케이션을 실시한다. "올바른 사람에게 정보를 제공하는 것은 동의를 통해 성공을 이루어 낼 수 있는 관건이다"라고 Joiner는 본다. 그는 대상자로 하여금 어느 개인 또는 집단이 활동 계획의 성공에 영향을 미쳤는지를 설명하도록 할 것을 제의한다. "가장 효과적인 임원이란 다른 사람을 통해 일을 수행함으로써 자신의 시간과 재능을 활용할 수 있는 사람들이다. 커뮤니케이션은 여러분이 회사의 관리 역량을 구축할 수 있는 기회가 될 수 있다."

7. 실행한다. 누가 계획을 실천에 옮겼는지를 파악하고 그 실행 상태를 모니터링할 수 있는 능력은 중요한 소양이다. 채용 대상자가 관리자로서 "문제에 대해 단호하고 사람들에게 부드러운 사람"인지 여부를 알아내야 한다.

과거에 대상자가 어떻게 문제를 해결했는지에 대해 실제 세계의 사례를 중심으로 파고 들어갈수록 그들이 회사에 입사하여 얼마나 문제를 잘 해결할 것인지에 대해 보다 정확한 판단이 가능할 것이라는 점을 Joiner는 지적한다. "생각의 초점을 품질, 일관성 및 비용에 맞추어야 한다. 면담 도중 여러분은 대상자에게 자신의 문제해결 경험을 구체적으로 기술하도록 해야 한다. 대상자로 하여금 특정 상황 하에서 일어난 사건에 대한 세부 사항을 상세히 재언급하도록 함으로써 잘못 판단할 확률을 최소화해야 한다. 만일 면담 프로세스 도중 철저히 파헤치지 않는다면 차후 끈기의 부족에 대한 대가로 비싼 값을 치러야 할 것이다"라고 그는 덧붙여 말한다.

다음 세대에 대한 교육

최고의 공급망 인재를 개발한다는 목표 하에 일부 기업은 실제로 종업원을 고용하기도 전에 교육 프로세스를 시작하기도 한다. 예를 들어 완구 제조업체 Hasbro의 물류 그룹에서는 매년 New England 전역에서 선발된 학생들을 인턴으로 채용한다. 신입 사원들은 처음 3개월간 모든 주요 공급망 분야에서 고위 임원들로부터 교육을 받는다. 그 단계가 지나면 이들에 대한 교육은 각자의 특정 역할에 따라 맞춤 설계된다. "인력 관리 책임을 담당한 물류 부서의 신입 직원들은 5일간의 인력관리 일정에 참석해야 할 수도 있다"라고 Hasbro의 조직 효율 담당 부사장 Kim Janson은 설명한다. 고위 보직에 임명될 사람들은 Dartmouth College의 Tuck School of Business와 회사가 공동으로 설계한 글로벌 리더십 프로그램에 참석하게 된다.

이 프로그램은 Hasbro의 여러 비즈니스 단위가 운영되는 방식을 개선함에 있어 큰 도움이 되고 있다. "전체 비즈니스 단위에 걸쳐 그리고 전세계적으로 전에 없었던 수준의 협력이 이루어지고 있다"라고 Janson은 본다. 이 프로그램의 전반적인 목적은 Hasbro 내부, 외부 커뮤니티 및 전체 공급망을 포괄하는 하나의 커뮤니티를 육성하는 것이다. 또한 이 완구 제조업체는 전자학습 기회를 제공하는 한편으로 학자금 지원 등을 통해 더 많은 전통적 방식의 기술 개발 과정을 지원하고 있다.

Hale Logistics Consulting의 대표인 Bernard Hale은 모든공급망 담당 인력을 위한 일반적인 교육 요구사항을 다음과 같이 제시하고 있다.

- 공급망을 관리한다는 것은 관계를 관리한다는 말과도 같기 때문에 커뮤니케이션 기술을 개발 및 향상한다.

- 잠재적으로 좋지 않은 상황을 긍정적 경험으로 바꿀 수 있는 방법을 배울 수 있도록 문제 해결 기술의 개발을 지원한다.

- 효과적인 대리권 지정 방법을 가르친다.

- 효과적인 관리자는 성과를 측정할 수 있어야 하며, 아울러 모든 지표를 측정하는 대신 올바른 지표를 찾아내어 측정할 수 있어야 한다.

- 효과적이고 적시적인 성과 평가 방법을 제공한다.

컴퓨터 거대기업 IBM의 Integrated Supply Chain(ISC) 그룹은 모든 종업원이 하루 일정으로 IBM 임원을 동반 관찰할 수 있는 그림자 프로그램이 포함된 모니터링 프로그램을 제공한다. 이 프로그램이 소개된 후 처음 1년간 수백명의 종업원이 참여하였으며 임원의 하루 일과가 실제로 어떻게 진행되는지를 배울 수 있었다고 ISC의 인적자원 담당 부사장 Patricia Lewis-Burton은 말한다. "우리는 종업원들로 하여금 멘토로 삼고 싶은 사람, 즉 자신에게 도움이 될 역할 모델을 선택하도록 권한다." 그 중에는 각종 공급망 부서 내에서 폭 넓은 배경과 경험을 가진 리더를 찾는 일도 포함되어 있다. ISC 내부의 모든 핵심 리더들이 미래의 리더를 개발하는 일의 가치를 인식하고 이 프로그램에 참여해 왔다. "우리는 이 활동이 단순히 인사부서에서만 맡아 할 일이 아니라 회사의 모범적 방법론이라 보고 있다"라고 Lewis-Burton은 설명한다.

인력의 최적화

75개 국가에 325,000명의 종업원을 두고 있는 글로벌 조직 IBM은 최고의 인력을 채용하고 교육해야 할 뿐 아니라 올바른 사람이 올바른 기회를 접할 수 있도록 자사가 보유한 인적 자원을 효과적으로 배치해야 한다는 과제를 안고 있다. IBM의 Workforce Management Initiative(WMI) 관리자인 Mark Henderson의 설명에 따르면 문제는 이러한 일이 건초 더미 속에서 바늘을 찾는 것과 같다는 점이다. 예를 들어 이 회사에는 모든 종업원들이 참조할 수 있는 직무 기술서가 13,000가지도 넘게 있는 것으로 알려져 있으며, 따라서 어느 부분에서 특정한 기술이 결여되어 있는지를 효과적으로 찾아 내기가 거의 불가능한 실정이다.

이 회사의 ISC 그룹은 자사의 부품과 시스템이 전세계의 어느 곳에 소재하고 있는지를 찾아 낼 수 있는 능력을 개발하였다. 그러나 인력을 찾는 문제, 예를 들어 스페인어를 사용하면서 VoIP 관련 경험을 가진 자바 프로그래머를 찾아 낼 수 있는 능력은 훨씬 더 어려운 과제라는 것이 증명되었다. 왜냐하면 인적 자원을 추적할 수 있는 시스템은 거의 처음부터 새로이 만들어야 할 실정이기 때문이었다.

기업은 자사의 노무 전략을 비즈니스 전략과 연결할 수 있어야 하며, 그렇게 할 수 있으려면 "내부, 외부 및 하청 인력을 통틀어 기술과 재능을 평가할 수 있는 공통적이고 일관된 기술 분류법"을 활용할 수 있는 능력이 필요하다고 Henderson은 말한다. IBM의 목표는 최소한 지적 자본의 공급망을 관리하는 수준 이상을 지향하고 있다. "주문형 노동력 공급은 유연성, 민첩성 및 복원력을 필요로 하는 일이다"고 그는 말한다. 그리고 이를 위해 빅 블루는 "기술과 직무 기회를 추적하고 그러한 기술을 현재 및 미래의 작업 기회와 연결하기 위한 종합적인 환경"을 구축하는 작업을 시작하였다.

예를 들어 WMI는 마치 온도계와 같이 작동하는 Hot Skill Index를 개발하였다. 모든 IBM 종업원은 관리자이든 종업원이든 이 지수를 보고 전세계적으로 어느 곳에 직무 기회가 있는지를 알 수 있다. 이러한 조치는 13,000종에 이르던 직무 기술을 훨씬 관리하기 쉬운 500가지로 축소한 후에 비로소 가능해졌다. 따라서 지금은 만일 아일랜드에 스페인어를 사용하는 자바 프로그래머가 여러 명 필요할 경우 Emerald Isle로 이주할 용의가 있는 모든 IBM 종업원들은 그러한 기회를 활용하기 위해 언어 또는 프로그래밍 기술을 연마할 수 있다. 또한 이러한 기술과 기회에 대한 정보를 활용할 수 있게 됨에 따라 모든 종업원이 현재의 직무 수요에 맞추어 자신의 역량을 재개발할 수 있게 되었다.

Henderson의 말에 의하면 WMI는 이미 10억 달러가 넘는 현금 절감 효과(여행 경비 절감액만 해도 1억 달러)와 5-7%의 종업원 활용도 개선 효과를 가져다 주었다. 그 외에도 WMI는 IBM이 기술의 균형을 조정하고, 성장 부문에 대한 인력 공급을 가속화하고, 하이테크 산업계에서 전형적으로 나타나는 경기의 굴곡에 대응하여 자사의 노동력을 신속히 조정할 수 있도록 해 주었다.

무엇 때문에 밤잠을 설치는가?

Forrester의 분석가 Navi Radjou는 전체 회사의 초점을 공급망의 개선에 맞춤으로써 성공을 거둔 IBM의 사례를 일부 시금석 삼아 이를 따르고자 하는 회사들이 최고 공급망 책임자(CSCO)를 지정할 것을 제안한다. CSCO란 전사적 공급망 전략을 회사의 비즈니스 전략과 통합하는 책무를 담당하는 사람을 말한다. 또한 CSCO는 고위급 임원으로서 자사가 공급망 변화 활동을 통해 거두어 들인 긍정적 영향을 월가의 분석가들에게 홍보할 수도 있다.

실제로 "CSCO"라는 직함이 찍힌 명함은 거의 보기 어려우나, 그럼에도 불구하고 많은 전문가들이 공급망에 대한 자신의 책임을 무겁다는 것을 느끼고 있다. 공급망 전문가(그 직함이 무엇이든)는 이러한 종류의 전사적 책임을 짊어진 당사자로서 의당 자신의 상황을 타사의 유사한 권한을 가진 사람들과 비교해 보고 싶어할 것이다.

Logistics Today지는 업계 전문가를 대상으로 연례 임금 설문을 실시하고 있으며, 이 과정에서 전형적인 공급망 관리자의 모습을 그려 내고 있다. 전형적인 공급망 관리자는 물류 관리자라는 직함을 가지고 있고, 남성이며, 나이는 40-49세이고, 중서부에 거주하고 있으며, 공급망 관련 직무를 11-15년간 수행하였고, 현재 일하는 회사에 6-10년간 일해 왔으며, 현재 연간75,000달러가 약간 넘는 수입을 올리고 있다.

또한 이 잡지는 구독자들에게 이렇게 질문을 하였다. "밤잠을 설치는 이유는 무엇인가?" 아래의 응답 중 일부는 아마 익히 들어 온 바와 같을 것이다.

- 우량 직원을 찾아 직무를 올바로 수행하도록 하는 일

- 신규 채용자를 계속 교육해야 하는 비용

- 고객의 규제준수 문제를 관리하고 고객으로부터의 지불거절에 대처하는 일

- 민간 기업에게 비용이 중첩 부과된다는 점을 고려하지 않고 물류 비즈니스 프로세스에 마구 개입하는 정부

- 연료, 보험 및 운송 비용의 상승, 그리고 이러한 비용 인상 요인을 상쇄하기 위해 계속해서 비용 절감을 꾀해야 한다는 것

- 유자격 운전기사를 물색 및 보존하는 일

- 수출 규제, 보안 요건 및 통관 문제

- 신기술 채택과 관련된 최고 경영진의 의사결정 지연

- 과연 트럭이 일정에 따라 화물을 수거할 것인지 그리고 고객의 일정에 맞추어 배송을 할 것인지 여부

- 해외 비즈니스 수행시의 숨겨진 비용(뇌물 및 리베이트)

- 원치 않는 경로로 차급화물을 보내야 하는 상황

- 연료비 및 보안 수수료의 상승, 그리고 성수기 중 해상운송을 이용한 극동으로부터의 수입 비용 급증

- 운영 및 기본적 역량의 측정을 위한 최고의 척도를 결정하는 일

- 해야 할 일은 너무 많고 시간은 너무 적은 상황

회색지대

올바른 기업 철학을 가진 회사라면 이 방법을 모범적 방법론이라 할 리가 없겠으나, 회전율을 높이기 위해 가장 빈번히 사용되는 전술 중 하나는 노동력을 축소하는 것, 즉 "직계 간소화" 내지는 보다 완곡하게 대량 해고라 부르는 방법을 사용하는 것이다. 공급망 전문가, 특히 고위 CSCO 형태의 임원은 슬픈 현실에 직면해 있다. 각종 이유로 보건의료 비용이 급증함에 따라 일부 회사는 경험 많은(즉, 고령의) 공급망 전문가가 급여, 보건의료비용 및 기타 복지후생비 면에서 경험이 적은(즉, 나이가 젊은) 사람에 비해 더 비싸다는 결론을 내리고 있다. 대량 해고를 실시할 경우 월가에서 주가 상승의 형태로 즉시 보상이 제공된다는 사실 또한 이러한 인식을 뿌리깊게 만들고 있다.

이러한 단기적 시각에 의존할 경우 주요 운영 부문이 효과적으로 운영될 수 없을 것이며, 따라서 기업은 장기적으로는 손해를 볼 수밖에 없을 것이다. 숙련된 전문가를 해고하는 회사들은 비즈니스 노하우를 상실하게 되며, 이러한 전문가들에게 입사 기회를 제공하지 않는 것 또한 마찬가지로 근시안적인 행태라고 임원채용 컨설팅 회사 Kimmel & Associates의 Lynn Failing은 말한다. 또한 핵심 역량에 해당하지 않는 공급망 관

련 활동을 제삼자에게 아웃소싱한다는 것(제 12장 참조)은 이러한 직무를 관리하던 사람들이 해고된다는 것을 의미한다고 Failing은 덧붙여 말한다.

Bruce Cutler는 한참 일할 나이에 공급망 분야의 고위직에서 해고되었으며, 그 때의 기분이 어떠한지를 잘 알고 있다. 하이테크 제조업체Compaq Computer Corp.에서 16년을 봉직한 Cutler는 40대 중반에Compaq이 Hewlett-Packard Co.에 의해 인수되면서 해고되었다. 주요 글로벌 기업에서 물류 운영 담당 이사로서 경험을 쌓았음에도 불구하고 그는 Star Furniture에서 유사한 직장을 찾기까지 거의 1년을 보내야 했다. 그는 다른 직장을 찾아야만 할 상황에 처한 경험 많은 공급망 전문가들에게 이렇게 조언한다.

- 인적 네트워크는 중요하지만 충분조건은 아니다. "구직 중인 회사(또는 자신을 고용할 가능성이 높은 회사)를 찾아 내부의 담당자와 연락할 방법을 찾으라"고 그는 제의한다.

- 자신의 약점을 정직하게 평가한 후 개선을 위해 노력한다.

- 자신의 역량을 폭 넓은 관점에서 평가한 후 자신의 이력서를 그에 맞춰 작성한다. 하이테크 업종에서 쌓은 Cutler의 경험은 가구 소매업체의 입장에서는 큰 자산으로 보이지 않을 수도 있었을 것이나, 새로운 고용주에게 중요한 것은 최종 제품에 대한 지식이 아니었다. Cutler는 아시아로부터의 수입에 대해 경험을 가지고 있었던 것이다.

- 양이 중요하므로 전국적으로 구직을 실시한다. 더 많은 이력서를 보내고 더 많은 연락처를 확보할수록 자신에게 맞는 직업을 찾을 기회는 더 높아진다. 역설적이지만 Cutler는 현지 신문에 게재된 익명광고를 보고 결국 자신이 거주하고 있던 Houston에서 직장을 찾았다.

공급망 성공의 비밀

본 장을 마무리하는 동시에 본 책자의 마지막에 가름하여 유쾌한 통계치를 한 가지 제시하기로 한다. 2005년에 Logistics Today지가 1,600명이 넘는 공급망 전문가를 대상으로 실시한 여론조사 결과에 의하면 응답자의 80%가 자신의 직무에 만족한다고 응답하였다. 이는 매우 고무적인 뉴스이다.

그러나 주요 공급망 프로세스가 회사의 발전을 위해 얼마나 중요한지를 모든 회사의 임원이 진정으로 이해하게 되기까지는 아직 갈 길이 멀다. 전술한 여론조사에 의하면 응답자의 59%만이 고위 임원들이 자사의 공급망 활동을 지원하고 있다고 답을 하였고, 35%는 그와 정 반대라는 답을 하였으며, 6%는 확신하지 못하고 있었다. 분명 대부분의 회사에서 공급망 전문가들은 그 성과에 대해 제대로 인정을 받지 못하고 있는 듯 하다.

자신의 직무 상황이 어떠하며 자신의 직업에 대해 어떻게 생각하느냐는 질문에 대해 공급망 관련 종사자들은 다음과 같이 답을 하였다.

"일반적인 임원들은 공급망 관련 활동에 대해 거의 또는 전혀 이해하지 못하고 있다. 그들은 판매 및 재무적 결과에 정신을 완전히 빼앗긴 나머지 재무보고서에 즉각적이고 분명한 영향이 나타나지 않는 영역에는 전혀 신경을 쓰지 않고 있다."
                              ―어느 산업재 제조업체의 생산/자재 관리자

"이 일은 아무나 평생 직업으로 선택할 수 있는 일이 아니다. 아홉 시에 출근하여 다섯 시에 퇴근하기를 원하는 사람은 지원하지 말기 바란다. 그러나 어렵고 오랜 시간 일해야 하고 매일 24시간 대기해야 하는 상황을 즐길 수 있다면 매우 만족스러운 직업이 될 수 있을 것이다."
                                      ―어느 3PL의 운영 관리자

"물류란 한쪽은 바위투성이이고 다른 쪽은 평탄한 지면이 있는 형상이라 할 수 있다. 성공하려면 빨리 생각하고 신속히 행동하고 물건을 제자리에 갖다 놓기 위해 밀어 붙여야 한다."

–어느 운송 서비스 회사의 수송단 관리자

"우리 중 대부분은 남이 알아주지 않는다는 점에서 동굴생활자와 같다고 할 수 있다. 제품을 한 곳에서 다른 곳으로 옮기는 일이 과연 어떤 것인지를 이해하는 사람은 거의 없다."

–어느 도매 유통업체의 물류 관리자

"과거 수 년간 전반적인 비용 절감 조치의 일환으로서 우리 회사는 공급망을 보다 분산하는 쪽으로 조직을 개편하였다. 우리 회사에는 더 이상 공급망 담당 부사장 또는 공급망 담당 이사가 없다. 그러나 우리는 공급망 관리자들을 중심으로 계속해서 개별 비즈니스를 지원해 왔다."

–어느 화학제품 회사의 공급망 관리자

"나는 항상 하루도 같은 날이 없다는 사실을 즐겨 왔다. 언제든 해결해야 할 새로운 도전 과제와 새로운 제품이 등장한다."

–운송 서비스 업계의 어느 물류 관리자

"우리 회사의 최고경영진은 회사의 물류 관련 활동의 중요성을 계속해서 무시하고 있다. 따라서 나는 모든 이사와 CEO 직을 아웃소싱한다면 그렇게 절감된 급여와 복리후생비로부터 과연 얼마나 큰 이득을 얻을 수 있을지 한 번 생각해 볼 것을 제안하였다. 결국 머릿수는 적을수록 좋다는 이야기 아닌가? 그 머리가 얼마나 텅 비어 있든." –어느 소매업체의 유통 관리자

"성공적인 실행은 전적으로 관계 관리에 달려 있다. 성공을 거두기 위해서는 새로운 정보나 기술보다는 경험, 지식 및 근면이라는 요소를 더욱 중시해야 한다. 협력적 관계는 성숙되기까지 시간을 필요로 하나 장기적으로 이득이 되어 되돌아오며 특히 어려운 시기에 큰 힘이 된다. 그것이 바로 진정한 경쟁력이다."

– 어느 화학제품 제조업체의 물류 관리자

　분명 일부 회사에서 고위 경영진은 공급망이 "음료수를 저어 주는 빨대"라는 사실을 아직 확신하지 못하고 있다. 회사 및 임원에 따라 공급망 관리가 단순히 한때의 유행이라든가, 업무에 너무 지장이 크다던가, 아무 것도 해결하지 못하는 값비싼 기술적 솔루션에 끝없이 돈을 부어야 하는 일이라는 인식이 상존하고 있다. 또는 아마도 아무런 이유 없이 단지 "여기서 만들어진 것이 아니다" 식의 오래된 태도 때문에 공급망 프로그램을 경멸하고 있을지도 모른다.

　본 책자는 그러한 관념에 대한 반증이라 할 수 있으며, 세계 최고의 기업들이 최고의 공급망을 가지고 있고 최고의 공급망 관리자들을 고용하고 있다는 사실을 제시하고 있다. 독자 여러분은 단지 "무엇"과 "어떻게"에만 관심을 집중하는 대신 이 책자를 통해 "누가" 변화를 만들어 내는지에 대한 인식에 눈을 뜨기 바란다. 최고의 성과를 보이고 있는 회사들은 예외 없이 최고의 성과를 이루어 낼 수 있는 인력을 보유하고 있다. 그것이 바로 공급망 전문가들이 회사에 제공하는 경쟁 우위이며 장기적이고 오래 지속될 수 있는 성공의 비결이다.